Die Umsetzung der Verbrauchsgüterkaufrichtlinie
in Deutschland und Großbritannien

Studien zum deutschen und europäischen Gesellschafts- und Wirtschaftsrecht

Herausgegeben von Ulrich Ehricke

Band 5

PETER LANG
Frankfurt am Main · Berlin · Bern · Bruxelles · New York · Oxford · Wien

Anette Gärtner

Die Umsetzung der Verbrauchsgüterkaufrichtlinie in Deutschland und Großbritannien

PETER LANG
Europäischer Verlag der Wissenschaften

Bibliografische Information Der Deutschen Bibliothek
Die Deutsche Bibliothek verzeichnet diese Publikation in der Deutschen Nationalbibliografie; detaillierte bibliografische Daten sind im Internet über <http://dnb.ddb.de> abrufbar.

Zugl.: Bonn, Univ., Diss., 2005

D 5
ISSN 1614-581X
ISBN 3-631-55185-1

www.peterlang.de

Meinen Eltern

Vorwort

Die vorliegende Arbeit wurde im Sommersemester 2005 als Dissertation an der Rechts- und Staatswissenschaftlichen Fakultät der Rheinischen Friedrich-Wilhelms-Universität Bonn angenommen. Rechtsprechung und Literatur befinden sich überwiegend auf diesem Stand.

Ich danke meinem Doktorvater, Herrn Professor Dr. Wolfgang Schön, für seine jahrelange Förderung. Die Arbeit ist größtenteils während meiner Tätigkeit an seinem Bonner Lehrstuhl für Steuer- und Wirtschaftsrecht entstanden. Ihre Grundlagen wurden in meinem Studienjahr in Edinburgh gelegt, an das ich gerne zurückdenke. Professor Dr. Schön und Dr. Parker Hood, dem Betreuer meiner Master-Thesis, sei Dank für Ihre freundliche Unterstützung.

Mein Dank gilt auch Frau Professor Dr. Nina Dethloff für die rasche Erstellung des Zweitgutachtens und Herrn Professor Dr. Ulrich Ehricke für die Aufnahme in seine Schriftenreihe.

Ich widme diese Arbeit meinen Eltern, Marianne und Peter Gärtner. Mit Geduld und Zuspruch haben sie wesentlich zum Gelingen beigetragen. Besonderer Dank gebührt meinem treuesten Leser, Peter Gärtner. Er hat die Entstehung der Dissertation aufmerksam verfolgt, mitdiskutiert und zu guter Letzt Korrektur gelesen.

Bonn, im Dezember 2005 *Anette Gärtner*

Inhaltsverzeichnis

Abkürzungsverzeichnis

AC	Law Reports, Appeal Cases (seit 1891)
All ER	All England Law Reports
Am. J. Comp. L.	American Journal of Comparative Law
App Cas	Law Reports, Appeal Cases (1875-1890)
B & C	Barnewall and Cresswell's King's Bench Reports
BGB-KE	Kommissionsentwurf
BuW	Betrieb und Wirtschaft
CA	Court of Appeal
Ch	Law Reports, Chancery Division (seit 1891)
Ch D	Law Reports, Chancery Division (1875-1890)
CLC	CCH Commercial Law Cases
CLJ	Consumer Law Journal
CLW	Current Law Weekly
CML Rev	Common Market Law Review
ConsL Today	Consumer Law Today
Corp Brief	Corporate Briefing
CPRev	Consumer Policy Review
DE	Diskussionsentwurf
DLR	Dominion Law Reports
DStJG	Deutsche Steuerjuristische Gesellschaft
DTI	Department of Trade and Industry
DZWir	Deutsche Zeitschrift für Wirtschaftsrecht
EBLR	European Business Law Review
EJCL	Electronic Journal of Comparative Law
ELR	Edinburgh Law Review
ELRev.	European Law Review
ERPL	European Review of Private Law
EuroLM	European Law Monitor
EWiR	Entscheidungen zum Wirtschaftsrecht
HL	House of Lords
ICCLR	International Company and Commercial Law
ICLQ	International and Comparative Law Quarterly
IHR	Internationales Handelsrecht
ILT	Irish Law Times
IStR	Internationales Steuerrecht
Jb.J.ZivRWiss.	Jahrbuch Junger Zivilrechtswissenschaftler
JBL	Journal of Business Law
JR	Judicial Review
KB	Law Reports, King's Bench Division (1901-1952)
KF	Konsolidierte Fassung
L.Ex.	Legal Executive
L.Q.R.	Law Quarterly Review
Lloyd's Rep	Lloyd's Law Reports

LMCLQ	Lloyd's Maritime and Commercial Law Quarterly
LRCP	Law Reports, Common Pleas Cases (1865-1875)
M & W	Meeson and Welsby's Exchequer Reports
MLR	Modern Law Review
N C J Int'l L & Com Reg	North Carolina Journal of International Law and Commercial Regulation
N.L.J.	New Law Journal
NotBZ	Zeitschrift für die notarielle Beratungspraxis
Nott.L.J.	Nottingham Law Journal
NZLR	New Zealand Law Reports
NZV	Neue Zeitschrift für Verkehrsrecht
Oxford U Comparative L Forum	Oxford University Comparative Law Forum
QB	Law Reports, Queen's Bench Division (1891-1900, seit 1952)
QBD	Law Reports, Queen's Bench Division (1875-1890)
PHi	Haftpflicht international – Recht & Versicherung
R	Session Cases, Rettie
RE	Regierungsentwurf
REDC	Revue européenne de droit de la consommation
RIW	Recht der internationalen Wirtschaft
RL	Verbrauchsgüterkaufrichtlinie
S.J.	Solicitors Journal
SC	Session Cases
SCLR	Scottish Civil Law Reports
Slg.	Entscheidungen des Europäischen Gerichtshofs, Amtliche Sammlung
SLR	Scottish Law Reporter (1865-1924)
SLT	Scots Law Times
SoGA	Sale of Goods Act 1979
SoGA-DR	Draft Regulations
TLR	Times Law Reports
TrLaw	Trading Law
U Pa J Int'l Econ L	University of Pennsylvania Journal of International Economic Law
UCTA	Unfair Contract Terms Act 1977
Wash U L Q	Washington University Law Quarterly
Web JCLI	Web Journal of Current Legal Issues
WLR	Weekly Law Reports
ZEuP	Zeitschrift für Europäisches Privatrecht
ZGR	Zeitschrift für Gemeinschaftsprivatrecht
ZGS	Zeitschrift für das gesamte Schuldrecht
ZRP	Zeitschrift für Rechtspolitik

Einleitung

„It will be the biggest change to consumer rights for twenty years!" So begeistert äußerte sich ein Mitarbeiter der britischen Regierung gegenüber dem Observer.[1] In Deutschland traf die im Mai 1999 beschlossene Verbrauchsgüterkaufrichtlinie[2] dagegen auf wenig Gegenliebe[3]. Dabei konnte zu diesem Zeitpunkt kaum jemand ahnen, daß das Bundesjustizministerium ihre Umsetzung zum Anlaß nehmen würde, das ursprünglich sozial-liberale Projekt „Schuldrechtsreform"[4] wiederzubeleben[5].

Im juristischen Schrifttum Großbritanniens löste die Richtlinie weniger starke Reaktionen aus. Schließlich war der Sale of Goods Act 1979 (SoGA) erst 1994 reformiert worden, um den Verbraucherinteressen besser gerecht zu werden.[6] Der Änderungsbedarf wurde daher überwiegend als gering eingeschätzt.[7] Um so mehr fällt auf, daß es dem Gesetzgeber nicht gelang, die Umsetzungsfrist einzuhalten.[8] Die Sale and Supply of Goods to Consumers Regulations 2002[9] traten mit über einem Jahr Verspätung am 31. März 2003 in Kraft.

Nach einem kurzen Überblick über die Richtlinie und die Charakteristika der nationalen Kaufrechte soll im Rahmen dieser Arbeit untersucht werden, wie die Verbrauchsgüterkaufrichtlinie in Deutschland und Großbritannien umgesetzt wurde. Dabei bleiben die Regelungen über den Rückgriff des Letztverkäufers[10]

---

[1] Woolf, *The Observer*, April 19, 1998, at p. 2. Das Vereinigte Königreich hatte damals die Ratspräsidentschaft inne.

[2] Richtlinie 1999/44/EG des Europäischen Parlaments und des Rates vom 25. Mai 1999 zu bestimmten Aspekten des Verbrauchsgüterkaufs und der Garantien für Verbrauchsgüter, ABl. Nr. L 171/12 vom 7.7.1999.

[3] Beschluß, BR Drs. 696/96, 2-4; Kircher, ZRP 1997, 290, 294; Junker, DZWir 1997, 271, 280; Coester-Waltjen, Jura 1997, 637, 641; Ehmann/Rust, JZ 1999, 853, 864; Huber, In: Gottwald/Jayme/Schwab (Hrsg.), FS Henrich, S. 297, 302-304; weniger krit. Schlechtriem, JZ 1997, 441, 446; Hübner, EuZW 1999, 481.

[4] Dazu Bundesminister der Justiz (Hrsg.), Abschlußbericht; Rolland, NJW 1992, 2377, 2377-2379; Zimmermann, JZ 2001, 171, 176-177.

[5] Begründung des Regierungsentwurfs, BT Drs. 14/6040, 1-2; zum erbitterten Streit über dieses Vorhaben Altmeppen, Initiative gegen die Schuldrechtsreform 2001; Dauner-Lieb, in: Dauner-Lieb/Konzen/Schmidt (Hrsg.), Schuldrecht in der Praxis, S. 3, 6-7 (jeweils mwN).

[6] Sale and Supply of Goods Act 1994, 1994 Chapter 35; dazu Diedrich, VuR 1995, 399, 405-407; Law Commission/Scottish Law Commission, *Sale and Supply of Goods*, paras 3.5, 3.7, 3.9, 3.10, 4.5-4.8; Twigg-Flesner/Bradgate, [2000] *Web JCLI*, 1.

[7] House of Lords, *Consumer Guarantees*, para. 141; Beale/Howells, (1997) 12 *Journal of Contract Law* 21, 22; Brittenden, (1998) 17 *TrLaw* 105, 105; Holmes, (1998) 8 *CPRev* 45, 46; Deards, (1998) *Journal of Consumer Policy* 99, 116; Hogg, (2001) *ERPL* 337, 349; Twigg-Flesner, [2001] *Canterbury Law Review* 113, 128; vgl. Burch, (2003) *Retail Week* 14, 15; aA Lawson, (2001) *S.J.* 136, 137; Singleton, (2002) 25(1) *ConsL Today* 9, 11.

[8] Das Vereinigte Königreich gehört zu der Gruppe von acht Mitgliedstaaten, gegen die im Januar 2003 ein Vertragsverletzungsverfahren eingeleitet wurde; vgl. Kommission, Presseerklärung vom 6.1.2003, IP/03/3; dazu krit. Anonymus, (2003) 26(3) *ConsL Today* 1, 2.

[9] Statutory Instrument 2002 No. 3045.

[10] Dazu Micklitz, EuZW 1997, 229, 233; Staudenmayer, NJW 1999, 2393, 2396; von Sachsen Gessaphe, RIW 2001, 721, 725-727; Haas, in: Haas/Medicus u.a. (Hrsg.), Das neue Schuld-

und die Haftung für Garantieerklärungen[11] (Artt. 4, 6 RL) außer Betracht. Stattdessen konzentriert sich die Untersuchung auf den Kern der Richtlinie, die Vorschriften zur Sachmängelhaftung gemäß Artt. 2 Abs. 1-4 und 3 RL. Daran orientiert sich der Gang der Darstellung, wobei jeweils drei bzw. vier Sachfragen zu behandeln sind.
An erster Stelle steht die Auslegung der Richtlinienvorschriften, um feststellen zu können, welche Änderungen im nationalen Recht notwendig waren. Vor diesem Hintergrund sind das deutsche und britische Umsetzungsgesetz auf ihre Richtlinienkonformität zu prüfen. Soweit Abweichungen festgestellt werden, schließen sich Überlegungen zur richtlinienkonformen Auslegung und Rechtsfortbildung an. Darüber hinaus wird der Frage nachgegangen, wie sich die Neuregelungen in die vorhandenen Rechtsordnungen einfügen.
Auf der Basis der wesentlichen Ergebnisse kann schließlich die Qualität der Umsetzungsgesetze beurteilt und verglichen werden. Dabei wird sich zeigen, daß die punktuelle Umsetzung in den Sale and Supply of Goods Regulations besser gelungen ist als das deutsche Großvorhaben. Die Arbeit endet mit einem Ausblick auf mögliche Entwicklungen auf dem Gebiet des europäischen Vertragsrechts.

Grundlagen

§ 1 Bedeutung und wesentlicher Inhalt der Richtlinie

Unter den zahlreichen verbraucherschützenden Richtlinien der vergangenen Jahre[12] war die Verbrauchsgüterkaufrichtlinie die erste, die einen Kernbereich des Zivilrechts betraf.[13] Sie stellt das vorläufige Endergebnis der Entwicklung eines gemeinsamen Kaufrechts für Europa dar. Dieses Vorhaben nahm 1993 mit dem Grünbuch über Verbrauchsgütergarantien und Kundendienst[14] erstmals konkrete Formen an.[15] Da sie vor allem die Rechtsposition der Verbraucher verbessern soll (Art. 1 Abs. 1 RL), hat die Richtlinie allerdings einen sehr begrenzten Anwen-

---

recht, S. 173, Rn. 476-499; Westermann, in: Heß (Hrsg.), Wandel der Rechtsordnung, S. 185, 197-199; Treitel, Written Evidence, at p. 214, zitiert nach: House of Lords, *Consumer Guarantees*, para. 153; Beale/Howells, (1997) 12 *Journal of Contract Law* 21, 37; Bridge, *Sale of Goods* (paperback), at p. xiv; Bradgate/Twigg-Flesner, *Consumer Sales and Associated Guarantees*, at pp. 225 *et seq.*

[11] Dazu Hondius, ZEuP 1997, 130, 137-138; Lehmann/Dürrschmidt, GRUR 1997, 549, 552-555; Schimmel/Buhlmann, Fehlerquellen, S. 147-150; Cranston, [1995] 3 *CLJ* 100, 112; Twigg-Flesner, [1999] *JBL* 279, 279-280; ders., (2000) 10 *CPRev* 100; ders., (2001) *European Current Law Year Book* xxxix, xxxix-xl; ders., *Consumer Product Guarantees*, at pp. 151-171; Bradgate/Twigg-Flesner, *Consumer Sales and Associated Guarantees*, at pp. 171 *et seq.*; Lawson, (2003) *S.J.* 200, 201; Singleton, (2003) 26(3) *ConsL Today* 9, 9-10.

[12] Dazu im Überblick Tonner, BB 1999, 1769, 1769-1770.

[13] Schermaier, in: Schermaier (Hrsg.), Verbraucherkauf in Europa, S. 3, 3; Grundmann, JZ 2005, 860, 866.

[14] KOM (1993) 509 endg.; dazu Kendall, *EC Consumer Law*, at pp. 147-151.

[15] Detailliert zur Entstehungsgeschichte Hänlein, DB 1999, 1641, 1641; Reich, Bürgerrechte, S. 335-342 (jeweils mwN).

dungsbereich. Ihre Vorschriften betreffen den sogenannten Verbrauchsgüterkauf, also vor allem Kaufverträge zwischen Verbrauchern und Unternehmern über bewegliche Sachen.[16]

Der Regelungsschwerpunkt liegt auf der Haftung des Verkäufers für mangelhafte Verbrauchsgüter. Von wesentlicher Bedeutung ist deshalb die Definition der Vertragsmäßigkeit in Art. 2 RL. Hieran knüpft Art. 3 RL an, der die Rechtsfolgen der vertragswidrigen Lieferung bestimmt. Dabei orientiert sich die Richtlinie am Übereinkommen der Vereinten Nationen über den internationalen Warenkauf (CISG). Dessen Vorschriften sind zwar auf den grenzüberschreitenden Handelskauf zugeschnitten (vgl. Artt. 1 Abs. 1, 2 lit. a CISG). Die Kommission hielt das CISG aber anscheinend für eine geeignete Vorlage, weil die meisten Mitgliedstaaten dieses Übereinkommen ratifiziert haben[17]. Dazu sei kritisch angemerkt, daß diese Feststellung nur in bezug auf Kontinentaleuropa zutrifft.[18] Die Länder mit Common law-Tradition, d.h. Irland und das Vereinigte Königreich, gehören bislang nicht zu den Vertragsstaaten.[19]

§ 2 Deutsches Kaufrecht vor der Umsetzung

Das deutsche Recht regelt den Kaufvertrag im wesentlichen in den §§ 433 ff. BGB. Daneben gibt es Sondervorschriften für den Handelskauf (§§ 373 ff. HGB).

A. Systematik des Kaufrechts

Vor der Schuldrechtsreform gehörte es zu den Besonderheiten des Kaufrechts, daß es nicht nur zwischen dem Kauf von Rechten und Sachen, sondern beim Sachkauf auch noch zwischen der Rechts- und Sachmängelhaftung differenzierte. Wenn die Kaufsache einen Rechtsmangel aufwies, fanden gemäß § 440 Abs. 1 BGB die allgemeinen Vorschriften der §§ 320-327 Anwendung. Sachmängel führten stattdessen zur Haftung nach §§ 459 ff. BGB a.F.

Bei der Sachmängelhaftung war außerdem danach zu unterscheiden, ob ein Spezies- oder ein Gattungskauf vorlag. Denn nur der Gattungskäufer konnte bei mangelhafter Leistung eine Ersatzlieferung verlangen (§ 480 Abs. 1 S. 1 BGB a.F.). Dagegen war es ohne Bedeutung für die Rechtsfolgen, ob es sich bei dem Kaufgegenstand um eine vertretbare oder unvertretbare Sache handelte.

---

[16] Vgl. die Legaldefinitionen in Art. 1 Abs. 2-4 RL; dazu Hoeren/Martinek/Bohne, Systematischer Kommentar, Teil 1, Rn. 522-530.

[17] Vgl. KOM (1995) 520 endg., S. 12-16; dazu Grundmann, [2003] *EBLR* 237, 239.

[18] Eine aktualisierte Liste der Vertragsstaaten ist verfügbar unter: http://www.cisg.law.pace.edu/cisg/countries/cntries.html (abgerufen am 17.4.2003).

[19] Dazu Bradgate, *Commercial Law*, para. 1.4.2; Gärtner, (2000-2001) *Review of the Convention on Contracts for the International Sale of Goods (CISG)*, 59, I. (jeweils mwN); ebenfalls krit. Twigg-Flesner, [1999] 7 *CLJ* 177, 179.

B. Sonderstellung der Sachmängelhaftung

I. Eigenständige Regelung

Wesentliches Kennzeichen des bisherigen Kaufrechts war die dogmatisch eigenständige Regelung der Sachmängelhaftung.[20] Die §§ 459 ff. BGB a.F. unterschieden sich sowohl in bezug auf die Voraussetzungen der Haftung als auch die Rechtsfolgen erheblich vom allgemeinen Leistungsstörungsrecht.

Während für das Recht der Nichterfüllung die Frage konstitutiv war, ob der Gläubiger die Leistungsstörung zu vertreten hat, lag den §§ 459 ff. BGB a.F. der Gedanke einer verschuldensunabhängigen Garantiehaftung zugrunde.[21] An die Stelle des Rücktritts trat im Gewährleistungsrecht die Wandelung gemäß § 462 BGB a.F., ergänzt durch den Rechtsbehelf der Minderung. Zum Ausgleich für die strenge Garantiehaftung[22] gab es grundsätzlich nur unter den engen Voraussetzungen der §§ 463, 480 Abs. 2 BGB a.F. Schadensersatz[23].

Diese Gegenüberstellung verdeutlicht, daß der Sachmängelhaftung im System des Schuldrechts eine Sonderstellung zukam[24]. Dabei war die besondere Regelung der Schlechtleistung nicht etwa denklogisch notwendig. Vielmehr handelt es sich um ein historisches Zufallsprodukt.[25] Als sie die §§ 459 ff. BGB a.F. entwarfen, orientierten sich die Gesetzverfasser an den Rechtsbehelfen des römischen bzw. gemeinen Rechts.[26]

II. Verhältnis zu den allgemeinen Rechtsbehelfen

In Rechtsprechung und Schrifttum bestand grundsätzlich Einigkeit darüber, daß das Gewährleistungsrecht eine abschließende Sonderregelung für die mangelhafte Lieferung traf, welche die allgemeinen Regeln ausschloß[27]. Trotzdem war das Nebeneinander von allgemeinem Vertragsrecht und Sachmängelhaftung im BGB die Ursache zahlreicher Streitfragen und Abgrenzungsschwierigkeiten.[28] Beispielhaft genannt sei die Frage, ob sich der Käufer vor Gefahrübergang auf die

---

[20] Ähnlich MüKo/Westermann, Vor § 433, Rn. 2.

[21] Dazu Soergel/Huber, Vor § 459, Rn. 2; Staudinger/Honsell, Vorbem zu §§ 459 ff, Rn. 3 (jeweils mwN).

[22] Staudinger/Honsell, Vorbem zu §§ 459 ff, Rn. 3.

[23] Eine allgemein anerkannte Ausnahme war der Schadensersatz aus positiver Forderungsverletzung bei Mangelfolgeschäden; vgl. RGZ 53, 200, 201-202; BGH, JZ 1967, 321, 321; BGHZ 60, 9, 12 (stRSp); dazu Soergel/Huber, Vor § 459, Rn. 38-60; Staudinger/Honsell, Vorbem zu §§ 459 ff, Rn. 78 (jeweils mwN).

[24] Vgl. Soergel/Huber, Vor § 459, Rn. 1-5.

[25] So pointiert Staudinger/Honsell, Vorbem zu §§ 459 ff, Rn. 5.

[26] Dazu Soergel/Huber, Vor § 459, Rn. 6-7; Staudinger/Honsell, Vorbem zu §§ 459 ff, Rn. 5-6 (jeweils mwN).

[27] Vgl. RGZ 135, 339, 346; BGHZ 60, 319, 320-321; BGH, BB 1991, 1004, 1005; dazu detailliert Soergel/Huber, Vor § 459, Rn. 175-257c mwN.

[28] Staudinger/Honsell, Vorbem zu §§ 459 ff, Rn. 5; Hoeren/Martinek/Martinek, Systematischer Kommentar, Teil 1, Rn. 67.

Einrede des § 320 BGB berufen kann,[29] oder das umstrittene Verhältnis zwischen der Haftung aus *culpa in contrahendo* und den §§ 463, 480 Abs. 2 BGB a.F.[30] Die Beseitigung dieser Probleme war ein zentrales Anliegen der Schuldrechtsreform.[31]

§ 3 Britisches Kaufrecht vor der Umsetzung

A. Gemeinsames Recht für England und Schottland

In Großbritannien gibt es zwei Rechtsordnungen, die sich teilweise erheblich voneinander unterscheiden, das englische und das Scots law.[32] Allerdings ist das Handelsrecht, zu dem nach britischem Verständnis auch das Kaufrecht zählt,[33] durch gemeinsame Gesetze[34] weitgehend vereinheitlicht. Dazu gehört unter anderem der SoGA[35], der die wesentlichen Bestimmungen zum Kauf enthält.

Obwohl es im gesamten Königreich gilt, basiert das Gesetz auf dem englischen common law des ausgehenden 19. Jahrhunderts.[36] Den Besonderheiten des Scots law wurde bei der Kodifikation kaum Rechnung getragen.[37] Die Unterschiede zwischen englischem und schottischem Recht machen sich jedoch bemerkbar, wenn die ungeschriebenen Regeln des common law zur Anwendung gelangen (vgl. s. 62(2) SoGA).[38]

B. Verhältnis zum allgemeinen Vertragsrecht

Der SoGA befaßt sich mit ausgewählten Fragen, die im Zusammenhang mit dem Sachkauf auftreten, wie z.B. Zustandekommen des Vertrags, Eigentumsübergang, Rechte und Pflichten der Vertragspartner etc. Insoweit kodifiziert und modifiziert

---

[29] Dazu Soergel/Huber, Vor § 459, Rn. 236-237; Staudinger/Honsell, Vorbem zu §§ 459 ff, Rn. 24 (jeweils mwN).

[30] Vgl. einerseits BGHZ 60, 319, 321-323; BGHZ 88, 130, 134; BGHZ 114, 263, 266; andererseits Diederichsen, BB 1965, 401, 403; Larenz, Schuldrecht II/1, S. 75-76; Knöpfle, NJW 1990, 2497, 2505 (zur Haftung wegen fahrlässiger Angabe/Nichtangabe von Eigenschaften der Kaufsache).

[31] Dazu die Begründung des Regierungsentwurfs, BT Drs. 14/6040, 87, 94.

[32] Dazu im Überblick Zweigert/Kötz, Rechtsvergleichung, S. 198-201; Walker, *Law of Contracts*, para. 1.17; zum Einfluß des englischen auf das Scots law ders., *Scottish Legal System*, at p. 157 mwN.

[33] Bradgate, *Commercial Law*, para. 1.0.

[34] Z.B. Bills of Exchange Act 1882, Partnership Act 1890, Marine Insurance Act 1906; dazu Bradgate, *Commercial Law*, para. 1.2.1.

[35] Gloag/Henderson, *Law of Scotland*, para. 16.1; Atiyah, *Sale of Goods*, at p. 5.

[36] *Benjamin's Sale of Goods*, paras 1-001, 1-002; Gloag/Henderson, *Law of Scotland*, para. 16.1.

[37] Law Commission/Scottish Law Commission, *Sale and Supply of Goods*, paras 2.27-2.31; Atiyah, *Sale of Goods*, at pp. 5-6 mwN; weniger krit. *Benjamin's Sale of Goods*, para. 1-001.

[38] Vgl. Sellar, *Sale of Goods*, paras 1.7-1.8.

er die Regeln des common law,[39] vor allem in bezug auf die Haftung wegen Vertragsbruchs (breach of contract).
Daraus resultiert eine weitgehende Verselbständigung der kaufrechtlichen Gewährleistung vom common law und dessen Weiterentwicklung durch die Rechtsprechung.[40] Im Unterschied zum deutschen Recht führt die eigenständige Regelung im SoGA aber nicht zu dogmatischen Brüchen. Denn die Sachmängelhaftung und das allgemeine Leistungsstörungsrecht beruhen auf demselben Grundgedanken, der Garantiehaftung für das Ausbleiben der vertragsgemäßen Leistung[41]. Das Gewährleistungsrecht kann somit als Unterfall der allgemeinen Nichterfüllungshaftung verstanden werden. Es paßt sich nahtlos in das System des sonstigen Vertragsrechts ein.
Ein weiterer Grund, weshalb das Nebeneinander von Sachmängelhaftung und Nichterfüllungshaftung keine dogmatischen Probleme auslöst, liegt darin, daß sich der SoGA eindeutig zur Konkurrenzfrage äußert. Gemäß s. 62(2) ist das common law, insbesondere das allgemeine Vertragsrecht,[42] auf Kaufverträge anwendbar. Allerdings nur unter der Voraussetzung, daß kein Widerspruch zu den Bestimmungen des Gesetzes entsteht. Mithin verdrängen die SoGA-Vorschriften als *leges speciales* das ungeschriebene Recht.[43]

Sachmängelhaftung für Verbrauchsgüter

§ 1 Grundsatz der Vertragsmäßigkeit

Grundlage der Sachmängelhaftung für Verbrauchsgüter und damit Herzstück der Richtlinie ist der Grundsatz der Vertragsmäßigkeit gemäß Art. 2 Abs. 1 RL. Danach ist der Verkäufer verpflichtet, Güter zu liefern, die den Vorgaben des Vertrags entsprechen. Andernfalls stehen dem Verbraucher die Gewährleistungsrechte des Art. 3 RL zu.

A. Pflicht zur vertragsgemäßen Lieferung

I. Richtlinie

Damit macht sich die Richtlinie die Konzeption des UN-Kaufrechts zu eigen, welches dem Verkäufer in Art. 35 Abs. 1 CISG ebenfalls die Pflicht zur vertragsgemäßen Lieferung auferlegt. Fraglich ist, welche Bedeutung dies für die Leistungspflicht des Verkäufers hat.
Nach verbreiteter Ansicht liegt Art. 2 Abs. 1 RL die Vorstellung zugrunde, daß die Lieferung mangelfreier Ware zu den Hauptleistungspflichten des Verkäufers

---

[39] Bradgate, *Commercial Law*, para. 7.1.
[40] Vgl. Basedow, Reform des deutschen Kaufrechts, S. 15-16.
[41] Basedow, Reform des deutschen Kaufrechts, S. 14; *Benjamin's Sale of Goods*, para. 14-010.
[42] Atiyah, *Sale of Goods*, at p. 5; Bradgate, *Commercial Law*, para. 7.1.
[43] Vgl. *Benjamin's Sale of Goods*, para. 1-010.

gehöre.[44] Hierfür spricht der Wortlaut der Norm. Allerdings ergeben sich Zweifel, wenn man bedenkt, daß die Frage nach dem Inhalt der Leistungspflicht das Verhältnis zwischen allgemeinem und besonderem Leistungsstörungsrecht berührt. Falls sich die Leistungspflicht auf die Fehlerfreiheit der Kaufsache erstreckt, stellt die nicht vertragsgemäße Leistung einen Unterfall der Nichterfüllung dar. Ob die Richtlinie eine Aussage dieser Tragweite machen soll, ist fragwürdig, weil sie nur der Harmonisierung eines kleinen Ausschnitts des Vertragsrechts dient, vgl. Art. 1 Abs. 1 RL.
Außerdem ergibt sich aus dem Kommentar der Kommission, daß das Regelungsmodell des CISG aus pragmatischen Erwägungen übernommen wurde. Es sollten Abgrenzungsschwierigkeiten zwischen der Nichterfüllungs- und der Mängelhaftung wie z.B. im französischen Recht (vgl. 1603 Code civil) vermieden werden.[45] Um sich zum Inhalt der Leistungspflicht nicht äußern zu müssen, bedient sich die Richtlinie daher desselben Kunstgriffs wie das Wiener Kaufrecht:[46] Sie stellt auf den Verstoß gegen die Pflicht zur vertragsgemäßen Lieferung ab, statt die Leistungspflicht zu definieren.
Daraus resultiert das kuriose Ergebnis, daß Art. 2 Abs. 1 RL eine Pflicht aufstellt, die ohne Bedeutung für den Inhalt der Leistungspflicht des Verkäufers ist[47]. Wie die Mitgliedstaaten diese Regelung dogmatisch in ihre Rechtsordnungen einpassen, und wie sie das Verhältnis zwischen Kaufgewährleistungs- und sonstigem Leistungsstörungsrecht bestimmen, bleibt ihnen überlassen.[48]

II. Deutschland

1. Rechtslage vor der Umsetzung

Vor der Schuldrechtsreform wurde im deutschen Schrifttum lebhaft über die Rechtsnatur der Gewährleistung und den Inhalt der Leistungspflicht des Verkäufers diskutiert.[49] Soweit die Voraussetzungen der Haftung gemäß §§ 459 ff. BGB a.F. erfüllt waren, handelte es sich dabei um einen akademischen Streit. Prakti-

---

[44] Rieger, VuR 1999, 287, 288; Anders, ZRP 2000, 293, 294-295; Däubler-Gmelin, NJW 2001, 2281, 2281-2282; v. Westphalen, DB 2001, 799, 799; Zimmer, in: Ernst/Zimmermann (Hrsg.), Zivilrechtswissenschaft und Schuldrechtsreform, S. 191, 197; Grundmann/Bianca/Grundmann, Art. 2, Rn. 1; wohl auch Hänlein, DB 1999, 1641, 1646; Boerner, ZIP 2001, 2264, 2265, Fn. 20; Grundmann/Bianca/Serrano, Art. 1, Rn. 41.

[45] Vorschlag für eine Richtlinie des Europäischen Parlaments und des Rates über den Verbrauchsgüterkauf und –garantien, KOM (1995) 520 endg., S. 12.

[46] Krit. Basedow, Reform des deutschen Kaufrechts, S. 13-14.

[47] Im Ergebnis ähnlich Jorden/Lehmann, JZ 2001, 952, 952; Roloff, NotBZ 2001 Beilage Schuldrechtsreform, 30, 36; dazu grundsätzlich Repgen, Abschied von der Privatautonomie, S. 48-49, Fn. 147 mwN.

[48] Ebenso Micklitz, EuZW 1997, 229, 231; Jorden/Lehmann, JZ 2001, 952, 952; Jorden, Verbrauchergarantien, S. 45; Ernst/Gsell, ZIP 2001, 1389, 1389, Fn. 4; vgl. Coester-Waltjen, Jura 1997, 637, 641; Ernst/Gsell, ZIP 2000, 1410, 1414.

[49] Dazu im Überblick Herberger, Sachmängelhaftung, S. 24-31; Soergel/Huber, Vor § 459, Rn. 145-175.

sche Bedeutung hatte er hingegen für die Frage, welche Rechte dem Käufer außerhalb des Gewährleistungsrechts zustanden.[50]
Die Vertreter der sogenannten Erfüllungstheorie sahen den Grund der Sachmängelhaftung darin, daß der Verkäufer eine Pflicht zur vertragsgemäßen Leistung verletzt habe.[51] Demnach erstreckte sich die Leistungspflicht nicht nur auf die Übergabe und Eigentumsverschaffung (§ 433 Abs. 1 S. 1 BGB a.F.), sondern auch die Vertragsmäßigkeit der Kaufsache.[52] Die Lieferung einer nicht vertragsgemäßen Sache war somit als teilweise Nichterfüllung zu verstehen[53] mit der Folge, daß dem Käufer bis zur Übergabe die Rechte des allgemeinen Leistungsstörungsrechts zustanden. Nach der Erfüllungstheorie konnte er daher beispielsweise die Annahme verweigern und dem Zahlungsverlangen des Verkäufers die Einrede des nichterfüllten Vertrags (§ 320 BGB) entgegensetzen.[54]
Der Gewährschaftstheorie zufolge bestand diese Möglichkeit nicht.[55] Denn ihre Vertreter hielten nicht die Nichterfüllung der Leistungspflicht für haftungsbegründend.[56] Vielmehr sollte der Verkäufer trotz Erfüllung der Leistungspflicht haften, weil er eine besondere Gewähr für die Qualität der Sache übernommen habe[57]. Bei nicht vertragsgemäßer Leistung standen dem Käufer demnach ausschließlich die Rechtsbehelfe des Gewährleistungsrechts zur Verfügung.[58]
Hintergrund dieses Streits ist das Nebeneinander von allgemeinem Leistungsstörungsrecht und Recht der Sachmängelhaftung im BGB. Vor der Richtlinienumsetzung knüpfte Gewährleistungsrecht nicht an die Nichterfüllung der Leistungspflicht, sondern Mängel der Kaufsache an (§ 459 BGB a.F.). Denn das Recht der Sachmängelhaftung war eigenständig geregelt.[59] Daraus ergab sich die Frage nach dem Verhältnis der beiden Regelungskomplexe zueinander[60] sowie dem Inhalt der Leistungspflicht.
Für die Annahme, nach bisherigem Recht sei der Verkäufer zur Übergabe in mangelfreiem Zustand verpflichtet, spricht vor allem § 480 Abs. 1 S. 1 BGB a.F.[61] Da der Gattungskäufer bei mangelhafter Leistung eine Ersatzlieferung verlangen kann, liegt der Schluß nahe, daß der Verkäufer seine Leistungspflicht

---

[50] Brox/Walker, BT[26.], § 5, Rn. 58; Grigoleit/Herresthal, JZ 2003, 118, 119.
[51] Herberger, Sachmängelhaftung, S. 60, 87; Huber, AcP 177 (1977), 281, 296; RGRK/Mezger, § 459, Anm. 2.
[52] Erman, JZ 1960, 41, 41; Herberger, Sachmängelhaftung, S. 87; RGRK/Mezger, § 459, Anm. 2; Soergel/Huber, Vor § 459, Rn. 170; Brox/Walker, BT[26.], § 5, Rn. 58.
[53] Erman, JZ 1960, 41, 45; Huber, in: Ficker/König (Hrsg.), FS v. Caemmerer, S. 837, 848.
[54] Im Ergebnis BGH, NJW 1997, 652, 652; dazu Lorenz/Riehm, Schuldrecht, Rn. 472.
[55] So ausdrücklich Larenz, Schuldrecht II/1, S. 69
[56] Ballerstedt, in: Dietz/Hueck/Reinhardt (Hrsg.), FS Nipperdey (1955), S. 261, 276-277; Larenz, Schuldrecht II/1, S. 67-68; Esser/Weyers, Schuldrecht II/1, S. 31.
[57] Schollmeyer, JherJb 49, 93, 93; Enneccerus/Lehmann, Recht der Schuldverhältnisse, S. 415-416; Larenz, Schuldrecht II/1, S. 68.
[58] Brüggemeier, WM 2002, 1376, 1377.
[59] Dazu oben S. 4.
[60] Dazu oben S. 6.
[61] RGRK/Mezger, § 459, Anm. 2; Soergel/Huber, Vor § 459, Rn. 158.

noch nicht erfüllt hat. Deshalb bestand weitgehend Einigkeit, daß der Verkäufer einer Gattungssache zur vertragsgemäßen Lieferung verpflichtet sei.[62]
Allerdings handelt es sich bei § 480 BGB a.F. um eine Sonderregelung für den Gattungskauf. Dem Stückkäufer stand bei mangelhafter Leistung kein Nachlieferungsanspruch zu. Allein daraus kann zwar nicht gefolgert werden, daß der Speziesverkäufer nicht mangelfrei leisten müsse. Denn das Fehlen des Ersatzlieferungsanspruchs läßt sich auch mit der Konkretisierung des Schuldverhältnisses auf die Kaufsache erklären.[63] Beim Stückkauf würde es wenig Sinn machen, den Verkäufer zur Nachlieferung zu verpflichten, weil er den Vertrag nur mit der Kaufsache erfüllen kann. Dagegen wäre ein Anspruch auf Nachbesserung vorstellbar.[64] Die §§ 459 ff. BGB a.F. sahen aber, anders als z.B. das Werkvertrags- oder Mietrecht, kein Recht auf Mängelbeseitigung vor. Mit anderen Worten stand dem Stückkäufer im Unterschied zum Gattungskäufer bislang kein Nacherfüllungsanspruch zu.
Wenn man sich weiterhin vor Augen führt, daß § 433 Abs. 1 S. 1 a.F., der die Leistungspflicht des Verkäufers definiert, die Mangelfreiheit nicht erwähnt, sprechen die besseren Gründe für die Annahme, daß der Speziesverkäufer nicht zur Gutleistung verpflichtet war.[65] Mit den Vertretern der Gewährschaftstheorie ist also davon auszugehen, daß sich der Inhalt der Leistungspflicht bisher auf die Übereignung und Übergabe der Kaufsache „so, wie sie [...] tatsächlich ist“[66] beschränkte.

2. Schuldrechtsmodernisierungsgesetz

Der Gesetzgeber hat sich im Schuldrechtsmodernisierungsgesetz[67] nunmehr für die gegenteilige Position entschieden. Im Ergebnis entspricht die neue Rechtslage der bislang überwiegend abgelehnten Erfüllungstheorie.[68] Denn gemäß § 433 Abs. 1 S. 2 BGB hat der Verkäufer die Sache nicht nur frei von Rechtsmängeln (vgl. § 434 a.F.), sondern auch Sachmängeln zu verschaffen. Mithin erstreckt sich seine Leistungspflicht bei jedem Kauf auf die Mangelfreiheit.
Die Neuregelung ist zu begrüßen, weil sich damit der Streit über die Rechtsnatur der Sachmängelhaftung erledigt hat. Vor allem ermöglicht sie die vom Gesetzgeber gewollte Integration des Gewährleistungsrechts in das allgemeine Leistungsstörungsrecht[69]. Beide Regelungskomplexe stellen nunmehr die Pflichtverletzung

---

62 Vgl. Soergel/Huber, Vor § 459, Rn. 158.
63 RGRK/Mezger, § 459, Anm. 2
64 Esser/Weyers, Schuldrecht II/1, S. 31; Larenz, Schuldrecht II/1, S. 67.
65 Ebenso Staudinger/Honsell, Vorbem zu §§ 459 ff, Rn. 10; aA Rust, Gewährleistung, S. 46.
66 Larenz, Schuldrecht II/1, S. 38
67 Gesetz zur Modernisierung des Schuldrechts vom 26.11.2001, BGBl I, 3138.
68 Dauner-Lieb, DB 2001, 2535, 2535; Westermann, in: Schulze/Schulte-Nölke (Hrsg.), Schuldrechtsreform vor dem Hintergrund des Gemeinschaftsrechts, S. 109, 111; Berger, JZ 2004, 276, 276.
69 Begründung des Regierungsentwurfs, BT Drs. 14/6040, 94; krit. Ehmann/Sutschet, Modernisiertes Schuldrecht, S. 191-192.

in den Mittelpunkt, so daß § 437 BGB für den Fall der mangelhaften Leistung im wesentlichen auf die allgemeinen Regeln verweisen kann. Als genuin kaufrechtlicher Rechtsbehelf bleibt damit nur die Minderung gemäß § 441 BGB.
Die Aussage, die Richtlinienumsetzung habe dermaßen weitreichende Änderungen erfordert,[70] trifft jedoch nicht zu.[71] Aufgrund der Zielsetzung der Richtlinie besteht der Sinn des Art. 2 Abs. 1 RL nicht darin, die Leistungspflicht des Verkäufers zu definieren. Die Vorschrift mag zwar die Entscheidung für die sogenannte „Große Lösung", also die Umsetzung im Rahmen einer großangelegten Schuldrechtsreform,[72] beeinflußt haben. Um die Umsetzungspflicht zu erfüllen, hätte es aber genügt, eine Regelung zu treffen, wonach dem Verbraucher bei nicht vertragsgemäßer Lieferung die Richtlinienrechte zustehen[73]. Zum Verhältnis zwischen Leistungsstörungs- und Gewährleistungsrecht sagt die Richtlinie nichts.[74]

III. Großbritannien

1. Sale of Goods Act 1979

Mit den §§ 433 ff. BGB a.F. hat der SoGA gemein, daß er den Verkäufer nicht ausdrücklich zur vertragsgemäßen Leistung verpflichtet. Dafür besteht aber auch kein Anlaß. Da das Kaufrecht auf den Prinzipien des common law aufbaut,[75] ist es selbstverständlich, daß der Verkäufer vertragsgemäß liefern muß, um nicht wegen Vertragsbruchs (breach of contract) zu haften. Mithin ist der Verkäufer nicht nur zur Warenübergabe (s. 27 SoGA), sondern zur Erfüllung des gesamten Leistungsversprechens verpflichtet.

2. Sale and Supply of Goods Regulations

Daran hat sich durch die Sale and Supply of Goods Regulations nichts geändert. Mit Part 5A wurde zwar ein eigenes Rechtsbehelfssystem für den Verbraucherkauf[76] eingeführt, das ergänzend neben die allgemeinen Vorschriften tritt (vgl. s. 48D SoGA)[77]. Die Haftung nach Part 5A kann kaum als Unterfall der Nichterfüllungshaftung verstanden werden,[78] weil sich die Verbraucherrechte erheblich

---

[70] Däubler-Gmelin, NJW 2001, 2281, 2282; nur im Ergebnis zust. Westermann, NJW 2002, 241, 243.
[71] Ebenfalls krit. Ernst/Gsell, ZIP 2001, 1389, 1389, Fn. 4.
[72] Dazu Rolland, in: Haas/Medicus u.a. (Hrsg.), Das neue Schuldrecht, S. 1, Rn. 2 mwN.
[73] Ähnlich Roloff, NotBZ 2001 Beilage Schuldrechtsreform, 30, 36; Jorden/Lehmann, JZ 2001, 952, 952.
[74] Dazu oben S. 7.
[75] Dazu oben S. 5.
[76] Legaldefiniert in ss. 61(1) SoGA, 25(1) UCTA; zu den Änderungen durch die Sale and Supply of Goods Regulations s. Ervine, 2003 *SLT* (News) 67, 67-68.
[77] S.a. die amtliche Überschrift „Additional rights of buyer in consumer cases".
[78] Vgl. dagegen das Verhältnis zwischen allgemeiner Sachmängelhaftung und Leistungsstörungsrecht; dazu oben S. 6.

von den herkömmlichen Rechtsbehelfen unterscheiden. Ebenso wie der allgemeinen Sachmängelhaftung und dem Leistungsstörungsrecht[79] liegt Part 5A aber der Gedanke einer verschuldensunabhängigen Garantiehaftung zugrunde. Denn gemäß ss. 48A(1)(b), 48F SoGA stehen dem Verbraucher die Richtlinienrechte zu, wenn die Ware nicht den Vorgaben des Vertrags entspricht. Daraus folgt im Gegenschluß, daß der Verkäufer zur vertragsgemäßen Leistung verpflichtet ist.

B. Sollbeschaffenheit

I. Richtlinie

Im Anschluß an das allgemeine Prinzip nennt Art. 2 Abs. 2 RL eine Reihe teils objektiver Kriterien für die Vertragsmäßigkeit. Auf diese Kriterien ist aber nur hilfsweise abzustellen. Wie sich aus den Erwägungsgründen 7 und 8 ergibt, sollen sie die Anwendung des Vertragsmäßigkeitsgrundsatzes in solchen Fällen erleichtern, in denen spezifische Abreden fehlen. Maßstab für die geschuldete Beschaffenheit ist demnach grundsätzlich die Parteivereinbarung.[80]

II. Deutschland

1. Rechtslage vor der Umsetzung

Darin stimmte das BGB schon vor der Reform mit der Richtlinie überein. Denn nach der Lehre vom subjektiven Fehlerbegriff ist die Sache gemäß § 459 Abs. 1 BGB a.F. mangelhaft, wenn die tatsächliche Beschaffenheit nicht nur unerheblich von der vereinbarten bzw. gewöhnlichen Beschaffenheit abweicht.[81] Außerdem wurde die Haftung durch das Fehlen zugesicherter Eigenschaften ausgelöst (§ 459 Abs. 2 a.F.). Neben einer Beschaffenheitsvereinbarung setzt dieser Mängeltatbestand voraus, daß der Verkäufer die Gewähr für das Vorhandensein der Eigenschaften übernimmt.[82]

2. Schuldrechtsmodernisierungsgesetz

Aufgrund der weitgehenden Übereinstimmung hätte man sich bei der Richtlinienumsetzung darauf beschränken können, die Geringfügigkeitsklausel des § 459

---

[79] Dazu oben S. 6.

[80] Ebenso Welser, in: Mayer/Schlabrendorff (Hrsg.), FS Hempel, S. 323, 326; Rieger, VuR 1999, 287, 288; Faber, JBl. 1999, 413, 423; Grundmann, in: Grundmann/Medicus/Rolland (Hrsg.), Europäisches Kaufgewährleistungsrecht, S. 297; Grundmann/Bianca/Grundmann, Art. 2, Rn. 8; Schlechtriem, (2002) *Oxford U Comparative L Forum* 2, IV. 1.; aA Vorsmann, Gesetzliche Mängelhaftung, S. 79.

[81] Soergel/Huber, Vor § 459, Rn. 22, 29 mwN; aA nur Knöpfle, JZ 1978, 122; ders., NJW 1989, 871.

[82] BGHZ 59, 158, 161; BGH, NJW 1996, 2027, 2027 mwN.

Abs. 1 S. 2 BGB a.F. zu streichen[83]. Stattdessen hat der Gesetzgeber die Gelegenheit genutzt, um den Sachmangelbegriff neu zu fassen.
Nach § 434 Abs. 1 S. 1 BGB ist die Sache mangelfrei, wenn sie die vereinbarte Beschaffenheit hat. Diese Regelung entspricht dem subjektiven Fehlerbegriff und stellt insoweit keine Neuerung dar.[84] Im Unterschied zu § 459 BGB a.F. verzichtet sie allerdings auf die Differenzierung zwischen Fehlern und zugesicherten Eigenschaften. Diese Änderung war zwar nicht notwendig, aber folgerichtig. Da die Gewährleistungspflicht bereits durch die vertragswidrige Leistung ausgelöst wird, besteht kein Bedürfnis nach der Eigenschaftszusicherung als eigenständigem Mängeltatbestand.[85]

III. Großbritannien

1. Sale of Goods Act 1979

Im Unterschied zum deutschen weicht das britische Recht in bezug auf die Sollbeschaffenheit auffallend vom Konzept der Richtlinie ab. Ausgangspunkt ist zwar ebenfalls der Grundsatz, daß die gelieferte Ware dem Vertrag entsprechen müsse. Dessen Inhalt ergibt sich aber weniger aus der konkreten Vereinbarung als vielmehr gesetzlichen Vorgaben. Denn gemäß ss. 13-15 SoGA gelten zahlreiche Eigenschaften der Kaufsache wie z.B. Sicherheit und Haltbarkeit kraft Gesetzes als vereinbart.[86] Gegenüber Verbrauchern sind diese sogenannten implied terms außerdem unabdingbar.[87] Infolgedessen wird die geschuldete Warenqualität weitgehend durch die ss. 13-15 SoGA festgelegt,[88] Abreden der Vertragspartner spielen eine eher untergeordnete Rolle.
Fraglich ist, ob dieser subjektiv-objektive Fehlerbegriff mit den Vorgaben der Richtlinie vereinbart werden kann. Da es sich bei den implied terms gegenüber Verbrauchern um zwingendes Recht handelt, wird die Privatautonomie nicht unerheblich eingeschränkt. Selbst wenn die Parteien eine entsprechende Individualvereinbarung treffen, ist es unmöglich, die Haftung wegen eines Verstoßes gegen die ss. 13-15 SoGA wirksam auszuschließen.[89] Andererseits geht dieser Eingriff in die Vertragsfreiheit nicht zu Lasten des Verbrauchers. Insbesondere s. 14 So-

---

[83] Vgl. dazu die Begründung des Regierungsentwurfs, BT Drs. 14/6040, 231; aA Jorden, Verbrauchergarantien, S. 134, 145.
[84] Roth, NJW 2004, 330, 330.
[85] Ähnlich Zimmer, in: Ernst/Zimmermann (Hrsg.), Zivilrechtswissenschaft und Schuldrechtsreform, S. 191, 198; so bereits zum alten Recht Huber, in: Bundesminister der Justiz (Hrsg.), Überarbeitung des Schuldrechts I, S. 766-767; mit dem Wegfall der §§ 459 Abs. 2, 463 S. 1 BGB a.F. ist die Rechtsfigur der zugesicherten Eigenschaft jedoch nicht gänzlich verschwunden, s. §§ 276 Abs. 1, 442 Abs. 1 BGB (Garantie); dazu Ring, BuW 2002, 646, 647.
[86] Huber, in: Gottwald/Jayme/Schwab (Hrsg.), FS Henrich, S. 297, 299; dazu im Überblick Treitel, *Law of Contract*, at pp. 188 *et seq.*; Mitchell, (2001) 117 *L.Q.R.* 645.
[87] Ss. 6(2)(a) [England] bzw. 20(2)(a)(i) UCTA [Schottland].
[88] Bradgate, [1995] 3 *CLJ* 94, 98-99; ähnlich Howells, in: Grundmann/Medicus/Rolland (Hrsg.), Europäisches Kaufgewährleistungsrecht, S. 161, 162.
[89] Dazu krit. Lütkenhaus, Unfair Contract Terms Act, S. 53-55.

GA gibt detaillierte Anforderungen an die Beschaffenheit vor und garantiert damit einen bestimmten Qualitätsstandard. Also wirkt sich die Kombination von Parteivereinbarung und implied terms für den Verbraucher günstig aus, so daß sie nach der Mindestschutzklausel des Art. 8 Abs. 2 mit der Richtlinie vereinbar ist.

2. Sale and Supply of Goods Regulations

a) Implied terms oder Parteivereinbarung

Daß der Gesetzgeber in den Sale and Supply of Goods Regulations an dieser Regelungstechnik festgehalten hat, wirft also keine Probleme auf. Allerdings ging die Begeisterung des Department of Trade and Industry (DTI) für die implied terms zwischenzeitlich so weit, daß der Diskussionsentwurf[90] eine richtlinienwidrige Regelung hinsichtlich der Sollbeschaffenheit vorsah. Denn gemäß s. 48A(4) SoGA-DR ist die Lieferung nur dann vertragswidrig, wenn ein Verstoß gegen die ss. 13, 14 vorliegt.[91]

Dem DTI ist zwar zuzugeben, daß damit eine Vielzahl denkbarer Vereinbarungen erfaßt worden wäre.[92] Insgesamt hätte s. 48A(4) SoGA-DR aber zu einer Verkürzung der Richtlinienrechte geführt, weil die abschließende Aufzählung weniger weit reicht als der Grundsatz des Art. 2 Abs. 1 RL. Daher ist zu begrüßen, daß die Regelung durch s. 48F SoGA ersetzt wurde, welche die Vertragswidrigkeit als Verstoß gegen die ss. 13-15 SoGA oder die Parteivereinbarung definiert.

b) Konkludente Vereinbarung

Im Vergleich zum Diskussionsentwurf stellt dies einen Schritt in die richtige Richtung dar. Allerdings entspricht auch s. 48F SoGA nicht vollkommen den Vorgaben der Richtlinie. Gemäß Art. 2 Abs. 1 RL ergibt sich die Sollbeschaffenheit aus dem Kaufvertrag, unabhängig davon, wie die Vereinbarung zustande gekommen ist. Dagegen setzt s. 48F SoGA einen „breach of an express term" voraus. Diese Formulierung bezeichnet nur das, worauf sich die Parteien ausdrücklich geeinigt haben.[93] Mithin erfaßt s. 48F SoGA im Unterschied zu Art. 2 RL keine konkludenten Vereinbarungen.

Diese Abweichung hat zwar nur minimale Auswirkungen, weil häufig der Tatbestand eines implied terms erfüllt sein wird. Falls nicht, geht sie aber zu Lasten des Verbrauchers, dem nur die Rechtsbehelfe des allgemeinen Kaufrechts statt Part 5A zur Verfügung stehen. Wegen des eindeutigen Wortlauts der s. 48F SoGA kommt keine richtlinienkonforme Auslegung in Betracht. Der Gesetzgeber könnte den Umsetzungsmangel jedoch mühelos beseitigen, indem er die Vertrags-

---

[90] Draft Regulations, in: DTI, *Sale of Consumer Goods, 2nd Consultation Document*, at pp. 23 *et seq.*

[91] Das übersieht anscheinend Timewell, (2002) May *N.L.J.* 796, 796.

[92] Vgl. DTI, *Sale of Consumer Goods, 2nd Consultation Document*, at p. 9.

[93] Vgl. Treitel, *Law of Contract*, at p. 174.

widrigkeit als „breach of an express term of the contract, *a term implied from the conduct of the parties* or by section 13, 14 or 15“ umschreibt.

C. Falschlieferung beim Gattungskauf

I. Richtlinie

Angesichts der im deutschen Rechtskreis üblichen Differenzierung zwischen Fehler und Artabweichung[94] stellt sich die Frage, wie weit der Grundsatz der Vertragsmäßigkeit reicht. Ist die Lieferung auch dann vertragswidrig im Sinne des Art. 2 RL, wenn die Abweichung von der Sollbeschaffenheit so groß ist, daß die Ware nicht mehr der vereinbarten Gattung zugeordnet werden kann, also eine Falschlieferung erfolgt ist?

Art. 2 Abs. 1 RL bestimmt nur allgemein, daß die Güter vertragsgemäß sein müssen. Erhält ein Verbraucher z.B. ein Radio statt des bestellten Fernsehers, entspricht die Ware aber eindeutig nicht der vertraglichen Vereinbarung. Mit anderen Worten läßt sich das *aliud* unter den Begriff Vertragswidrigkeit subsumieren. Dementsprechend wird vielfach die Ansicht vertreten, da die Richtlinie auf die Vertragsmäßigkeit der gelieferten Güter abstelle, erübrige sich eine Unterscheidung zwischen mangelhafter und Falschlieferung. Art. 2 Abs. 1 RL erfasse auch das *aliud.*[95]

Zweifel könnten sich allerdings daraus ergeben, daß Art. 2 Abs. 2, der die Anwendung des Vertragsmäßigkeitsgrundsatzes erleichtern soll,[96] ebenfalls keinen Hinweis darauf enthält, daß die Ware der vereinbarten Gattung entstammen müsse.[97] Für die Annahme, die Falschlieferung sei vertragswidrig im Sinne der Richt-

---

[94] Dazu rechtsvergleichend Basedow, Reform des deutschen Kaufrechts, S. 25 ff.

[95] Kircher, ZRP 1997, 290, 291; Schermaier, in: Schermaier (Hrsg.), Reform des Gewährleistungsrechts, S. 9, 11; Georges, in: Paschke/Iliopoulos (Hrsg.), Europäisches Privatrecht, S. 227, 237; Anders, ZRP 2000, 293, 294; Schwartze, ZEuP 2000, 555; ders., in: Schermaier (Hrsg.), Verbraucherkauf in Europa, S. 127, 135; Huber, in: Gottwald/Jayme/Schwab (Hrsg.), FS Henrich, S. 297, 313; Schlechtriem, in: Schack (Hrsg.), GS Lüderitz, S. 675, 685; Roth, in: Grundmann/Medicus/Rolland (Hrsg.), Europäisches Kaufgewährleistungsrecht, S. 113, 137; Staudenmayer, in: Grundmann/Medicus/Rolland (Hrsg.), Europäisches Kaufgewährleistungsrecht, S. 27, S. 34; Jorden, Verbrauchergarantien, S. 43; Kainer, AnwBl 2001, 380, 383; Pfeiffer, ZGS 2002, 138, 140; Grundmann/Bianca/Bianca, Art. 3, Rn. 9; vgl. Tenreiro, REDC 1996, 187, 197-198 (ohne krasses *aliud*); aA Ehmann/Rust, JZ 1999, 853, 856; Schäfer/Pfeiffer, ZIP 1999, 1829, 1832; Westermann, in: Grundmann/Medicus/Rolland (Hrsg.), Europäisches Kaufgewährleistungsrecht, S. 251, 257; Brors, JR 2002, 133, 133; Twigg-Flesner, [2001] *Canterbury Law Review* 113, 118.

[96] Erwägungsgrund 8.

[97] Vgl. Faber, Jb.J.ZivRWiss. 1999, S. 89; Roth, in: Ernst/Zimmermann (Hrsg.), Zivilrechtswissenschaft und Schuldrechtsreform, S. 226, 241.

linie, spricht aber außerdem ein Vergleich mit Art. 35 CISG[98] als der Vorschrift, die bei Schaffung des Art. 2 RL als Vorbild gedient hat.[99]
Art. 35 Abs. 1 CISG verpflichtet den Verkäufer zur Lieferung von Ware, die in jeder Hinsicht den Vorgaben des Vertrages entspricht. Überwiegend wird hieraus der Schluß gezogen, jede auch noch so krasse Artabweichung sei als Vertragswidrigkeit zu qualifizieren.[100] Demgemäß formuliert die (unverbindliche)[101] deutsche Übersetzung, die Ware müsse „in Menge, Qualität und Art" den Anforderungen des Vertrages entsprechen. Im englischen Originalwortlaut weist Art. 35 Abs. 1 CISG aber nur auf die „quantity, quality and description required by the contract" hin, nimmt also nicht ausdrücklich Bezug auf die Warengattung.[102] Außerdem findet sich im Sekretariatskommentar zum Entwurf des UN-Abkommens die Bemerkung, da der Verkäufer Ware aus der vereinbarten Gattung zu liefern habe, stelle die Lieferung von Kartoffeln anstatt Mais einen Fall der Nichterfüllung dar.[103] Hieraus ziehen einzelne den Schluß, nach Wiener Kaufrecht sei zwischen der Lieferung eines krassen *aliud* einerseits und nicht-vertragsgemäßer Ware andererseits zu differenzieren.[104]
Indes messen sie dem Beispiel zu große Bedeutung bei, denn schon das Haager Übereinkommen stellte Schlecht- und Falschlieferung gleich (Art. 33 Abs. 1 lit. b EKG). Im Unterschied dazu erwähnt Art. 35 CISG zwar nicht eigens, daß das *aliud* wie ein Sachmangel zu behandeln sei. Die Materialien zur Entstehung des Art. 35 enthalten aber keinen Hinweis darauf, daß die problematische Unterscheidung zwischen mangelhafter und Falschlieferung in das internationale Kaufrecht eingeführt werden sollte.[105] Daher kann nicht ernsthaft bezweifelt werden, daß Art. 35 CISG auch das *aliud* als Abweichung von der vertraglichen Beschreibung (description) erfaßt.[106]

---

[98] Ebenso Lehr/Wendel, EWS 1999, 321, 323; Welser/Jud, Reform des Gewährleistungsrechts, S. 52-53; Roth, in: Ernst/Zimmermann (Hrsg.), Zivilrechtswissenschaft und Schuldrechtsreform, S. 226, 240 ff.; zust. Schulz, Nachbesserungsanspruch, S. 420.
[99] Vorschlag für eine Richtlinie des Europäischen Parlaments und des Rates über den Verbrauchsgüterkauf und –garantien, KOM (1995) 520, S. 12-13.
[100] Aue, Mängelgewährleistung, S. 70-71; Heilmann, Mängelgewährleistung, S. 170-171; Su, Die vertragsmäßige Beschaffenheit, S. 21; Schlechtriem/Schwenzer, Art. 35, Rn. 10 mwN; Stadie/Nietzer, MDR 2002, 428, 432; vgl. BGHZ 132, 290, 296-297 (offen gelassen für krasses *aliud*); OLG Düsseldorf, RIW 1994, 1051, 1051.
[101] Dazu Schlechtriem/Ferrari, Vor Artt. 1-6, Rn. 27.
[102] Schlechtriem/Schwenzer, Art. 35, Rn. 10; das übersehen Bitter/Bitter, BB 1993, 2315, 2320; Huber, in: Gottwald/Jayme/Schwab (Hrsg.), FS Henrich, S. 297, 313, Fn. 68.
[103] *Secretariat Commentary*, Art. 29, para. 3.
[104] S. die Diskussionbeiträge von Neumayer (S. 136) und Bydlinski (S. 147), in: Doralt (Hrsg.), UNCITRAL-Kaufrecht; Neumayer, RIW 1994, 99, 105 mwN.
[105] Vgl. UNCITRAL Yearbook III (1972) 86, zitiert nach: Honnold (ed.), *Documentary History*, at p. 103; UNCITRAL Yearbook IV (1973) 43-44, zitiert nach: Honnold (ed.), *Documentary History*, at pp. 120 *et seq.*; UNCITRAL Yearbook VI (1975) 64-65, zitiert nach: Honnold (ed.), *Documentary History*, at pp. 142 *et seq.*; UNCITRAL Yearbook VIII (1977) 36-38, zitiert nach: Honnold (ed.), *Documentary History*, at pp. 329 *et seq.*; dazu Kromer, Begriff der Lieferung, S. 273 ff.
[106] Schlechtriem, Einheitliches UN-Kaufrecht, S. 57; ders., IHR 2001, 12, 14.

Art. 2 Abs. 1 RL wiederum ist Art. 35 Abs. 1 CISG nachgebildet. Bedenkt man weiterhin, daß die Richtlinie der Vereinfachung nationaler Vorschriften durch die Anpassung an das Wiener Kaufrecht dient,[107] liegt es nahe, den Grundsatz der Vertragsmäßigkeit genauso weit wie Art. 35 Abs. 1 CISG auszulegen.[108] Folglich stellt die Lieferung eines *aliud* eine nicht-vertragsgemäße Leistung im Sinne des Art. 2 Abs. 1 RL dar.

II. Deutschland

1. Rechtslage vor der Umsetzung

Ebenso wie der Streit um die Leistungspflicht[109] ist die Diskussion über das *aliud* in Deutschland nur vor dem Hintergrund des Nebeneinanders von Leistungsstörungs- und Gewährleistungsrecht zu verstehen. Je nachdem ob man die Falschlieferung als mangelhafte Leistung oder bloße Nichterfüllung einordnete, löste sie unterschiedliche Rechtsfolgen aus. Die weitreichenden Konsequenzen zeigen sich beispielsweise bei der Verjährung. Denn die Rechte aus §§ 320 ff. BGB a.F. verjährten erst nach 30 Jahren, wohingegen im Gewährleistungsrecht die kurze Frist des § 477 BGB a.F. galt. Immerhin bestand seit der Grundsatzentscheidung RGZ 86, 90 weitgehend Einigkeit, daß die Lieferung eines genehmigungsfähigen *aliud* (vgl. § 378 HS. 2 HGB a.F.) beim beiderseitigen Handelskauf wie eine Schlechtleistung zu behandeln sei[110]. Der Streit konzentrierte sich also auf den bürgerlich-rechtlichen Kauf.

Der BGH vertrat in ständiger Rechtsprechung die Ansicht, bei einer Falschlieferung seien nicht die §§ 459 ff. BGB a.F., sondern die Regeln über die Nichterfüllung anzuwenden.[111] In der Entscheidung BGHZ 115, 286 lehnte er es ab, den Grundsatz der Gleichbehandlung von *aliud* und *peius* auch auf den bürgerlich-rechtlichen Kauf zu erstrecken. Daß dies zu einer unterschiedlichen Behandlung von Kaufverträgen zwischen Kauf- und Privatleuten führte, nahm der BGH dabei ausdrücklich in Kauf.[112] Zur Begründung führte er an, beim bürgerlich-rechtlichen Kauf fehle es am normativen Anknüpfungspunkt, den §§ 377, 378 HGB a.F.

Dieses rein formale Argument trifft selbstredend zu, weil die §§ 377, 378 HGB a.F. nur beim Handelskauf Anwendung fanden. Die Gründe, die das Reichsge-

---

107 Vorschlag für eine Richtlinie des Europäischen Parlaments und des Rates über den Verbrauchsgüterkauf und –garantien, KOM (1995) 520, S. 6.

108 Ebenso Faber, Jb.J.ZivRWiss. 1999, S. 89; Grundmann, in: Grundmann/Medicus/Rolland (Hrsg.), Europäisches Kaufgewährleistungsrecht, S. 300; ders., (2001) *ERPL* 239, 250; Roth, in: Ernst/Zimmermann (Hrsg.), Zivilrechtswissenschaft und Schuldrechtsreform, S. 226, 242.

109 Dazu oben S. 7.

110 RGZ 86, 90, 92-93; bestätigt in BGHZ 115, 286, 295; BGH, ZIP 1994, 1029, 1030; Schlegelberger/Hefermehl, § 378, Rn. 14; Schmidt, Handelsrecht, S. 800-801 (jeweils mwN); aA Fabricius, JuS 1964, 46; Knöpfle, NJW 1989, 871.

111 BGH, NJW 1968, 640, 640; BGHZ 115, 286, 296; BGH, NJW 1997, 1914, 1919.

112 BGHZ 115, 286, 296.

richt dazu bewogen, das genehmigungsfähige *aliud* dem Recht der Sachmängelhaftung zu unterstellen, gelten aber gleichermaßen für den bürgerlich-rechtlichen Kauf.[113] Von extremen Abweichungen (Äpfel statt Birnen) abgesehen, ist es schwierig, zwischen der Lieferung einer mangelhaften bzw. anderen Gattungssache zu differenzieren.[114] Außerdem gibt es keinen sachlichen Grund, Schlechtleistung und genehmigungsfähiges *aliud* unterschiedlich zu behandeln.[115] Daher ging die Literatur überwiegend davon aus, daß die Falschlieferung beim bürgerlich-rechtlichen Kauf entsprechend § 378 HGB dem Gewährleistungsrecht unterliege.[116]

Allerdings hat diese Lösung den Nachteil, daß sie das Abgrenzungsproblem nicht vollständig beseitigt. Wenn die §§ 459 ff. BGB a.F. außer der mangelhaften Leistung nur das genehmigungsfähige *aliud* erfassen, muß zumindest geklärt werden, ob die vertragswidrige Lieferung genehmigungsfähig ist.[117] Am konsequentesten scheint es daher, jegliche Differenzierung aufzugeben.[118]

Darüber hinaus spricht der subjektive Fehlerbegriff für die Gleichbehandlung von *aliud* und *peius*.[119] Denn wenn die Parteivereinbarung sowohl für die geschuldete Warengattung[120] als auch die Sollbeschaffenheit maßgeblich sein soll, fehlt es an einem tauglichen Abgrenzungskriterium zwischen den Störungsfällen.[121] Der BGH stellte zwar außerdem auf die Verkehrsanschauung ab, anhand derer festgestellt werden sollte, ob eine Abrede die Beschaffenheit oder ein Gattungsmerkmal betraf[122]. Daß es sich dabei um keine brauchbare Entscheidungsgrundlage handelt, zeigen aber beispielsweise die Glykolwein-Fälle: Norddeutsche Gerichte befanden den Wein nur als mangelhaft, wohingegen das AG Kreuznach sowie der BGH von einer Falschlieferung ausgingen[123]. Das erklärt, weshalb nach BGHZ 115, 286 im Schrifttum die Forderung erhoben wurde, die willkürliche Unterscheidung solle endlich aufgegeben werden[124].

Trotz alledem überzeugt auch diese Ansicht nicht vollkommen, weil sie die Funktion des § 378 HGB a.F. nicht erklären kann. Unter der Prämisse, daß das *aliud*

---

[113] Ebenso Reinicke/Tiedtke, Kaufrecht, Rn. 539.

[114] Dazu Reinicke/Tiedtke, Kaufrecht, Rn. 534; Singer, ZIP 1992, 1058, 1059-1060 mit zahlreichen Bsp. aus der Rsp.

[115] RGZ 86, 90, 92-93.

[116] Larenz, Schuldrecht II/1, S. 80; Reinicke/Tiedtke, Kaufrecht, Rn. 535, 539 (jeweils mwN).

[117] Fabricius, JuS 1964, 46, 49; ebenfalls krit. Schultz, NJW 1980, 2172, 2174.

[118] Im Ergebnis Soergel/Huber, Vor § 459, Rn. 124; zust. Erman/Grunewald, Vor § 459, Rn. 46; Singer, ZIP 1992, 1058, 1068.

[119] Soergel/Huber, Vor § 459, Rn. 117; Singer, ZIP 1992, 1058, 1065; ähnlich (in den Grenzen des § 378 HGB) bereits v. Caemmerer, in: v. Caemmerer/Hallstein (Hrsg.), FS Wolff, S. 3, 13-15.

[120] Vgl. BGH, NJW 1984, 1955, 1955; BGH, NJW 1986, 659, 660; BGH, NJW 1989, 218, 219.

[121] Singer, ZIP 1992, 1058, 1060; ähnlich Soergel/Huber, Vor § 459, Rn. 117, 121.

[122] BGH, NJW 1975, 2011, 2011; vgl. BGH, NJW 1986, 659, 660 mwN; BGH, NJW 1989, 218, 219.

[123] AG Wolfsburg, NJW-RR 1986, 989, 989; LG Lübeck, NJW-RR 1987, 243, 243; AG Bad Kreuznach, NJW-RR 1987, 242, 242; BGH, NJW 1989, 218, 219.

[124] Singer, ZIP 1992, 1058, 1067-1068.

eine Schlechtleistung darstellt, liegt zwar der Schluß nahe, die Vorschrift diene nur der Klarstellung[125]. Es verbleibt aber die Frage, weshalb § 378 HS. 2 HGB a.F. eine Einschränkung in bezug auf die nicht genehmigungsfähige Falschlieferung vorsah. Insgesamt erweist sich somit die überwiegende Literaturmeinung als vorzugswürdig. Deren Kompromißlösung, das *aliud* in den Grenzen des § 378 HGB a.F. als Schlechtleistung zu behandeln, war nicht perfekt. Doch sie fügte sich einigermaßen stimmig in das System des bürgerlichen und des Handelsrechts ein.

2. Schuldrechtsmodernisierungsgesetz

Durch die Schuldrechtsreform haben sich die dargestellten Schwierigkeiten mit dem *aliud* beim Gattungskauf erledigt. Denn § 434 Abs. 3 BGB stellt ausdrücklich klar, daß Schlecht- und Falschlieferung dieselben Rechtsfolgen haben. Außerdem wurde § 378 HGB a.F. gestrichen, so daß sich die Differenzierung anhand der Genehmigungsfähigkeit erübrigt.
Allerdings enthielt § 434 Abs. 3 in seiner ursprünglichen Fassung eine an § 378 HGB erinnernde[126] Einschränkung in bezug auf Extremabweichungen. Da die Definition des Sachmangels (§ 434 Abs. 1 S. 1 DE) keine entsprechende Einschränkung vorsah, hätte im Ausnahmefall doch zwischen *aliud* und *peius* unterschieden werden müssen.[127] Im übrigen erfaßt Art. 2 Abs. 1 RL auch besonders krasse Artabweichungen,[128] so daß § 434 Abs. 3 HS. 2 DE nicht den Vorgaben der Richtlinie entsprach. Daher verwundert es nicht, daß der Halbsatz nach kritischen Äußerungen in der Literatur[129] sofort gestrichen wurde (vgl. § 434 Abs. 3 KF).

III. Großbritannien

1. Sale of Goods Act 1979

In Großbritannien ist das dogmatische Problem „*aliud*“ als solches unbekannt. Wegen des einheitlichen Leistungsstörungsbegriffs besteht kein Anlaß, die Falschlieferung entweder als Nicht- oder Schlechterfüllung einzuordnen. Darüber

---

[125] So v. Caemmerer, in: v. Caemmerer/Hallstein (Hrsg.), FS Wolff, S. 3, 18.
[126] Zimmer, in: Ernst/Zimmermann (Hrsg.), Zivilrechtswissenschaft und Schuldrechtsreform, S. 191, 198; Gsell, JZ 2001, 65, 67, Fn. 18; vgl. dagegen die Begründung des Diskussionsentwurfes, S. 476-477.
[127] Zimmer, in: Ernst/Zimmermann (Hrsg.), Zivilrechtswissenschaft und Schuldrechtsreform, S. 191, 198.
[128] Gsell, JZ 2001, 65, 67; Roth, in: Ernst/Zimmermann (Hrsg.), Zivilrechtswissenschaft und Schuldrechtsreform, S. 226, 241; vgl. oben S. 15.
[129] Vgl. die Nachweise in Fn. 127und 128; aA Medicus, Schuldrecht BT, Rn. 51; ders., in: Dauner-Lieb/Konzen/Schmidt (Hrsg.), Schuldrecht in der Praxis, S. 61, 66.

hinaus ist unstreitig, daß die Lieferung aus einer falschen Gattung von s. 13(1) SoGA erfaßt wird.[130]
Danach muß die Ware bei einem sogenannten sale by description der Beschreibung entsprechen. Ursprünglich wurde die Vorschrift so weit ausgelegt, daß beinahe jede, auch noch so geringe,[131] Abweichung von der vertraglichen Warenbeschreibung einen Verstoß gegen s. 13(1) SoGA darstellte.[132]
In der neueren Rechtsprechung zeigt sich hingegen die Tendenz zu einer restriktiven Interpretation.[133] Insbesondere hat Lord Diplock in der Leitentscheidung *Ashington Piggeries* erklärt, s.13(1) SoGA erfasse nur Vereinbarungen, die der Festlegung der Warengattung dienten.[134]
Demnach ist es erforderlich, zwischen Gattungsmerkmalen und bloßen Attributen zu differenzieren – eine Unterscheidung, die an die Abgrenzungsproblematik zwischen Schlecht- und Falschlieferung erinnert[135]. Eine Auseinandersetzung mit der Frage, wie Merkmal und Attribut voneinander zu unterscheiden seien, findet jedoch nicht statt.[136] Stattdessen stellte beispielsweise Lord Wilberforce in *Ashington Piggeries* lapidar fest, der SoGA wolle nicht zu metaphysischer Diskussion anregen. Richtschnur für die Interpretation der s. 13(1) SoGA seien der gesunde Menschenverstand und die Verkehrsanschauung.[137]
Andererseits ist die Notwendigkeit, ein taugliches Abgrenzungskriterium zu finden, nicht besonders dringend. Eine Falschlieferung führt in jedem Fall zur Haftung wegen Vertragsbruchs, unabhängig davon, ob ein Verstoß gegen s. 13(1) SoGA oder die konkrete Parteivereinbarung festgestellt wird. Der implied term erleichtert allerdings den sofortigen Rücktritt vom Vertrag, weil der Käufer bei einem Verstoß gegen s. 13(1) SoGA nicht den Nachweis der wesentlichen Vertragsverletzung erbringen muß.[138]

---

[130] So ausdrücklich *Ashington Piggeries Ltd* v *Christopher Hill Ltd* [1972] AC 441, at pp. 503-504 *per* Lord Diplock; Twigg-Flesner/Bradgate, [2000] *Web JCLI*, 4.(b); *Benjamin's Sale of Goods*, para. 11-002 mwN.
[131] Vgl. *Re Moore & Co and Landauer & Co* [1921] 2 KB 519, at pp. 524-525 *per* Scrutton, L.J., at p. 525 *per* Atkin, L.J.; *Arcos Ltd* v *E A Ronaason & Son* [1933] AC 470, at pp. 474-475 *per* Lord Buckmaster, at pp. 476-477 *per* Lord Warrington of Clyffe, at pp. 479-480 *per* Lord Atkin.
[132] Zu den historischen Gründen s. Howells/Weatherill, *Consumer Protection Law*, at pp. 124 *et seq.*; *Benjamin's Sale of Goods*, para. 11-006.
[133] *Ashington Piggeries Ltd* v *Christopher Hill Ltd* [1972] AC 441; *Reardon Smith Line Ltd* v *Yngvar Hansen-Tangen* [1976] 1 WLR 989; *Harlingdon & Leinster Enterprises Ltd* v *Christopher Hull Fine Art Ltd* [1991] 1 QB 564; dazu Atiyah, *Sale of Goods*, at pp. 143 *et seq.*; Watterson, (2001) *ERPL* 197, 204-205.
[134] *Ashington Piggeries Ltd* v *Christopher Hill Ltd* [1972] AC 441, at p. 503; vgl. at p. 489 *per* Lord Wilberforce; bestätigt in *Reardon Smith Line Ltd* v *Yngvar Hansen-Tangen* [1976] 1 WLR 989, at p. 999 *per* Lord Wilberforce, Viscount Dilhorne, Lord Simon of Glaisdale, Lord Kilbrandon assenting; dazu Atiyah, *Sale of Goods*, at p. 144, n. 33
[135] Ebenso Kircher, Sachmängelhaftung, S. 126.
[136] Dazu Goode, *Commercial Law*, at p. 306.
[137] *Ashington Piggeries Ltd* v *Christopher Hill Ltd* [1972] AC 441, at p. 489.
[138] Automatisches right of rejection gemäß ss. 11(3), 13(1A) SoGA [England] bzw. s. 15B(1)(b), (2)(b) SoGA [Schottland].

2. Sale and Supply of Goods Regulations

Soweit die Richtlinienrechte betroffen sind, löst die enge Auslegung der s. 13(1) durch die Rechtsprechung nicht einmal theoretische Abgrenzungsschwierigkeiten aus. Denn gemäß s. 48F SoGA ist die Ware vertragswidrig, wenn sie den ss. 13-15 oder der konkreten Parteivereinbarung nicht entspricht. Daher ist es unerheblich, ob die Warenbeschreibung Gattungsmerkmale festlegt und somit den Tatbestand der s. 13(1) SoGA erfüllt. Dem Verbraucher stehen bei jeder Abweichung vom Vertragsinhalt, also auch einer Falschlieferung, die Rechte des Part 5A SoGA zu.

D. Mengenabweichung beim Gattungskauf

I. Richtlinie

Die Frage nach der Reichweite des Grundsatzes der Vertragsmäßigkeit stellt sich nicht nur in bezug auf Art-, sondern auch Mengenabweichungen. Denn im Unterschied zu Art. 35 Abs. 1 CISG befaßt sich weder Art. 2 Abs. 1 noch Abs. 2 RL mit dem Quantitätsmangel.[139] Wie also ist die Rechtslage, wenn dem Verbraucher nur zehn statt der bestellten hundert CD-Rohlinge geliefert werden?

Während das *aliud* ohne weiteres unter Art. 2 Abs. 1 RL subsumiert werden kann,[140] spricht der Wortlaut der Norm eher gegen die Annahme, sie erfasse auch Mengenabweichungen. Art. 2 Abs. 1 RL stellt genau genommen nicht auf die vertragsgemäße Lieferung, sondern darauf ab, ob die gelieferten Güter vertragsgemäß sind[141]. Im Beispielsfall könnte man daher zu dem Ergebnis kommen, es liege kein Verstoß gegen Art. 2 Abs. 1 vor, solange jeder der gelieferten CD-Rohlinge fehlerfrei ist.

Andererseits verpflichtet Art. 35 Abs. 1 CISG den Verkäufer zur Lieferung der vereinbarten Warenmenge. Wegen des Vorbildcharakters dieser Vorschrift geht die Literatur überwiegend davon aus, daß sich die Vertragsmäßigkeit nach Art. 2 Abs. 1 RL ebenfalls auf das Fehlen von Quantitätsmängeln erstrecke[142]. Anders als beim *aliud*[143] greift diese Argumentation jedoch in bezug auf die Mengenab-

---

[139] Grigoleit/Riehm, ZGS 2002, 115, 121.

[140] Dazu oben S. 14.

[141] Kircher, ZRP 1997, 290, 291; ähnlich Twigg-Flesner/Bradgate, [2000] *Web JCLI*, 4.(b); Krummel/D'Sa, (2001) 26 *ELRev*. 312, 319.

[142] Grundmann, in: Grundmann/Medicus/Rolland (Hrsg.), Kaufgewährleistungsrecht, S. 281, 300; Roth, in: Ernst/Zimmermann (Hrsg.), Zivilrechtswissenschaft und Schuldrechtsreform, S. 226, 240-242; Pfeiffer, ZGS 2002, 138, 140; Grundmann/Bianca/Grundmann, Art. 2, Rn. 12; im Ergebnis Tenreiro, REDC 1996, 187, 197; Schlechtriem, in: Schack (Hrsg.), GS Lüderitz, S. 675, 683; Schwartze, ZEuP 2000, 544, 555; ders., in: Schermaier (Hrsg.), Verbraucherkauf in Europa, S. 127, 135; Gsell, JZ 2001, 65, 67 (Manko); Jorden, Verbrauchergarantien, S. 43-44 (Manko).

[143] Dazu oben S. 15.

weichung zu kurz. Das zeigt sich, wenn man den Vergleich nicht nur auf den Grundsatz der Vertragsmäßigkeit beschränkt, sondern die Rechtsbehelfe in die Betrachtung einbezieht.

Art. 35 Abs. 1 CISG erwähnt den Quantitätsmangel, damit sich die Rügeobliegenheit des Art. 39 Abs. 1 auch auf diese Leistungsstörung bezieht.[144] Damit enden bereits die Gemeinsamkeiten zwischen Qualitäts- und Quantitätsmangel. Denn die Rechtsfolgen der Zuwenig- und Zuviellieferung bestimmen sich nicht nach den allgemeinen Vorschriften (Artt. 46-50). Sie werden gesondert in Art. 51 und 52 CISG geregelt.

In diesem Punkt weicht die Richtlinie vom Wiener Kaufrecht ab. Bei einer vertragswidrigen Lieferung stehen dem Verbraucher unterschiedslos die Rechtsbehelfe des Art. 3 RL zur Verfügung. Besondere Regelungen in bezug auf die Zuwenig- oder Zuviellieferung sind nicht vorhanden. Beim Manko macht sich dies weniger auffällig bemerkbar, weil das Recht auf Kaufpreisminderung bzw. Vertragsauflösung (Art. 3 Abs. 5 RL) als sinnvolle Rechtsfolge in Betracht kommt. Im Vergleich mit dem UN-Kaufrecht fragt sich allerdings, warum die Richtlinie dem Käufer keinen Anspruch auf Lieferung der Restmenge gibt (Artt. 51 Abs. 1, 46 Abs. 1 CISG).[145]

Deutlicher noch zeigt sich das Fehlen einer Sonderregelung bei der Zuviellieferung. Es mag zwar zweckmäßig erscheinen, dem Verbraucher die Möglichkeit zum Rücktritt zu geben, wenn der Verkäufer 500 statt 50 m³ Gartenerde liefert[146]. Aber was soll der Käufer in einem solchen Fall mit einem Recht auf Nacherfüllung (Art. 3 Abs. 3 RL) oder gar Minderung? Stattdessen wäre es sinnvoll, ihm die Wahl zu lassen, ob er die Abnahme der zuviel gelieferten Menge verweigert oder sie entsprechend dem vertraglichen Preis bezahlt (vgl. Art. 52 Abs. 2 CISG). Die Rechtsbehelfe des Art. 3 RL sind also erkennbar nur auf Qualitätsmängel zugeschnitten. Das zeigt, daß die Richtlinie die Mengenabweichung nicht im Blick hat. Folglich kann der Schluß von Art. 35 Abs. 1 CISG auf Art. 2 Abs. 1 RL nicht richtig sein. Die systematische und teleologische Auslegung führt vielmehr zu dem Ergebnis, daß die Mengenabweichung keine vertragswidrige Lieferung im Sinne des Art. 2 Abs. 1 RL darstellt[147].

II. Deutschland

1. Rechtslage vor der Umsetzung

a) Quantitätsmangel als Schlechtleistung

Einen ähnlichen Ansatz verfolgte das bislang geltende deutsche Recht. Danach löste eine Mengenabweichung nur ausnahmsweise die Gewährleistungshaftung

[144] Schlechtriem/Huber, Art. 51, Rn. 9.

[145] Dazu Faber, Jb.J.ZivRWiss. 1999, S. 85, 90-91.

[146] Bsp. von Pfeiffer, ZGS 2002, 138, 139-140.

[147] Ebenso Kircher, ZRP 1997, 290, 291; Grigoleit/Riehm, ZGS 2002, 115, 121 (jeweils zum Manko).

aus, wenn sie einen Sachmangel darstellte.[148] Da dies eine Abweichung von der Beschaffenheitsvereinbarung voraussetzt, mußten die Maße der Ware Vertragsinhalt geworden sein. Eine Kaufpreisminderung kam also beispielsweise in Frage, wenn der Käufer fünf Bretter von 2 m Länge bestellte, die gelieferten Bretter aber nur 1,5 m lang waren.[149]

b) Reine Mengenabweichung

Die sogenannten reinen Mengenabweichungen hingegen unterlagen nicht den §§ 459 ff. BGB, sondern dem allgemeinen Leistungsstörungsrecht.[150] Im Falle einer Minderlieferung konnte der Käufer daher entweder die Annahme der Teilleistung verweigern (§ 266 BGB) oder gemäß § 433 Abs. 1 S. 1 BGB a.F. die Lieferung der Restmenge verlangen. Darüber hinaus kam ein Vorgehen nach § 326 BGB a.F. in Betracht. Bei einer Zuviellieferung konnte der Käufer die überschüssige Ware zurückweisen. Andernfalls war er, da die Lieferung nicht ohne Veranlassung erfolgte, so daß der Tatbestand des § 241 a Abs. 1 BGB[151] nicht erfüllt war, zur Herausgabe nach den Vorschriften des Bereicherungsrechts verpflichtet.

2. Schuldrechtsmodernisierungsgesetz

Daran hat sich durch das Schuldrechtsmodernisierungsgesetz nicht viel geändert. Die Zuviellieferung wird weiterhin nach allgemeinem Schuldrecht abgewickelt.[152] Allerdings unterliegt das Manko nun dem Gewährleistungsrecht. Denn § 434 Abs. 3 BGB stellt die Zuweniglieferung genau wie das *aliud* dem Sachmangel gleich, so daß sich die Rechtsfolgen aus § 437 BGB ergeben. Im Vergleich zur vorherigen Rechtslage führt das zwar nicht zu tiefgreifenden Änderungen. Immerhin erhält der Käufer mit dem Minderungsrecht gemäß §§ 437 Nr. 2, 441 BGB aber einen zusätzlichen Rechtsbehelf.

In der Literatur ist § 434 Abs. 3 BGB vereinzelt auf Kritik gestoßen, weil er die Gleichstellung auf das Manko beschränkt. Dies stelle eine unzulässige Abweichung von der Richtlinie dar, so daß die Vorschrift bei der Zuviellieferung entsprechend angewandt werden müsse.[153] Diesem Schluß liegt jedoch eine unrichtige Prämisse zugrunde, weil Art. 2 Abs. 1 RL nicht die Gleichbehandlung von *maius* und *peius* gebietet.[154] Derselben Ansicht scheint auch der Gesetzgeber zu sein. Jedenfalls geht die Begründung des Regierungsentwurfs nicht auf eventuelle Richtlinienvorgaben ein. Hinter § 434 Abs. 3 BGB steht vielmehr die zutreffende

---

[148] Schlegelberger/Hefermehl, § 378, Rn. 18, 20; MüKo/Westermann, § 459, Rn. 25.

[149] Vgl. Schlegelberger/Hefermehl, § 378, Rn. 18 mit weiteren Bsp.

[150] Soergel/Huber, § 459, Rn. 48, 53; Staudinger/Honsell, § 459, Rn. 42.

[151] Zur Definition der unbestellten Sache s. Caspar, ZIP 2000, 1602, 1604-1605; Lorenz, JuS 2000, 833, 841.

[152] Palandt[63]/Putzo, § 434, Rn. 53.

[153] Pfeiffer, ZGS 2002, 138, 140; aA Unberath, ZEuP 2005, 5, 19.

[154] Dazu oben S. 21.

Überlegung, die Interessenlage sei bei Schlecht- und Minderlieferung nicht grundsätzlich anders[155]. Das rechtfertigt die gleiche Behandlung beider Störungsfälle.

III. Großbritannien

1. Sale of Goods Act 1979

In bezug auf die Mengenabweichung geht der SoGA noch einen Schritt weiter als das BGB, denn s. 30 befaßt sich eingehend mit beiden Arten des Quantitätsmangels. Die entsprechenden Regelungen haben teilweise Eingang ins UN-Kaufrecht gefunden, vgl. Art. 51, 52 CISG.

a) Zuviellieferung

Bei einer Zuviellieferung hat der Käufer die Wahl zwischen drei Möglichkeiten. Gemäß s. 30(2) SoGA kann er die Annahme der zuviel gelieferten Ware verweigern. Sofern die Abweichung nicht vollkommen unerheblich ist,[156] darf der Verbraucher nach englischem Recht sogar die Annahme der gesamten Lieferung ablehnen und Schadensersatz wegen Nichterfüllung (s. 51(1) SoGA) verlangen. In Schottland gilt ein strengerer Maßstab, weil die Annahmeverweigerung gemäß s. 30(2D) SoGA eine erhebliche Mengenabweichung voraussetzt.[157] Entscheidet sich der Käufer stattdessen, die gesamte Lieferung abzunehmen, erhöht sich der Kaufpreis proportional im Verhältnis der gelieferten zur vereinbarten Menge, s. 30(3) SoGA. Denselben Mechanismus zur Vertragsanpassung sieht auch Art. 52 Abs. 2 CISG vor.

b) Zuweniglieferung

Das Manko ist in s. 30(1) SoGA geregelt. Danach steht es dem Käufer frei, die Annahme der Minderlieferung zu verweigern. Andernfalls ist ein proportional geminderter Kaufpreis zu zahlen. Darüber hinaus steht dem Käufer ein Schadensersatzanspruch wegen teilweiser Nichterfüllung zu.[158]

Einen Anspruch auf Lieferung der Restmenge (vgl. Artt. 51 Abs. 1, 46 Abs. 1 CISG) sieht der SoGA nicht vor. Dieser ergibt sich auch nicht aus den Regeln des allgemeinen englischen Vertragsrechts. Denn der Gedanke, jeder vertraglichen Verpflichtung korrespondiere ein einklagbarer Primärleistungsanspruch, ist dem englischen Recht fremd. Daher gibt es grundsätzlich keine Möglichkeit, den Vertragspartner zur Erfüllung zu zwingen; es kann lediglich Schadensersatz wegen

---

[155] Begründung des Regierungsentwurfs, BT Drs. 14/6040, 216

[156] Vgl. *Arcos Ltd* v *E A Ronaason & Son* [1933] AC 470, at p. 480 *per* Lord Atkin; allgemein zum *de minimis*-principle Atiyah, *Sale of Goods*, at p. 132 *et seq.*

[157] Dazu Sellar, *Sale of Goods*, paras 6.81-6.85; vgl. s. 30(2A) SoGA [England], für non-consumer cases.

[158] Bridge, *Sale of Goods*, at pp. 227 *et seq.*; *Benjamin's Sale of Goods*, para. 8-042.

Vertragsbruchs verlangt werden.[159] Dementsprechend stellt s. 52(1) SoGA es in das Ermessen des Gerichts, ob es den Verkäufer ausnahmsweise zur Vertragserfüllung verurteilt, weil Schadensersatz unzulänglich[160] wäre.
In Schottland stellt sich die Rechtslage etwas anders dar. Theoretisch müßte dem Gattungskäufer ein Anspruch auf Lieferung der Restmenge zustehen, weil das Scots law ebenso wie die kontinentaleuropäischen Rechtsordnungen davon ausgeht, daß die vertragliche Vereinbarung einen Erfüllungsanspruch begründet[161]. Allerdings scheint es fraglich, ob ein solcher Anspruch klageweise durchsetzbar ist, weil sich die schottischen Gerichte vorbehalten, von einer Verurteilung zur Vertragserfüllung abzusehen[162]. Insbesondere ergeht kein decree of specific implement, wenn der Betroffene ohne weiteres ein Deckungsgeschäft abschließen, also z.B. die Ware von einem Dritten kaufen kann.[163]

2. Sale and Supply of Goods Regulations

Da die Richtlinie keine Aussage zum Quantitätsmangel trifft, konnte s. 30 SoGA unverändert beibehalten werden. Die Sale and Supply of Goods Regulations sehen folgerichtig keine Sonderregelung für den Verbraucherkauf vor.
Allerdings unterscheidet sich die Definition der Vertragswidrigkeit in ss. 48A(1)(b), 48F SoGA dadurch von der Richtlinie, daß sie allgemein auf einen Verstoß gegen die Vereinbarung abstellt. Deshalb könnte man auf die Idee kommen, daß jede Vertragswidrigkeit, also auch eine Mengenabweichung, die Haftung nach Part 5A SoGA auslöst.[164] Dagegen spricht jedoch die Systematik des Gesetzes. Die Regulations übernehmen die Rechtsbehelfe der Richtlinie, die ausschließlich auf Qualitätsmängel zugeschnitten sind[165]. Außerdem regelt s. 30 SoGA bereits zweckmäßig die Zuwenig- und Zuviellieferung. Daher ist nicht anzunehmen, daß die ss. 48A(1)(b), 48F SoGA auch den Quantitätsmangel erfassen sollen.

---

[159] Zweigert/Kötz, Rechtsvergleichung, S. 477 ff.; Atiyah, *Law of Contract*, at pp. 424 *et seq.*
[160] Allgemein zu diesem Kriterium s. *Tito* v *Waddell (No. 2)* [1977] 1 Ch 106, at p. 327 *per* Megarry V.-C.; *Anders Utkilens Rederi A/S* v *O/Y Lovisa Stevedoring Co A/B, The Golfstraum* [1985] 2 All ER 669, at p. 73 *per* Goulding, J.; *Co-operative Insurance Company* v *Argyll Stores (Holdings) Ltd* [1998] AC 1, at pp. 11-12 *per* Lord Hoffmann.
[161] Vgl. *Retail Parks Investments Ltd* v *The Royal Bank of Scotland plc (No. 2)* 1996 SLT 669, at p. 673 *per* Lord McCluskey, at p. 680 *per* Lord Cullen; *Highland and Universal Properties Ltd* v *Safeway Properties Ltd* 2000 SC 297, at pp. 298-300 *per* Lord President Rodger, at pp. 309-310 *per* Lord Kingarth.
[162] *Stewart* v *Kennedy* (1890) 17 R (HL) 1, at pp. 9-10 *per* Lord Watson; bestätigt in *Highland and Universal Properties Ltd* v *Safeway Properties Ltd* 2000 SC 297, at pp.299-301 *per* Lord President Rodger; dazu MacQueen/MacGregor, (1999) *ELR* 239, 240.
[163] Vgl. *Davidson* v *Macpherson* (1889) 30 SLR 2, at p. 6 *per* Bell; dazu Scottish Law Commission, *Remedies for Breach of Contract*, para. 6.5.
[164] So Twigg-Flesner, GPR 2003-04, 12, 17.
[165] Dazu oben S. 21.

E. Zwischenergebnis

Der Grundsatz der Vertragsmäßigkeit gemäß Art. 2 Abs. 1 RL hätte ohne große Änderungen im SoGA bzw. BGB umgesetzt werden können. Dementsprechend hat sich der britische Gesetzgeber damit begnügt, die ss. 48A, 48B(1) einzufügen, wonach dem Verbraucher im Falle einer vertragswidrigen Lieferung die besonderen Rechte des Part 5A SoGA zustehen.

In Deutschland ist die Umsetzung dagegen für einen Rundumschlag genutzt worden. So wurde nicht nur der Sachmangelbegriff unter Einbeziehung von Manko und Falschlieferung neu definiert. Vielmehr verpflichtet § 433 Abs. 1 S. 2 BGB den Verkäufer neuerdings zur Gutleistung. Das ermöglicht zwar die Verknüpfung von allgemeinem Leistungsstörungs- und Gewährleistungsrecht. Die Richtlinienumsetzung als solche erforderte aber keine dermaßen tiefgreifende Änderung.

§ 2 Vermutung der Vertragsmäßigkeit

A. Kriterien für die Vertragsmäßigkeit

I. Richtlinie

Nach dem Konzept der Richtlinie ergibt sich die geschuldete Warenqualität nicht ausschließlich aus dem Vertrag. Denn der Grundsatz der Vertragsmäßigkeit wird durch die Kriterien des Art. 2 Abs. 2 RL ergänzt, die zur Anwendung gelangen, wenn eine konkrete Beschaffenheitsvereinbarung fehlt[166].

1. Funktion

Diese Eigenschaft teilen sie mit ihren ebenfalls subsidiären[167] Vorbildern im UN-Kaufrecht. Allerdings kommt den Kriterien in der Richtlinie eine andere Funktion zu, wie eine Gegenüberstellung zeigt. Art. 35 Abs. 2 CISG zufolge ist die Ware nur vertragsgemäß, wenn sie den Vorgaben der lit. a-d genügt. Nach Art. 2 Abs. 2 RL hingegen wird die Vertragsmäßigkeit der Güter widerlegbar[168] vermutet. Die Feststellung, daß einer der Tatbestände nicht erfüllt ist, führt also nicht zur Haftung wegen Vertragswidrigkeit, sondern nur dazu, daß die Vermutung widerlegt ist. Daraus folgt, daß Art. 2 Abs. 2 RL im Unterschied zu Art. 35 Abs. 2 CISG keine notwendigen Voraussetzungen für die Vertragsmäßigkeit aufstellt[169].

Ihrem Sinn und Zweck nach handelt es sich um eine eher verkäufer- als verbraucherfreundliche Regelung. Die Vermutung des Art. 2 Abs. 2 RL soll dem Ver-

---

166 Dazu oben S. 11; Lehmann, DB 2002, 1090, 1091.

167 Schlechtriem/Schwenzer, Art. 35, Rn. 12.

168 Erwägungsgrund 8.

169 Im Ergebnis Staudenmayer, in: Grundmann/Medicus/Rolland (Hrsg.), Europäisches Kaufgewährleistungsrecht, S. 27, 34; ders., (2000) *ERPL* 547, 551; aA Hassemer, ZGS 2002, 95, 96-97; wohl auch Pfeiffer, ZGS 2002, 94, 94; Schlechtriem, in: Dauner-Lieb/Konzen/Schmidt (Hrsg.), Schuldrecht in der Praxis, S. 71, 84, Fn. 43; ders., Schuldrecht BT, Rn. 39, Fn. 36; Willett/Morgan-Taylor/Naidoo, [2004] *JBL* 94, 96.

käufer den Nachweis erleichtern, daß er die Pflicht zur vertragsgemäßen Lieferung erfüllt hat.[170] Wenn beispielsweise unklar ist, worauf sich die Parteien geeinigt haben, genügt es grundsätzlich zu zeigen, daß die Ware den Vorgaben des Art. 2 Abs. 2 RL entspricht.[171] Andererseits gibt die Vorschrift auch einen Mindeststandard für die Leistung vor, weil die einzelnen Tatbestände kumulativ erfüllt sein müssen[172]. Dem Verkäufer kommt die Vermutung nicht zugute, wenn die ansonsten fehlerfreie Sache z.B. nicht die Qualität aufweist, die der Verbraucher aufgrund der Herstellerwerbung erwarten konnte (Art. 2 Abs. 2 lit. d RL).

2. Zulässigkeit abweichender Vereinbarungen

Da die Kriterien des Art. 2 Abs. 2 RL subsidiär sind, stellt sich im Grunde nicht die Frage, ob die Parteien individualvertraglich eine abweichende Vereinbarung treffen können. Soweit eine Beschaffenheitsvereinbarung vorliegt, gelangen die Vermutungstatbestände nicht zur Anwendung. In der Literatur ist diese Frage dennoch Gegenstand eines Streits. Dabei wird überwiegend die Ansicht vertreten, alle verbraucherschützenden Vorschriften der Richtlinie, inklusive Art. 2 Abs. 2,[173] seien gemäß Art. 7 Abs. 1 RL unabdingbar.[174]

Danach sind unter anderem Vereinbarungen, welche die Richtlinienrechte mittelbar einschränken, für den Verbraucher unverbindlich. Wenn die Parteien den Leistungsinhalt abweichend von Art. 2 Abs. 2 RL bestimmen, hat dies indirekt Auswirkungen auf die Rechte des Verbrauchers. Also läßt sich die Annahme, die

---

[170] Staudenmayer, NJW 1999, 2393, 2394; ders., in: Grundmann/Medicus/Rolland (Hrsg.), Europäisches Kaufgewährleistungsrecht, S. 34; Schwartze, ZEuP 2000, 556; Höffe, Schadensersatz beim Kauf, S. 27-28; vgl. Vermittlungsausschuß, Presseerklärung vom 18.3. 1999, C/99/77, S. 3; Rat, Presseerklärung vom 17.5.1999, C/99/149, S. 13; dazu krit. Huber, in: Gottwald/Jayme/Schwab (Hrsg.), FS Henrich, S. 297, 303, Fn. 25; aA Welser/Jud, §§ 922, 923 ABGB, Rn. 26; Vorsmann, Gesetzliche Mängelhaftung, S. 42-43.

[171] AA Jorden, Verbrauchergarantien, S. 86-87.

[172] Erwägungsgrund 8.

[173] Jorden, Verbrauchergarantien, S. 580; Watterson, (2001) *ERPL* 197, 201; Kircher, ZRP 1997, 290, 292; ders., Sachmängelhaftung, S. 274 (zu Art. 2 Abs. 2 lit. b im ursprünglichen Richtlinienvorschlag); aA Welser/Jud, Reform des Gewährleistungsrechts, S. 60; dies., § 9 KSchG, Rn. 3.

[174] Ring, BuW 1997, 263, 265; Schlechtriem, JZ 1997, 441, 444; Georges, in: Paschke/Iliopoulos (Hrsg.), Europäisches Privatrecht, S. 227, 236; Schmidt-Räntsch, ZIP 1998, 849, 850; ders., ZEuP 1999, 294, 298; Schiller, PHi 1999, 118, 127; Lehr/Wendel, EWS 1999, 321, 326; Micklitz, EuZW 1999, 485, 489; Tonner, BB 1999, 1769, 1771; Gass, in: Diederichsen/Fischer (Hrsg.), FS Rolland, S. 129, 132, 135; Nietzer/Stein, ZVglRWiss 99 (2000), 41, 45; Medicus, in: Grundmann/Medicus/Rolland (Hrsg.), Europäisches Kaufgewährleistungsrecht, S. 219, 223-224; Brüggemeier/Reich, BB 2001, 213, 215; Weisner, JuS 2001, 759, 763; Schmidt-Räntsch/Maifeld u.a., Schuldrecht, S. 33; Prieß, Begriff des Sachmangels, S. 197; Anonymus, (1999) 7 *EuroLM* 7, 10; aA Ehmann/Rust, JZ 1999, 853, 860; Ernst/Gsell, ZIP 2000, 1410, 1421, 1463; Kesseler, ZRP 2001, 70, 71; Repgen, Abschied von der Privatautonomie, S. 65-66.

Vermutungstatbestände seien nicht disponibel, mit dem Wortlaut des Art. 7 Abs. 1 S. 1 RL vereinbaren.[175]

Darüber hinaus spricht der systematische Zusammenhang eher für eine weite Interpretation der Vorschrift. Denn im Anschluß an die allgemeine Regelung räumt Art. 7 Abs. 1 S. 2 RL den Mitgliedstaaten die Möglichkeit ein, Vorschriften zu erlassen, wonach die Gewährleistungsfrist bei Gebrauchtwaren verkürzt werden darf. Diese Ausnahme von der Regel ist ein Indiz dafür, daß Art. 7 Abs. 1 S. 1 auf alle Vorschriften Bezug nimmt, die dem Schutz des Verbrauchers dienen.

Allerdings deutet Erwägungsgrund 22 darauf hin, daß der Anwendungsbereich des Art. 7 Abs. 1 S. 1 RL kleiner ist. Eine mittelbare Einschränkung im Sinne der Vorschrift ist bei AGB-Klauseln anzunehmen, denen zufolge der Verbraucher bei Vertragsschluß Mängelkenntnis hatte, beispielsweise „verkauft wie besehen"[176]. Für individuell vereinbarte Abweichungen vom Qualitätsmaßstab der Richtlinie ist demgegenüber Raum.[177]

Dafür spricht auch Art. 2 Abs. 3 RL.[178] Wenn der Verkäufer der Haftung entgehen kann, indem er den Verbraucher einseitig über Fehler informiert, muß es erst recht möglich sein, sich auf einen von Art. 2 Abs. 2 RL abweichenden Vertragsinhalt zu einigen. Im übrigen stellt Erwägungsgrund 8 klar, daß die Vermutungsregelung nicht die Vertragsfreiheit einschränken soll.

Letzte Zweifel an diesem Auslegungsergebnis könnten sich aus den Gesetzgebungsmaterialien ergeben. Schließlich hat die Kommission die Kriterien des Art. 2 Abs. 2 RL in ihrer Kommentierung als zwingende Bestimmungen bezeichnet.[179] Diese Aussage macht aber nur vor dem Hintergrund des ursprünglichen Richtlinienvorschlags Sinn, da sich der Wortlaut und vor allem die Funktion des Art. 2 Abs. 2 RL geändert haben. Ursprünglich sollten sie bei jedem Kauf Anwendung finden, so daß es folgerichtig war, die Kriterien als unabdingbare implied terms auszugestalten[180]. Dieses Konzept wurde jedoch aufgegeben, wie Erwägungsgründe 7 und 8 verdeutlichen[181]. Damit bestätigt sich die eingangs ge-

---

[175] Ähnlich Riesenhuber, Ch. 19 in Grundmann/Kerber/Weatherill (eds.), *Party Autonomy and the Role of Information*, at pp. 351-352.

[176] Staudenmayer, in: Grundmann/Medicus/Rolland (Hrsg.), Europäisches Kaufgewährleistungsrecht, S. 27, 44-45; ders., NJW 1999, 2397; ähnlich Faber, JBl. 1999, 413, 426.

[177] Im Ergebnis Grundmann/Bianca/Grundmann, Art. 2, Rn. 10; Grundmann/Bianca/Stijns/van Gerven, Art. 7, Rn. 24; Haustein, Reformbedürftigkeit, S. 117-118; aA Schmidt-Räntsch/Maifeld u.a., Schuldrecht, S. 33; Jorden, Verbrauchergarantien, S. 580.

[178] Ebenso Gsell, JZ 2001, 65, 66; Oughton/Willett, (2002) *Journal of Consumer Policy* 299, 321.

[179] Vorschlag für eine Richtlinie des Europäischen Parlaments und des Rates über den Verbrauchsgüterkauf und –garantien, KOM (1995) 520 endg., S. 17 bzw. 12.

[180] Vorschlag für eine Richtlinie des Europäischen Parlaments und des Rates über den Verbrauchsgüterkauf und –garantien, KOM (1995) 520 endg., S. 12; dazu Micklitz, EuZW 1997, 231; krit. Junker, DZWir 1997, 271, 279; Wolf, RIW 1997, 899, 902; Kircher, ZRP 1997, 290, 293.

[181] Ähnlich Grundmann, in: Grundmann/Medicus/Rolland (Hrsg.), Kaufgewährleistungsrecht, S. 281, 297; Riesenhuber, Ch. 19 in Grundmann/Kerber/Weatherill (eds.), *Party Autonomy and the Role of Information*, at p. 352.

troffene Feststellung. Was nicht in den Vertrag „impliziert“ wird, braucht nicht abbedungen zu werden.

II. Deutschland

1. Rechtslage vor der Umsetzung

Vor der Reform enthielt das BGB kein Gegenstück zu Art. 2 Abs. 2 RL. Für den Fall, daß die Parteien keine besondere Vereinbarung getroffen haben, wies § 459 Abs. 1 S. 1 2. Fall BGB a.F. zwar darauf hin, daß die Sache für den gewöhnlichen Gebrauch geeignet sein müsse (vgl. Art. 2 Abs. 2 lit. c RL). Einen Kriterienkatalog gab es aber ebenso wenig wie eine Vermutung der Vertragsmäßigkeit.

2. Schuldrechtsmodernisierungsgesetz

a) Voraussetzungen der Mängelfreiheit

Da diese Regelungstechnik dem deutschen Recht fremd ist, hat sich der Gesetzgeber dazu entschlossen, von der Richtlinie abzuweichen.[182] Soweit keine Beschaffenheitsvereinbarung besteht, ist die Kaufsache gemäß § 434 Abs. 1 S. 2 BGB nur mangelfrei, wenn sie einer Reihe gesetzlicher Vorgaben genügt. Also folgt das BGB dem Modell des Art. 35 Abs. 2 CISG, indem es subsidiäre Voraussetzungen für die Mängelfreiheit aufstellt. Dadurch entfällt die mit Art. 2 Abs. 2 RL bezweckte Beweiserleichterung für den Verkäufer. § 434 BGB stellt den Verbraucher in diesem Punkt besser als die Richtlinie, so daß die Abweichung gemäß Art. 8 Abs. 2 RL zulässig ist.[183]

b) Zulässigkeit abweichender Vereinbarungen

Gemäß § 475 Abs. 1 S. 1 BGB kann sich der Verkäufer beim Verbrauchsgüterkauf auf keine Vereinbarung berufen, die zum Nachteil des Verbrauchers von den §§ 433-435, 437, 439-443 abweicht. Wegen des Verweises auf § 434 BGB liegt es nahe anzunehmen, daß die Voraussetzungen der Mängelfreiheit zwingendes Recht sind. Ebenso wie die Vermutungstatbestände der Richtlinie gelangen die Voraussetzungen aber nur zu Anwendung, wenn eine Beschaffenheitsvereinbarung fehlt. Daher gilt das bereits zu Art. 2 Abs. 2 RL Gesagte entsprechend. § 475 BGB hindert die Vertragspartner nicht, die Sollbeschaffenheit individualvertraglich festzulegen und dabei vom Standard des § 434 Abs. 1 S. 2, 3 abzuweichen.[184] Unzulässig sind dagegen nachteilige Beschaffenheitsvereinbarungen in AGBs sowie Haftungsbeschränkungen und –ausschlüsse[185].

---

[182] Vgl. die Begründung des Regierungsentwurfs, BT Drs. 14/6040, 212.

[183] So zu Recht die Begründung des Regierungsentwurfs, BT Drs. 14/6040, 212; vgl. Flessner, in: Grundmann/Medicus/Rolland (Hrsg.), Europäisches Kaufgewährleistungsrecht, S. 233, 238.

[184] Im Ergebnis Westermann, in: Schulze/Schulte-Nölke (Hrsg.), Schuldrechtsreform vor dem Hintergrund des Gemeinschaftsrechts, S. 109, 119; Kesseler, ZRP 2001, 70, 71; Reinking, DAR

III. Großbritannien

Im britischen Recht sind die ss. 13-15 SoGA am ehesten funktional vergleichbar mit Art. 2 Abs. 2 RL.[186] Allerdings geht der SoGA weit über die Vorgaben der Richtlinie hinaus, weil es sich bei den implied terms nicht nur um subsidiäre Vermutungstatbestände, sondern fingierte Vereinbarungen handelt. Außerdem sind sie gegenüber Verbrauchern nach ss. 6(2)(a) bzw. 20(2)(a)(i) UCTA unabdingbar.[187] Da dieser Regelungsansatz dem Verbraucher ein höheres Schutzniveau als Art. 2 Abs. 2 RL bietet, hat sich der Gesetzgeber darauf beschränkt, einige Änderungen an s. 14 SoGA vorzunehmen.[188]

B. Kauf nach Beschreibung

I. Richtlinie

1. Beschreibung durch den Verkäufer

Als erstes Kriterium für die Vertragsmäßigkeit nennt Art. 2 Abs. 2 lit. a RL die Übereinstimmung mit der vom Verkäufer gegebenen Beschreibung. Wie sich aus dem systematischen Zusammenhang ergibt, erfaßt die Vorschrift nicht jede beschreibende Äußerung. Beispielsweise stellen Angaben auf der Verpackung, anders als etwa im irischen Recht,[189] keine Beschreibung im Sinne von lit. a dar.[190] Bei isolierter Betrachtung könnte man zwar auf den Gedanken kommen, eine Beschreibung durch den Verkäufer sei auch dann anzunehmen, wenn er sich Äußerungen des Herstellers zu eigen macht,[191] indem er beispielsweise während des Verkaufsgesprächs einen Herstellerprospekt vorlegt.[192] Die Haftung für Herstellerangaben regelt die Richtlinie aber gesondert in Art. 2 Abs. 2 lit. d. Danach sind

---

2001, 8, 10 (jeweils zu § 305 c Abs. 1 DE); Buck, in: Westermann (Hrsg.), Schuldrecht 2002, S. 105, 170; Ehmann/Sutschet, Modernisiertes Schuldrecht, S. 191-192; Stölting, ZGS 2004, 96, 96; ähnlich Ring, BuW 2002, 776, 778; Looschelders, in: Dauner-Lieb/Konzen/Schmidt, Schuldrecht in der Praxis, S. 395, 401-402; Müller, NJW 2003, 1975, 1976-1977; aA Schmidt-Räntsch/Maifeld u.a., Schuldrecht, S. 33.

[185] Dazu Schulte-Nölke, ZGS 2002, 72, 73.

[186] Ähnlich Anonymus, (1999) 7 *EuroLM* 7, 8; Holmes, (1998) 8 *CPRev* 45, 46; Williams/Hamilton, [2000] *ICCLR* 318, 322.

[187] Dazu oben S. 12.

[188] Dazu DTI, *Sale of Consumer Goods, 2nd Consultation Document*, at pp. 6, 8-9.

[189] Vgl. s. 13(3) des irischen SoGA „a reference to goods on a label or other descriptive matter accompanying the goods".

[190] Krummel/D'Sa, (2001) 26 *ELRev.* 312, 316; Atiyah, *Sale of Goods*, at p. 216; Twigg-Flesner, *Consumer Product Guarantees*, at p. 9.

[191] Bradgate, [1997] *Web JCLI*, text after n. 9; Twigg-Flesner, [2001] *Canterbury Law Review* 113, 118.

[192] Weitere Bsp. s. BT Drs. 10/4741, 19 (zu § 13 a Abs. 1 UWG); Lehmann, JZ 2000, 280, 286 mwN.

unter anderem öffentliche Äußerungen in der Werbung maßgeblich für die geschuldete Leistungsqualität, und zwar unabhängig davon, ob der Verkäufer oder der Hersteller sie gemacht hat. Nimmt man weiterhin an, daß sich die Anwendungsbereiche der beiden Unterabsätze nicht überschneiden sollen, so kommen als Beschreibung im Sinne des lit. a nur eigene nicht-öffentliche, d.h. gegenüber einzelnen Kunden gemachte, Erklärungen des Verkäufers in Betracht.[193]

2. Einseitige Erklärungen

Fraglich ist, ob Art. 2 Abs. 2 lit. a RL außerdem voraussetzt, daß die Erklärungen Vertragsinhalt geworden sind. Der Wortlaut der Norm spricht eher dagegen,[194] weil lit. a nur auf die vom Verkäufer gegebene Beschreibung abstellt. Allerdings ist zuzugeben, daß diese Formulierung auch darauf hindeuten könnte, daß die Parteiabsprache konkludent erfolgen kann.[195]
Bezieht man die übrigen Unterabsätze des Art. 2 Abs. 2 RL in die Untersuchung mit ein, fällt jedoch auf, daß beinahe alle Kriterien für die Vertragsmäßigkeit objektiv formuliert sind.[196] So fordert beispielsweise Art. 2 Abs. 2 lit. c RL, die Ware müsse für den gewöhnlichen Gebrauch geeignet sein, und gemäß lit. d soll sie die Qualität aufweisen, die vernünftigerweise zu erwarten ist. Die Eignung für einen besonderen Verwendungszweck hingegen wird gemäß Art. 2 Abs. 2 lit. b RL nur relevant, wenn der Verbraucher den Verkäufer über den Zweck in Kenntnis gesetzt und dieser zugestimmt hat. Mit anderen Worten stellt lit. b im Unterschied zu den anderen Unterabsätzen ausdrücklich klar, daß sich die Parteien über die Gebrauchstauglichkeit geeinigt haben müssen[197]. Im Umkehrschluß folgt daraus, daß Art. 2 Abs. 2 lit. a RL auch einseitige Aussagen des Verkäufers über die Kaufsache erfaßt.[198]

---

[193] Ebenso Jorden, Verbrauchergarantien, S. 88; Grundmann/Bianca/Grundmann, Art. 2, Rn. 36; Brüggemeier, WM 2002, 1376, 1378; Weiler, WM 2002, 1784, 1786; Twigg-Flesner/Bradgate, [2000] *Web JCLI*, 4.(b); aA Williams/Hamilton, [2000] *ICCLR* 318, 323-324.

[194] Coester-Waltjen, Jura 1997, 637, 641; Faber, JBl. 1999, 413, 420; Lehmann, JZ 2000, 280, 283; Haustein, Reformbedürftigkeit, S. 35; krit. Kircher, Sachmängelhaftung, S. 273; Welser/Jud, Reform des Gewährleistungsrechts, S. 44-45.

[195] Grundmann, in: Grundmann/Medicus/Rolland (Hrsg.), Kaufgewährleistungsrecht, S. 281, 298; Grundmann/Bianca/Grundmann, Art. 2, Rn. 8; ähnlich Steiner, in: Schermaier (Hrsg.), Reform des Gewährleistungsrechts, S. 243, 259.

[196] Ebenso Lehmann, JZ 2000, 280, 283.

[197] Rieger, VuR 1999, 287, 288; Schwartze, ZEuP 2000, 544, 556, Fn. 72; ähnlich Jorden, Verbrauchergarantien, S. 89.

[198] Im Ergebnis Amtenbrink/Schneider, VuR 1996, 367, 373; Georges, in: Paschke/Iliopoulos (Hrsg.), Europäisches Privatrecht, S. 227, 238; Schwartze, Europäische Sachmängelgewährleistung, S. 95; ders., ZEuP 2000, 557; Huber, in: Gottwald/Jayme/Schwab (Hrsg.), FS Henrich, S. 297, 300-301; Westermann, JZ 2001, 530, 532; zust. Hoffmann, ZRP 2001, 347, 348; aA Welser, in: Mayer/Schlabrendorff (Hrsg.), FS Hempel, S. 323, 326; Kircher, ZRP 1997, 290, 291-292; Ernst/Gsell, ZIP 2000, 1410, 1414-1415; Grundmann, in: Grundmann/Medicus/Rolland (Hrsg.), Kaufgewährleistungsrecht, S. 281, 298; zweifelnd Schlechtriem, in: Ernst/Zimmermann (Hrsg.), Zivilrechtswissenschaft und Schuldrechtsreform, S. 205, 214.

II. Deutschland

1. Rechtslage vor der Umsetzung

Nach dem subjektiven Fehlerbegriff[199] haftete der Verkäufer gemäß § 459 Abs. 1 BGB a.F. für die vertragswidrige Beschaffenheit der Kaufsache. Eine vom Verkäufer gegebene Beschreibung konnte deshalb nur gewährleistungsbegründend wirken, wenn sie in den Vertrag einbezogen wurde.[200] Diese Voraussetzung dürfte zwar meistens erfüllt gewesen sein, weil eine konkludente Bezugnahme auf die Angaben des Verkäufers genügt. Im Unterschied zu Art. 2 Abs. 2 lit. a RL erfaßt § 459 Abs. 1 BGB a.F. aber keine einseitigen Erklärungen des Verkäufers.

2. Schuldrechtsmodernisierungsgesetz

a) Beschreibung als Vertragsbestandteil

Da der Gesetzgeber keinen Änderungsbedarf sah, hat der Kauf nach Beschreibung im Schuldrechtsmodernisierungsgesetz keine besondere Regelung erfahren. Also findet § 434 Abs. 1 S. 1 BGB Anwendung, der genau wie § 459 Abs. 1 BGB a.F. voraussetzt, daß die Beschreibung Vertragsinhalt geworden ist. Eine mit Art. 2 Abs. 2 lit. a RL vergleichbare Vorschrift für die einseitige Warenbeschreibung durch den Verkäufer fehlt.

b) Abweichung von der Richtlinie

aa) Unvollständige Umsetzung

Somit ist die Richtlinienvorschrift nur unvollständig ins deutsche Recht umgesetzt worden.[201] Daraus sollte aber nicht vorschnell der Schluß gezogen werden, es läge ein Umsetzungsmangel vor.[202] Denn das Fehlen einer Sonderregelung zum Kauf nach Beschreibung wirkt sich im Ergebnis nicht zu Lasten des Verbrauchers aus. Seine Richtlinienrechte werden nicht verkürzt, weil der Verstoß gegen Art. 2 Abs. 2 lit. a RL ebenfalls nicht zur Haftung des Verkäufers führt. Die Feststellung, daß die Güter nicht der einseitigen Beschreibung entsprechen, widerlegt nur die Vermutung der Vertragsmäßigkeit.[203] Dagegen sieht das BGB keine Vermutung zugunsten des Verkäufers vor, weil die Kriterien des Art. 2

---

[199] Dazu oben S. 11.
[200] Schwartze, Europäische Sachmängelgewährleistung, S. 96.
[201] AA Jorden, Verbrauchergarantien, S. 149 (zu § 459 BGB a.F.).
[202] So aber Hoffmann, ZRP 2001, 347, 348; ebenfalls krit. Westermann, NJW 2002, 241, 243; Tröger, ZEuP 2003, 525, 530; aA Jorden/Lehmann, JZ 2001, 952, 954.
[203] Dazu oben S. 25.

Abs. 2 RL überobligatorisch als Voraussetzungen für die Mängelfreiheit umgesetzt sind.[204]
Vor diesem Hintergrund wirkt die unvollständige Umsetzung des lit. a allerdings nicht ganz unproblematisch. Denn Erwägungsgrund 8 S. 3 legt es den Mitgliedstaaten nahe, die Kriterien des Art. 2 Abs. 2 zur Bestimmung der Vertragswidrigkeit zu verwenden, wenn sie gemäß Art. 8 Abs. 2 RL strengere Vorschriften erlassen. Demnach wäre es konsequent gewesen, die Übereinstimmung mit der einseitigen Warenbeschreibung in die Reihe der Voraussetzungen gemäß § 434 Abs. 1 S. 2 BGB aufzunehmen. Mit anderen Worten verstößt das Fehlen einer entsprechenden Vorschrift zwar nicht gegen zwingende Richtlinienvorschriften. Aber es läuft der Zielsetzung zuwider, eine weitgehende Angleichung der Vorschriften über den Verbrauchersgüterkauf herbeizuführen[205].

bb) Richtlinienkonforme Auslegung

Da das Schuldrechtsmodernisierungsgesetz die Verbrauchsgüterkaufrichtlinie umsetzen sollte,[206] stellt sich die Frage, ob die Abweichung nicht durch eine richtlinienkonforme Auslegung des § 434 Abs. 1 S. 1 BGB ausgeglichen werden kann. Seit den Entscheidungen *von Colson* und *Harz*[207] ist allgemein anerkannt[208], daß sich die Auslegung mitgliedstaatlichen Rechts „soweit wie möglich am Wortlaut und Zweck der Richtlinie ausrichten muß, um das mit der Richtlinie verfolgte Ziel zu erreichen"[209]. Inhalt und Grenzen dieser Pflicht sind zwar im einzelnen umstritten. Es besteht aber weitgehend Einigkeit darüber, daß eine Norm nur richtlinienkonform ausgelegt werden kann, wenn sie interpretationsfähig ist.[210] Die Grenze des möglichen Wortsinns dürfe nicht überschritten wer-

---

204 Dazu oben S. 28.

205 Erwägungsgrund 6.

206 Amtlicher Hinweis, Gesetz zur Modernisierung des Schuldrechts vom 26.11.2001, BGBl I, 3138.

207 EuGH, Rs. 14/83, *Sabine von Colson und Elisabeth Kamann/Land Nordrhein-Westfalen*, Slg. 1984, 1891; EuGH, Rs. 79/83, *Dorit Harz/Deutsche Tradax GmbH*, Slg. 1984, 1921.

208 Dazu Brechmann, Richtlinienkonforme Auslegung, S. 77 ff.; Büdenbender, ZEuP 2004, 36, 38-39 (jeweils mwN).

209 EuGH, Rs. C-106/89, *Marleasing SA/La Commercial Internacional de Alimentation SA*, Slg. 1990, I-4135, Rz. 8; dazu krit. de Búrca, (1992) 55 *MLR* 215, 222-233 ; stRsp. seit EuGH, Rs. 14/83, *Sabine von Colson und Elisabeth Kamann/Land Nordrhein-Westfalen*, Slg. 1984, 1891, Rz. 26; EuGH, Rs. 79/83, *Dorit Harz/Deutsche Tradax GmbH*, Slg. 1984, 1921, Rz. 26; zuletzt EuGH, Rs. C-63/97, *Bayerische Motorenwerke AG (BMW) und BMW Nederland BV/Ronald Karel Deenik*, Slg. 1999, I-905, Rz. 22.

210 Rodriguez Iglesias/Riechenberg, in: Due/Lutter/Schwarze (Hrsg.), FS Everling II, S. 1213, 1224; Steindorff, EG-Vertrag und Privatrecht, S. 450; Baldus/Becker, ZEuP 1997, 874, 883; Gellermann, Beeinflussung bundesdeutschen Rechts, S. 107; Zuleeg, in: Schulze (Hrsg.), Auslegung europäischen Privatrechts, S. 163, 171; Gruber, Jb.J.ZivRWiss. 2001, S. 187, 200; Schnorbus, AcP 201 (2001), 860, 885-886; Schroeder, ZfRV 2004, 10, 19.

den[211]. Wegen des eindeutigen Wortlauts von § 434 Abs. 1 S. 1 BGB ist demnach eine richtlinienkonforme Auslegung ausgeschlossen.

cc) Richtlinienkonforme Rechtsfortbildung

In Betracht käme aber die entsprechende Anwendung der Norm bei einseitigen Warenbeschreibungen.

(1) Europarechtliche Zulässigkeit

Das setzt zunächst voraus, daß es europarechtlich zulässig ist, nationales Recht im Wege der Rechtsfortbildung mit den Vorgaben einer Richtlinie in Einklang zu bringen. Die Literatur schenkt dieser Frage bislang wenig Ausmerksamkeit.[212] Im allgemeinen wird die Ansicht vertreten, gegen Rechtsfortbildung in den Grenzen der mitgliedstaatlichen Methodik sei nichts einzuwenden[213].

(a) Transparenzgebot

Einige meinen jedoch, die Rechtsprechung solle davon absehen, mittels „Uminterpretation“ eine Richtlinienumsetzung vorzunehmen, weil sich das Gebot des Art. 189 Abs. 3 EG-Vertrag (jetzt Art. 249 Abs. 3 EG) primär an den Gesetzgeber richte.[214] Schließlich könne durch richterliche Rechtsfortbildung nicht dem vom EuGH hochgehaltenen Transparenzgebot Genüge getan werden.[215]

In der Tat ist die Rechtsprechung nicht in der Lage, die Voraussetzungen zu schaffen, damit potentiell Begünstigte ihre Richtlinienrechte erkennen und gege-

---

[211] Das betonen besonders Heß, JZ 1995, 150, 151; Klein, in: Due/Lutter/Schwarze (Hrsg.), FS Everling I, S. 641, 646; vgl. Jarass, EuR 1991, 211, 218; Everling, ZGR 1992, 376, 381-382, 388; Brechmann, Richtlinienkonforme Auslegung, S. 286; Gellermann, Beeinflussung bundesdeutschen Rechts, S. 108; Steindorff, Klein, in: Due/Lutter/Schwarze (Hrsg.), FS Everling II, S. 1455, 1463; Ehricke, RabelsZ 59 (1995), 598, 610-611, 621-622, 643; Schön, DStJG 19 (1996), 167, 187; ders., Auslegung europäischen Steuerrechts, S. 43-44, 54; Herlinghaus, Bedeutung und Reichweite, S. 60; Klauer, Europäisierung des Privatrechts, S. 51-52; Kohler-Gehring, JA 1998, 811; aA Grundmann, ZEuP 1996, 399, 413-415; ders., in: Schulze (Hrsg.), Auslegung europäischen Privatrechts, S. 63, 73.

[212] Ausnahmen aus jüngerer Zeit: Möllers, Rolle des Rechts, S. 70 ff.; Schnorbus, AcP 201 (2001), 860; Franzen, JZ 2003, 321, 327-328.

[213] Dänzer-Vanotti, StVj 1991, 1, 9 ff.; ders., RIW 1991, 754, 755; Baldus/Becker, ZEuP 1997, 874, 883; Kohler-Gehring, JA 1998, 811; Frisch, Richtlinienkonforme Auslegung, S. 110; vgl. Lutter, JZ 1992, 593, 607; Schön, DStJG 19 (1996), 167, 188; ders., Auslegung europäischen Steuerrechts, S. 54; Herlinghaus, Bedeutung und Reichweite, S. 61.

[214] So ausdrücklich Heß, JZ 1995, 151; ähnlich Gellermann, Beeinflussung bundesdeutschen Rechts, S. 108-109; krit. Nettesheim, AöR 119 (1994), 261, 283.

[215] Nettesheim, AöR 119 (1994), 261, 283-284; bestätigt durch EuGH, Rs. C-144/99, *Kommission/Königreich der Niederlande*, Slg. 2001, I-3541, Rz. 17-21, Schlußantrag von Generalanwalt Tizzano, Rz. 26, 28, 35-36; ähnlich EuGH, Rs. C-372/99, *Kommission/Italienische Republik*, Slg. 2002, I-819, Rz. 21-22.

benenfalls gerichtlich durchsetzen können[216]. Aus diesem Grunde kann die Pflicht zur Richtlinienumsetzung nicht *per* Rechtsfortbildung erfüllt werden.[217] Daraus folgt aber nicht, daß es dem nationalen Richter verwehrt wäre, eine Regelungslücke in einem mißglückten Umsetzungsgesetz durch eine Analogie zu füllen.[218]

(b) Horizontale Direktwirkung

Zweifel an der Zulässigkeit richtlinienkonformer Rechtsfortbildung ergeben sich allerdings insoweit, als sie zu Lasten privater Dritter geht, wie auf dem Gebiet des Schuldrechts. Denn seit der Leitentscheidung *Marshall I* stellt der EuGH in ständiger Rechtsprechung fest, daß Richtlinienvorschriften keine Verpflichtungen für den einzelnen begründen und daher im Verhältnis zwischen Privaten keine unmittelbare Wirkung entfalten können[219]. Bildet ein Gericht das Privatrecht im Sinne einer Richtlinie fort, wird aber dasselbe Ergebnis erzielt, als wenn den betreffenden Richtlinienvorschriften horizontale Direktwirkung zukäme.[220] Das legt die Vermutung nahe, mit der Wortlautgrenze würden zugleich die vom EuGH vorgegebenen Grenzen der unmittelbaren Wirkung überschritten[221].
In diese Richtung ging auch der Schlußantrag von Generalanwalt Elmer im Fall *Arcaro*. Elmer führte aus, nationales Recht dürfe nicht entgegen seinem Wortlaut ausgelegt werden, weil sonst unter Verstoß gegen Art. 189 EG-Vertrag (jetzt Art. 249 EG) eine unmittelbare Wirkung durch die Hintertür herbeigeführt werde[222]. Damit spielte er auf das Urteil *Faccini Dori* an, in welchem der EuGH seinen Standpunkt, Richtlinien hätten keine horizontale Direktwirkung, unter ande-

---

[216] Zum Transparenzgebot s. EuGH, Rs. C-59/89, *Kommission/Bundesrepublik Deutschland*, Slg. 1991, I-2607, Rz. 18; EuGH, Rs. C-433/93, *Kommission/Bundesrepublik Deutschland*, Slg. 1995, I-2303, Rz. 18; EuGH, Rs. C-96/95, *Kommission/Bundesrepublik Deutschland*, Slg. 1997, I-1653, Rz. 36; EuGH, Rs. S-144/99, *Kommission/Königreich der Niederlande*, Slg. 2001, I-3541, Rz. 17.

[217] Ebenso Franzen, Privatrechtsangleichung, S. 365; aA Lutter, JZ 1992, 593, 607.

[218] Ebenso Schnorbus, AcP 201 (2001), 860, 878; krit. Franzen, JZ 2003, 321, 327-328.

[219] EuGH, Rs. 152/84, *H.M. Marshall/Southampton and South West Hampshire Area Health Authority*, Slg. 1986, 723, Rz. 48 ff.; bestätigt in EuGH, Rs. C-91/92, *Paola Faccini Dori/Recreb SRL*, Slg. 1994, I-3325, Rz. 24-25; EuGH, Rs. C-192/94, *El Corte Inglès SA/Cristina Blázquez Rivero*, Slg. 1996, I-1281, Rz. 10 ff.; zuletzt EuGH, Rs. C-443/98, *Unilever Italia SpA/Central Food SpA*, Slg. 2000, I-7535, Rz. 50-51; dazu Körber, EuZW 2001, 353; Brenner/Huber, DVBl. 2001, 1013, 1014.

[220] Ebenso Franzen, JZ 2003, 321, 327 mwN; ähnlich Prechal, *Directives in EC Law*, at pp. 240 *et seq.* (zur richtlinienkonformen Auslegung).

[221] So Heß, JZ 1995, 150, 151; zust. Rohe, RabelsZ 61 (1997), 1, 8-9; Franzen, Privatrechtsangleichung, S. 360, 369-370, 403; Craig, (1997) 22 *ELRev.* 519, 527, 536; ebenfalls als problematisch erachtet von Zöckler, Jb.J.ZivRWiss. 1992, S. 141, 157; Jarass, Grundfragen, S. 94; Herlinghaus, Bedeutung und Reichweite, S. 64.

[222] Schlußantrag von Generalanwalt Elmer, Rs. C-168/95, *Strafverfahren gegen Luciano Arcaro*, Slg. 1996, I-4705, Rz. 39; dazu Craig, (1997) 22 *ELRev.* 519, 526-527.

rem damit begründete, daß die Gemeinschaft Verpflichtungen mit unmittelbarer Wirkung für den Bürger nur durch Verordnungen schaffen könne[223].

Wenn sich ein Gericht bei der Rechtsfortbildung an einer Richtlinie orientiert, resultiert die Verpflichtung aber nicht aus dem Gemeinschaftsrecht. Vielmehr kann sich die Rechtsfolge nur aus dem Regelungsplan bzw. der Teleologie des nationalen Rechts ergeben, die nach herkömmlichem Verständnis Maßstab für die Rechtsfortbildung sind[224]. Solange der Wille zur korrekten Richtlinienumsetzung nicht fingiert wird, besteht keine Gefahr, die Grenzen der unmittelbaren Wirkung zu unterlaufen. Das Gericht verhilft in erster Linie der gesetzgeberischen Regelungsabsicht und nur indirekt den Zielen der Richtlinie zur Durchsetzung.[225]

Daher kann nicht ernsthaft bezweifelt werden, daß richtlinienkonforme Rechtsfortbildung selbst dann in Frage kommt, wenn sie zu Lasten privater Dritter geht. Im übrigen ist die apodiktische Bemerkung Generalanwalt Elmers vor dem Hintergrund des konkreten Falles zu sehen. Die Vorabentscheidung betraf den Ausgang eines strafrechtlichen Verfahrens, so daß besondere Zurückhaltung geboten war[226].

(2) Lückenfüllung durch Analogie

Ob die Gerichte zur Rechtsfortbildung schreiten dürfen, beurteilt sich also nach den Regeln der mitgliedstaatlichen Methodik.[227] Demnach könnte § 434 Abs. 1 S. 1 BGB bei einseitigen Erklärungen des Verkäufers entsprechend angewandt werden, falls die Voraussetzungen für eine Analogie[228] gegeben sind.

Wie bereits dargelegt, enthält das Schuldrechtsmodernisierungsgesetz keine Vorschrift zur einseitigen Warenbeschreibung. Es fragt sich, ob diese Lücke planwidrig ist. Dagegen könnte sprechen, daß offenbar keine entsprechende Regelung vorgesehen war. Dies ist jedoch auf die irrtümliche Annahme zurückzuführen, Beschreibungen durch den Verkäufer würden ohne weiteres Vertragsinhalt[229]. Wenn man weiterhin bedenkt, daß es in der Regelungsabsicht des Schuldrechtsmodernisierungsgesetzes liegt, die Verbrauchsgüterkaufrichtlinie umzusetzen, erweist sich das Gesetz als unvollständig. Mithin ist die Lücke planwidrig.

Sie könnte durch eine Analogie gefüllt werden, wenn der gesetzlich geregelte und der nicht geregelte Fall einander so sehr ähneln, daß sie gleich zu bewerten sind.

---

[223] EuGH, Rs. C-91/92, *Paola Faccini Dori/Recreb SRL*, Slg. 1994, I-3325, Rz. 24; s.a. Rs. C-192/94, *El Corte Inglès SA/Cristina Blázquez Rivero*, Slg. 1996, I-1281, Rz. 17; dazu krit. Craig, (1997) 22 *ELRev*. 519, 522-523; Gebauer, Grundfragen der Europäisierung, S. 158 ff. (jeweils mwN).

[224] Larenz, Methodenlehre, S. 367 ff.; aA Möllers, EuR 1998, 20, 44-46.

[225] Ähnlich Kainer, AnwBl 2001, 380, 382; Schnorbus, AcP 201 (2001), 860, 892; Möllers, Rolle des Rechts, S. 72-74.

[226] EuGH, Rs. C-168/95, *Strafverfahren gegen Luciano Arcaro*, Slg. 1996, I-4705, Ls. 3; vgl. auch Verbundene Rs. C-74 und C-129/95, *Strafverfahren gegen X*, Slg. 1996, I-6609, Rz. 22 ff.; Rs. C-60/02, *Strafverfahren gegen X*, EuZW 2004, 285, Rz. 61 ff.

[227] Ebenso Schroeder, ZfRV 2004, 10, 19.

[228] Dazu Larenz, Methodenlehre, S. 373-374, 381-382

[229] Begründung des Regierungsentwurfs, BT Drs. 14/6040, 212.

Diese Bedingung ist jedoch nicht erfüllt. § 434 Abs. 1 S. 1 BGB und der ungeregelte Fall unterscheiden sich zwar nur in einem Punkt, nämlich dem Erfordernis einer vertraglichen Einigung. Dieser Unterschied ist aber wesentlich für die rechtliche Bewertung.
Denn das in § 434 Abs. 1 S. 1 erklärte „Bekenntnis zum subjektiven Fehlerbegriff"[230] stellt klar, daß nur die vertragliche Vereinbarung maßgeblich für die geschuldete Beschaffenheit ist. Daraus folgt zum einen, daß der Verkäufer sich nicht darauf berufen kann, die Sache sei objektiv fehlerfrei, wenn beispielsweise vereinbart worden ist, daß sie für einen besonderen Verwendungszweck geeignet sein soll.[231] Zum anderen verleiht § 434 Abs. 1 S. 1 BGB dem Gedanken Ausdruck, daß der Verkäufer grundsätzlich nur an die Vereinbarung gebunden ist, so daß ihn keine Haftung für Erklärungen außerhalb des Vertrages treffen kann. Dieses Prinzip gilt zugegebenermaßen nicht uneingeschränkt, weil der Verkäufer gemäß § 434 Abs. 1 S. 2 Nr. 2, S. 3 BGB unter Umständen sogar für Herstellerangaben haftet. Doch es liefe der *ratio legis* des § 434 Abs. 1 S. 1 zuwider, eine weitere Ausnahme zu schaffen, indem man die Norm bei einseitigen Beschreibungen entsprechend anwendet. Mithin kann die Regelungslücke nicht durch eine Analogie gefüllt werden.[232]

III. Großbritannien

1. Sale of Goods Act 1979

a) Beschreibung als Vertragsbestandteil

Im Unterschied zum BGB sieht der SoGA eine eigene Regelung zum Kauf nach Beschreibung vor. Deren Anwendungsbereich ist allerdings kleiner als der des Art. 2 Abs. 2 lit. a RL.[233] Ebenso wie § 434 Abs. 1 S. 1 BGB erfaßt s. 13(1) SoGA keine mere representations,[234] d.h. Tatsachenbehauptungen, die nicht Vertragsinhalt geworden sind.

---

[230] Gsell, JZ 2001, 65, 65.

[231] Büdenbender, in: Dauner-Lieb u.a. (Hrsg.), Das Neue Schuldrecht, S. 222, Rn. 29.

[232] AA Zerres, VuR 2002, 3, 6 ; Schulte-Nölke, ZGS 2003, 184, 186.

[233] Ähnlich Beale/Howells, (1997) 12 *Journal of Contract Law* 21, 29; Brittenden, (1998) 17 *TrLaw* 105, 106; Twigg-Flesner/Bradgate, [2000] *Web JCLI*, 4.(b); Twigg-Flesner, [2001] *Canterbury Law Review* 113, 118; Howells, in: Grundmann/Medicus/Rolland (Hrsg.), Europäisches Kaufgewährleistungsrecht, S. 163; Watterson, (2001) *ERPL* 197, 204; vgl. Huber, in: Gottwald/Jayme/Schwab (Hrsg.), FS Henrich, S. 297, 301, der allerdings zu Unrecht davon ausgeht, daß s. 13 SoGA als Vorbild für Art. 2 Abs. 2 lit. a RL gedient habe, dazu Bridge, *Sale of Goods* (paperback), at p. xii.

[234] *T & J Harrison* v *Knowles & Foster* [1918] 1 KB 608, at p. 609 *per* Pickford, L.J., at pp. 609-610 *per* Warrington, L.J.; *Oscar Chess Ltd* v *Williams* [1957] 1 WLR 370, at pp. 374-376 *per* Denning, L.J., at pp. 377-379 *per* Hodson, L.J.; *Leggett* v *Taylor* (1965) 50 DLR (2d) 516, at pp. 519-520 *per* Ruttan, J.; besonders detailliert *Taylor* v *Combined Buyers Ltd* [1924] NZLR 627, at pp. 633-644 *per* Salmond, J.; dazu allgemein Treitel, *Law of Contract*, at pp. 305 *et seq.*; MacQueen/Thomson, *Contract Law in Scotland*, paras. 3.14 *et seq.*

Diesen Grundsatz haben die Gerichte zwar seit den 1960er Jahren teilweise flexibel gehandhabt. Zum einen ist die Bereitschaft gestiegen, eine Angabe als Vertragsbestandteil zu bewerten,[235] besonders wenn der Verkäufer ein Kaufmann ist[236]. Zum anderen scheut sich die Rechtsprechung nicht, sich notfalls ganz über den Unterschied hinwegzusetzen, wenn es billig erscheint, dem Käufer Schadensersatz wegen eines Verstoßes gegen s. 13(1) SoGA zuzusprechen.[237] Mithin wird der Tatbestand im Einzelfall auch auf einseitige Verkäufererklärungen ausgedehnt. Daraus ist aber nicht der Schluß zu ziehen, der Grundsatz gelte nicht mehr, wie beispielsweise das Urteil *Howard Marine and Dredging Co Ltd*[238] verdeutlicht.

b) Vertrauen auf die Verkäuferangaben

Im übrigen tendiert die Rechtsprechung seit einigen Jahren zu einer restriktiven Interpretation der s. 13(1) SoGA. Dies zeigt sich nicht nur in der vom House of Lords vorgegebenen Beschränkung auf Gattungsmerkmale[239]. In der vielbeachteten Entscheidung *Harlingdon & Leinster Enterprises*[240] hat der Court of Appeal außerdem die ältere Ansicht bestätigt, ein sale by description läge nur vor, wenn der Käufer bei Vertragsabschluß auf die Angaben des Verkäufers vertraut habe[241].

Diese Voraussetzung dürfte zwar regelmäßig erfüllt sein. Wenn der Käufer ein Kleidungsstück bestellt, wird man davon ausgehen können, daß er im Vertrauen auf die Katalogbeschreibung handelt.[242] Wie *Harlingdon & Leinster Enterprises* zeigt, ist es aber vorstellbar, daß der Verkäufer eine wichtige Angabe zur Kaufsa-

---

[235] Goode, *Commercial Law*, at p. 304; Atiyah, *Sale of Goods*, at pp. 87 *et seq.* mwN.

[236] Vgl. *Dick Bentley Productions Ltd* v *Harols Smith (Motors) Ltd* [1965] 1 WLR 623; als Gegenbeispiel *Oscar Chess Ltd* v *Williams* [1957] 1 WLR 370.

[237] *Beale* v *Taylor* [1967] 1 WLR 1193, at p. 1197 *per* Sellers, L.J.; dazu Atiyah, *Sale of Goods*, at pp. 87, 142 *et seq.*
Bei einer falschen Tatsachenbehauptung (misrepresentation) kommen zwar deliktische Schadensersatzansprüche (fraud, negligence) und solche nach dem Misrepresentation Act 1967 bzw. dem Law Reform (Miscellaneous Provisions) (Scotland) Act 1985 in Betracht, deren Voraussetzungen sind aber strenger: dazu Treitel, *Outline*, at pp. 27 *et seq.*; Sellar, *Sale of Goods*, para. 6.2.

[238] *Howard Marine and Dredging Co Ltd* v *A Ogden & Sons (Excavations) Ltd* [1978] 1 QB 574: ähnlicher Sachverhält wie *T & J Harrison* v *Knowles & Foster*, oben Fn. 234; der Käufer erhielt gemäß s.2(1) Misrepresentation Act Schadensersatz für eine unzutreffende Tatsachenbehauptung; at p. 593 *per* Lord Denning, at p. 595 *per* Bridge, L.J., at p. 600 *per* Shaw, L.J.; dazu Atiyah, *Sale of Goods*, at p. 141.

[239] Dazu oben S. 19.

[240] *Harlingdon & Leinster Enterprises* v *Christopher Hull Fine Art Ltd* [1991] 1 QB 564; dazu Bridge, (1990) *LMCLQ* 455; Goode, *Commercial Law*, at p. 310; Hedley, [2001] *JBL* 114, 118; *Benjamin's Sale of Goods*, para. 11-011 mwN.

[241] *Varley* v *Whipp* [1901] 1 QB 513, at p. 510 *per* Channell, L.J.; *Joseph Travers & Son* v *Longel Ltd* (1947) 64 TLR 150, at p. 153 *per* Sellers, J.; *Leggett* v *Taylor* (1965) 50 DLR (2d) 516, at pp. 518-519 *per* Ruttan, J.

[242] Wotherspoon, Ch. 2 in Forte (ed.), *Scots Commercial Law*, at p. 41.

che macht, auf die sein Vertragspartner nicht vertraut. In diesem Fall bot ein Londoner Galerist ein Bild zum Verkauf an, das angeblich von Gabriele Münter stammte. Als sich das Gemälde als Fälschung entpuppte, verlangten die Käufer Schadensersatz wegen eines Verstoßes gegen s. 13(1) SoGA. Dieser stand ihnen jedoch nicht zu, weil einer ihrer Mitarbeiter das Gemälde vor Vertragsschluß untersucht und keine weiteren Fragen in bezug auf seine Herkunft gestellt hatte. Mithin hatte er nicht auf die Behauptung, das Bild stamme von Gabriele Münter, sondern seine eigene Sachkenntnis vertraut. Daher war kein Kauf nach Beschreibung im Sinne der s. 13 SoGA geschlossen worden.[243]

2. Sale and Supply of Goods Regulations

Die Sale and Supply of Goods Regulations haben s. 13(1) SoGA unverändert gelassen, obwohl sich die Vorschrift in mehrfacher Hinsicht von Art. 2 Abs. 2 lit. a RL unterscheidet. Deshalb fehlt es unter anderem an einer Regelung für einseitige Erklärungen des Verkäufers. Der Gesetzgeber ist insoweit nicht der Empfehlung gefolgt, die Kriterien des Art. 2 Abs. 2 RL zur Bestimmung der Vertragswidrigkeit zu verwenden[244].

Anders als im deutschen Recht ist jedoch eine Lösung vorstellbar, um die Abweichungen von der Richtlinie auszugleichen. Denn der Wortlaut der s. 13(1) SoGA zwingt nicht zur dargestellten restriktiven Interpretation. Darüber hinaus betrifft das einschlägige case-law überwiegend den Handelskauf, so daß Raum ist für eine andere Interpretation beim Verbraucherkauf. Das Tatbestandsmerkmal „Kauf nach Beschreibung" hätte dann zwar je nach Fallgruppe eine unterschiedliche Bedeutung. Aber es wäre nicht das erste Mal, daß zugunsten privater Käufer eine Ausnahme gemacht wird.[245] Daher sollte es möglich sein, s. 13(1) SoGA im Wege der richtlinienkonformen Auslegung einen ebenso weiten Anwendungsbereich wie Art. 2 Abs. 2 lit. a RL zu geben.

C. Kauf nach Probe oder Muster

I. Richtlinie

Gemäß Art. 2 Abs. 2 lit. a RL soll die Ware auch die Eigenschaften eines Gutes besitzen, das der Verkäufer als Probe oder Muster vorgelegt hat. Aufgrund des weiten Wortlauts stellt sich wie beim Kauf nach Beschreibung die Frage, welche Voraussetzungen erfüllt sein müssen, damit die Probe zum Maßstab für die Sollbeschaffenheit wird.

Da Art. 2 RL im wesentlichen Art. 35 CISG nachgebildet ist,[246] bietet sich zunächst ein Vergleich mit der Parallelregelung im UN-Kaufrecht an. Dieser kann

---

[243] *Harlingdon & Leinster Enterprises* v *Christopher Hull Fine Art Ltd* [1991] 1 QB 564, at pp. 575, 578 *per* Nourse, L.J., at pp. 585-586 *per* Slade, L.J.

[244] Erwägungsgrund 8 S. 3; dazu oben S. 32.

[245] Vgl. oben S. 37.

[246] Dazu oben S. 16.

allerdings nur begrenzt zur Klärung beitragen, weil die Interpretation des Art. 35 Abs. 2 lit. c CISG sehr umstritten ist. Kaum vertretbar erscheint die Ansicht, die Übereinstimmung mit der Probe müsse Vertragsinhalt geworden sein[247]. Denn die Voraussetzungen des Art. 35 Abs. 2 CISG finden nur Anwendung, soweit es an einer Vereinbarung fehlt.[248] Dementsprechend heben die meisten Autoren nicht auf die Parteivereinbarung, sondern den Rechtsbindungswillen des Verkäufer ab. Ihn treffe keine Gewährleistungspflicht, wenn er die Probe nur unverbindlich vorgelegt habe,[249] um dem Käufer einen ungefähren Eindruck zu vermitteln.
Diese These begründen sie vor allem mit der Entstehungsgeschichte des Art. 35 Abs. 2 lit. c CISG. So wird beispielsweise unter Bezugnahme auf den Sekretariatskommentar ausgeführt, die Parteien müßten den Kauf auf der Basis, daß die Ware mit der Probe übereinstimmt, geschlossen haben[250]. Die betreffende Kommentarstelle[251] paraphrasiert aber im Grunde nur die Vorschrift und ist daher von geringer Aussagekraft. Ebenso wenig überzeugt der Hinweis auf die Vorgängerregelung in Art. 33 Abs. 1 lit. c EKG[252]. Das Haager Kaufrecht sieht zwar eine Einschränkung für den Fall vor, daß die Probe nur zur Ansicht vorgelegt worden ist. Diese wurde aber mit gutem Grund nicht ins Wiener Übereinkommen übernommen.
Denn wenn der Verkäufer während der Verhandlungen eine Probe vorlegt, darf sein Vertragspartner davon ausgehen, daß die gelieferte Ware dieselben Eigenschaften haben wird.[253] Um der Haftung zu entgehen, muß der Verkäufer auf mögliche Abweichungen hinweisen.[254] Folgt man dieser Ansicht, liegt der Schluß nahe, daß Art. 2 Abs. 2 lit. a RL weder eine besondere Vereinbarung[255] noch das Vorhandensein eines Garantiewillens seitens des Verkäufers[256] voraussetzt.
Dafür sprechen vor allem auch systematische Erwägungen. Der Kauf nach Probe ist im selben Unterabsatz wie der Kauf nach Beschreibung geregelt, der keine besondere Vereinbarung erfordert[257]. Außerdem handelt es sich der Sache nach um

---

[247] Herber/Czerwenka, Art. 35, Rn. 6 unter Hinweis auf BGH, DB 1966, 415, eine Entscheidung, die § 494 BGB a.F. betrifft; vgl. dagegen Denkschrift, BT Drs. 11/3076, 48.
[248] Dazu oben S. 25.
[249] Schlechtriem/Schwenzer, Art. 35, Rn. 26; Schlechtriem, Internationales Kaufrecht, Rn. 140; vgl. Staudinger/Magnus, Art. 35, Rn. 36; Honsell/Magnus, Art. 35, Rn. 24; Ziegler, Leistungsstörungsrecht, S. 73.
[250] Honsell/Magnus, Art. 35, Rn. 24 mwN; Kircher, Sachmängelhaftung, S. 53.
[251] *Secretariat Commentary*, Art. 33, para. 11.
[252] Staudinger/Magnus, Art. 35, Rn. 36; Schlechtriem, in: Bucher (Hrsg.), Wiener Kaufrecht, S. 103, 117; vgl. Schlechtriem/Schwenzer, Art. 35, Rn. 26; Ziegler, Leistungsstörungsrecht, S. 73.
[253] Bianca/Bonell/Bianca, *International Sales Law*, Art. 35, para. 2.6.1.
[254] Bianca/Bonell/Bianca, *International Sales Law*, Art. 35, paras 2.6.1 *et seq.*; zust. Heilmann, Mängelgewährleistungsrecht, S. 187-188; vgl. Gsell, JZ 2001, 65, 66 (zu Art. 2 Abs. 2 lit. a RL).
[255] AA Watterson, (2001) *ERPL* 197, 205.
[256] Gsell, JZ 2001, 65, 66; vgl. Soergel/Lüderitz/Schüßler-Langeheine, Art. 35, Rn. 18; aA Faber, JBl. 1999, 413, 419; Watterson, (2001) *ERPL* 197, 203.
[257] Dazu oben S. 30.

einen Unterfall des Kaufs nach Beschreibung, in welchem der Verkäufer den Kaufgegenstand sozusagen tatsächlich durch die Vorlage einer Probe beschreibt[258]. Da kein sachlicher Grund für eine Ungleichbehandlung besteht, können für den Kauf nach Probe keine strengeren Voraussetzungen gelten.
Ansonsten wäre die Regelung auch überflüssig. Wenn sich ein Käufer nach Vorlage einer Probe zum Kauf entschließt, wird zwar häufig von einer konkludenten Einigung auszugehen sein.[259] Dann ist aber Art. 2 Abs. 1 RL einschlägig, so daß es keines Rekurses auf die Vermutungstatbestände bedarf. Eigenständige Bedeutung kommt Art. 2 Abs. 2 lit. a RL daher nur zu, wenn man ihn als Auffangtatbestand für diejenigen Fälle begreift, in denen sich die Einigung oder der Rechtsbindungswille des Verkäufers nicht nachweisen lassen.

II. Deutschland

1. Rechtslage vor der Umsetzung

Das BGB regelte den Kauf nach Probe bislang in § 494, wonach die Eigenschaften der Probe oder des Musters als zugesichert anzusehen sind.
Diese Vorschrift reicht teilweise weiter als Art. 2 Abs. 2 lit. a RL, weil sie nicht voraussetzt, daß der Verkäufer die Probe vorlegt. Vielmehr war auch dann von einem Kauf nach Probe auszugehen, wenn der Käufer eine sogenannte Bestellprobe übergab, um zu zeigen, was er wünschte.[260] Andererseits erforderte § 494 BGB a.F. eine Einigung darüber, daß die Eigenschaften der Probe maßgeblich sein sollen.[261] Der Verkäufer war daher nicht zur Gewährleistung verpflichtet, wenn er die Probe nur unverbindlich vorgelegt hatte.[262]

2. Schuldrechtsmodernisierungsgesetz

Im Zuge der Schuldrechtsreform wurde § 494 BGB a.F. ersatzlos gestrichen. Das ist insofern konsequent, als die Auslegungsregel mit dem Wegfall der Eigenschaftszusicherung als eigenständigem Mängeltatbestand[263] gegenstandslos geworden ist.[264] Daraus folgt aber nicht, daß sich eine Regelung zum Kauf nach

---

[258] Vgl. Bianca/Bonell/Bianca, *International Sales Law*, Art. 35, para. 2.6.1.; *James Drummond & Sons* v *E. H. van Ingen & Co.* (1887) 12 App Cas 284, at p. 297 *per* Lord Macnaghten; dazu Murdoch, (1981) 44 *MLR* 388, 388-389, n. 1.

[259] Heilmann, Mängelgewährleistung, S. 186; Bundesminister der Justiz (Hrsg.), Abschlußbericht, S. 243.

[260] OLG Hamm, NJW-RR 1996, 1530, 1530-1531; dazu Staudinger/Mader, § 494, Rn. 6 mwN

[261] BGH, DB 1966, 415, 415; OLG Hamm, NJW-RR 1996, 1530, 1530-1531; dazu Soergel/Huber, § 494, Rn. 2 mwN.

[262] RGZ 94, 336, 336-337; BGH, NJW 1958, 138, 138-139; BGH, NJW 1988, 1018, 1018-1019.

[263] Dazu oben S. 12.

[264] Ebenso Gsell, JZ 2001, 65, 66; Dauner-Lieb/Arnold/Dötsch/Kitz, Anmerkungen, S. 90; s.a. die Begründung des Regierungsentwurfs, BT Drs. 14/6040, 212; zust. Schlechtriem, in: Ernst/Zimmermann (Hrsg.), Zivilrechtswissenschaft und Schuldrechtsreform, S. 205, 214.

Probe erübrige.[265] Denn die Eigenschaften der Probe oder des Musters werden nicht zum Vertragsinhalt, wenn der Verkäufer ohne Rechtsbindungswillen handelt. Daher trifft die Annahme des Gesetzgebers, Art. 2 Abs. 2 lit. a RL werde vollständig in § 434 Abs. 1 S. 1 BGB umgesetzt,[266] nicht zu.
Ebenso wie beim Kauf nach Beschreibung stellt diese Abweichung von der Richtlinie zwar keinen echten Umsetzungsmangel dar. Mit Blick auf die Erwägungsgründe 8 S. 3 und 6[267] hätte die bessere Lösung aber darin bestanden, den Kauf nach Probe im Zusammenhang mit den subsidiären Voraussetzungen der Mängelfreiheit zu regeln.

III. Großbritannien

1. Sale of Goods Act 1979

a) Vertragliche Vereinbarung

Der SoGA regelt den Kauf nach Probe im wesentlichen in s. 15(2)(a). Diese stimmt mit Art. 2 Abs. 2 lit. a RL überein, daß die Ware dieselben Eigenschaften wie die Probe aufweisen muß[268]. Allerdings legt der SoGA eine engere Definition des Kaufs nach Probe zugrunde. S. 15(1) kodifiziert die Regel des common law, wonach ein Kauf nicht durch die bloße Vorlage einer Probe zum Kauf nach Probe wird. Vielmehr müssen die Parteien vereinbaren, daß die Lieferung mit der Probe übereinstimmen solle.[269]

b) Stillschweigende Einigung

Die Rechtslage beim Kauf nach Probe ähnelt also eher § 434 Abs. 1 S. 1 BGB als Art. 2 Abs. 2 lit. a RL. In der Praxis dürfte der SoGA sogar noch weiter von der Richtlinie abweichen als das deutsche Recht. S. 15(1) weist zwar darauf hin, daß eine konkludente Einigung genügt. Aber es ist unwahrscheinlich, daß sich ein Verbraucher vor Gericht erfolgreich auf s. 15(2)(a) SoGA berufen kann, wenn die Übereinstimmung mit der Probe nicht ausdrücklich vereinbart wurde.[270]
Denn wie sich aus s. 15(2)(c) ergibt, geht das Gesetz davon aus, daß die Probe dem Käufer übergeben wird, damit er sie vor Vertragsschluß untersuchen und sich ein Bild von den Eigenschaften der Ware machen kann. Beim Einkauf im Kaufhaus ist es aber eher unüblich, eine vorgelegte Probe zunächst gründlich zu

---

[265] Ebenfalls krit. Kainer, AnwBl 2001, 380, 384.
[266] Vgl. die Begründung des Regierungsentwurfs, BT Drs. 14/6040, 212.
[267] Dazu oben S. 32.
[268] Dazu Murdoch, (1981) 44 *MLR* 388, 393; Bradgate/Savage, *Commercial Law*, para. 11.4.2.
[269] *Ginner* v *King* (1890) 7 TLR 140, at p. 142 *per* Lord Esher; vgl. *Re Faulkners Ltd* (1917) 38 DLR 84, at p. 90 *per* Meredith, C.J.C.P.; *East Asiatic Co Inc v Canada Rice Mills Ltd* (1939) 3 DLR 695, at pp. 701-702 *per* Macdonald, J.A., Sloan, J.A. concurring at p. 703; *Engineering Plastics Ltd* v *J Mercer & Sons Ltd* [1985] NZLR 72, at p. 79 *per* Tompkins, J.
[270] *Benjamin's Sale of Goods*, paras 11-092, 11-099; zust. Watterson, (2001) *ERPL* 197, 201.

untersuchen. Diese Abweichung vom Normalfall könnte als Indiz gegen das Vorliegen eines Kaufs nach Probe gewertet werden.[271] Soweit ersichtlich, gibt es zu dieser Frage allerdings kein case-law.

c) Kauf nach Muster

Ebenfalls ungeklärt ist bislang, ob von einem Kauf nach Probe im Sinne der s. 15 SoGA ausgegangen werden kann, wenn sich der Käufer vor Vertragsabschluß ein Muster zeigen läßt. Angesichts des Wortlauts erscheint dies zweifelhaft.[272] Denn s. 15 verwendet für die Ware nicht den ansonsten üblichen Ausdruck goods, sondern bulk. Dieser Begriff bezeichnet im allgemeinen[273] die Gesamtheit der zu liefernden Waren[274]. Das legt den Gedanken nahe, hinter der Vorschrift stehe die Vorstellung von einem Kaufvertrag über eine größere Warenmenge, etwa eine Schiffsladung Weizen, der eine Probe entnommen wird. Außerdem ist auffällig, daß s. 15 SoGA nur auf den Kauf nach Probe eingeht, während Art. 2 Abs. 2 lit. a RL sowohl Probe als auch Muster erwähnt.

2. Sale and Supply of Goods Regulations

Obwohl in der Literatur vereinzelt auf die Abweichungen von der Richtlinie aufmerksam gemacht wurde,[275] sah das DTI keinen Änderungsbedarf[276]. Die Sale and Supply of Goods Regulations befassen sich daher nicht mit dem Kauf nach Probe oder Muster. Das ist bedauerlich, weil somit eine Gelegenheit verpaßt wurde, die Rechtslage bei Vorlage eines Musters zu klären. Außerdem ist Art. 2 Abs. 2 lit. a RL nur unvollständig ins britische Recht umgesetzt.[277] Eine richtlinienkonforme Auslegung dahingehend, daß auch bei einer unverbindlichen Vorlage von einem Kauf nach Probe auszugehen sei, kommt wegen der unveränderten Legaldefinition gemäß s. 15(1) SoGA nicht in Betracht.

---

[271] Vgl. *Re Faulkners Ltd* (1917) 38 DLR 84: kein Kauf nach Probe, weil keine Möglichkeit zur Untersuchung nach Lieferung (s. 34 SoGA) bestand, at p. 90 *per* Meredith, C.J.C.P.

[272] Ebenso Atiyah, *Sale of Goods*, at p. 207; Watterson, (2001) *ERPL* 197, 205; zweifelnd *Benjamin's Sale of Goods,* para. 11-095; vgl. die Übersetzung von Jenkins/Henshall/Holland, in: Westphalen (Hrsg.), Handbuch des Kaufvertragsrechts, S. 399, Rn. 83.

[273] Die engere Legaldefinition gemäß s. 61(1) SoGA macht nur Sinn im Zusammenhang mit den Regeln über den Eigentumsübergang (s. 18), dazu *Benjamin's Sale of Goods,* para. 11-095.

[274] *Black's Law Dictionary*, at p. 135.

[275] Watterson, (2001) *ERPL* 197, 204-205; vgl. dagegen Beale/Howells, Written Evidence, at pp.3-4, zitiert nach: House of Lords, *Consumer Guarantees*, para. 141; Twigg-Flesner/Bradgate, [2000] *Web JCLI*, 4.(b).

[276] Vgl. DTI, *Sale of Consumer Goods, 2nd Consultation Document*, at pp. 8-10.

[277] Ebenfalls krit. Twigg-Flesner, GPR 2003-04, 12, 14.

D. Besonderer Verwendungszweck

I. Richtlinie

Die Vermutung der Vertragsmäßigkeit setzt gemäß Art. 2 Abs. 2 lit. b RL weiterhin voraus, daß sich die Verbrauchsgüter für einen bestimmten Verwendungszweck eignen, dem der Verkäufer nach Mitteilung durch den Verbraucher zugestimmt hat. Aus dieser Formulierung wird überwiegend der Schluß gezogen, die Parteien müßten sich über den Verwendungszweck einigen.[278] Es fragt sich allerdings, ob diese Aussage zutrifft. Denn falls der Verwendungszweck Vertragsinhalt geworden sein muß, kommt lit. b neben dem Grundsatz der Vertragsmäßigkeit keine eigenständige Bedeutung zu.

Zweifel ergeben sich weiterhin aus dem Umstand, daß die Parallelvorschrift im Wiener Übereinkommen nach allgemeiner Ansicht[279] keine vertragliche Vereinbarung voraussetzt.[280] Allerdings weicht der Wortlaut des Art. 2 Abs. 2 lit. b RL in einem wesentlichen Punkt von Art. 35 Abs. 2 lit. b CISG ab. Während es nach UN-Kaufrecht genügt, daß der Käufer dem Verkäufer bei Vertragsabschluß den Verwendungszweck zur Kenntnis gebracht hat, muß der Verkäufer gemäß Art. 2 Abs. 2 lit. b RL außerdem zustimmen.

Auch wenn Art. 35 CISG als Vorlage gedient hat, darf dieser Unterschied nicht im Wege der Interpretation nivelliert werden.[281] Dies liefe dem Willen des Richtliniengebers zuwider, der den Wortlaut sozusagen noch in letzter Minute[282] geändert hat. Ursprünglich war Art. 2 Abs. 2 lit. b RL seinem Vorbild ähnlicher, weil er ebenso wie Art. 35 Abs. 2 lit. b CISG darauf hinwies, daß der Verbraucher auf die Erklärungen des Verkäufers vertraut haben müsse[283]. Diese Einschränkung wurde zwar auf Betreiben des Europäischen Parlaments gestrichen.[284] Dafür be-

---

[278] Dazu oben S. 30; ebenso Rieger, VuR 1999, 287, 288; Micklitz, EuZW 1999, 485, 486; Schwartze, ZEuP 2000, 544, 556, Fn. 72; ders., Europäische Sachmängelgewährleistung, S. 82, Fn. 292; Welser/Jud, Reform des Gewährleistungsrechts, S. 45-46; vgl. Staudenmayer, NJW 1999, 2393, 2394; ders., in: Grundmann/Medicus/Rolland (Hrsg.), Europäisches Kaufgewährleistungsrecht, S. 34; ders., (2000) *ERPL* 547, 552; Faber, JBl. 1999, 413, 413; Schlechtriem, in: Ernst/Zimmermann (Hrsg.), Zivilrechtswissenschaft und Schuldrechtsreform, S. 205, 215; Kainer, AnwBl 2001, 380, 383; Bickler, (1999) 13 *Corp Brief* 5, 5-6; aA Lehr/Wendel, EWS 1999, 321, 322; zweifelnd Twigg-Flesner, [2001] *Canterbury Law Review* 113, 119.

[279] Schlechtriem/Schwenzer, Art. 35, Rn. 20 mwN; Stadie/Nietzer, MDR 2002, 428, 429; zur Entstehungsgeschichte s. *United Nations Conference on Contracts for the International Sale of Goods,* Doc. C(4), O.R. 236-433, 15th meeting, paras 56-62, zitiert nach: Honnold (ed.), *Documentary History*, at p. 537; das übersieht anscheinend Staudenmayer, NJW 1999, 2393, 2394; ders., in: Grundmann/Medicus/Rolland (Hrsg.), Europäisches Kaufgewährleistungsrecht, S. 34.

[280] Lehr/Wendel, EWS 1999, 321, 322, Fn. 13.

[281] In diese Richtung gehen aber die Aussagen von Magnus, in: Grundmann/Medicus/Rolland (Hrsg.), Europäisches Kaufgewährleistungsrecht, S. 79, 87-88

[282] Während des Vermittlungsverfahrens, dazu Staudenmayer, in: Grundmann/Medicus/Rolland (Hrsg.), Europäisches Kaufgewährleistungsrecht, S. 27, 34.

[283] Im ursprünglichen Richtlinienvorschlag, ABl. Nr. C 307/8 vom 16.10.1996, Art. 2 Abs. 2 lit. c.

[284] Vgl. Legislative Entschließung, ABl. Nr. C 104/30 vom 6.4.1998, Änderung 19; übernommen in den geänderten Vorschlag, ABl. Nr. C 148/12 vom 14. Mai 1998; abl. gemeinsamer

stand der Rat aber auf der Einfügung des Zustimmungserfordernisses, denn einige Mitgliedstaaten befürchteten, daß dem Verkäufer einseitig Zweckbestimmungen aufgenötigt werden könnten.[285]
Aus der Entstehungsgeschichte der Vorschrift und ihrem veränderten Wortlaut ergibt sich somit, daß Art. 2 Abs. 2 lit. b RL eine vertragliche Vereinbarung über die Gebrauchstauglichkeit voraussetzt. Neben Art. 2 Abs. 1 RL ist die Vorschrift daher überflüssig.[286]

II. Deutschland

1. Rechtslage vor der Umsetzung

Entgegen einer vereinzelt geäußerten Ansicht[287] war die Zweckeignung im bisherigen Recht nicht nur eine Angelegenheit des Käufers. Denn gemäß § 459 Abs. 1 S. 1 3. Fall BGB a.F. haftete der Verkäufer dafür, daß die Sache für den vertraglich vorausgesetzten Gebrauch geeignet ist.

2. Schuldrechtsmodernisierungsgesetz

a) Funktion

Diese Regelung wurde ohne inhaltliche Änderung in § 434 Abs. 1 S. 2 Nr. 1 BGB überführt. Da die Definition der Sachmängelfreiheit nach § 434 Abs. 1 S. 1 bereits auf die Parteivereinbarung abhebt, stellt sich die Frage, welche Funktion Nr. 1 zukommt. Nach den Vorstellungen der Gesetzesverfasser soll damit Art. 2 Abs. 2 lit. b RL umgesetzt und außerdem deutlich gemacht werden, daß eine konkludente Einigung über den Verwendungszweck genügt[288]. Dies folgt aber bereits aus den allgemeinen Regeln,[289] so daß sich der Eindruck aufdrängt, § 434 Abs. 1 S. 2 Nr. 1 sei genauso überflüssig wie Art. 2 Abs. 2 lit. b RL.

Standpunkt, ABl. Nr. C 333/46 vom 30.10.1998; dazu Mitteilung an das Europäische Parlament, SEK (1998) 1553 endg., S. 5; Beschluß, ABl. Nr. C 98/226 vom 9.4.1999, Änderung 12; abl. Stellungnahme der Kommission, KOM (1999) 16 endg., S. 3; das übersieht anscheinend Twigg-Flesner, [1999] 7 *CLJ* 177, 180-181.

[285] Staudenmayer, NJW 1999, 2393, 2394; ders., in: Grundmann/Medicus/Rolland (Hrsg.), Europäisches Kaufgewährleistungsrecht, S. 35; ders., (2000) *ERPL* 547, 552; dazu krit. Schlechtriem, in: Ernst/Zimmermann (Hrsg.), Zivilrechtswissenschaft und Schuldrechtsreform, S. 205, 215.

[286] Ebenso Huber, in: Gottwald/Jayme/Schwab (Hrsg.), FS Henrich, S. 297, 300; ders., in: Huber/Faust, Schuldrechtsmodernisierung, Rn. 12/30; aA Grundmann, in: Grundmann/Medicus/Rolland (Hrsg.), Kaufgewährleistungsrecht, S. 281, 298.

[287] Amtenbrink/Schneider, VuR 1996, 367, 373.

[288] Begründung des Regierungsentwurfs, BT Drs. 14/6040, 213; ähnlich Zerres, JA 2002, 713, 715.

[289] Dazu Flume, Rechtsgeschäft, S. 72 ff.

Der mögliche Sinn der Regelung ergibt sich jedoch aus der Rechtsprechung zu § 459 Abs. 1 S. 1 3. Fall BGB a.F.[290] Danach muß der Verwendungszweck nicht unbedingt Bestandteil der vertraglichen Vereinbarung geworden sein. Es genügt, wenn die Parteien ihn als Vertragsgrundlage übereinstimmend vorausgesetzt haben.[291] Übertragen auf § 434 Abs. 1 S. 2 Nr. 1 bedeutet dies, daß der Vorschrift die Funktion eines Auffangtatbestands zukommt. Sie erfaßt diejenigen Fälle, in denen nicht klar ist, ob sich die Parteien über den Verwendungszweck geeinigt oder ihn lediglich vorausgesetzt haben.[292] Damit geht § 434 Abs. 1 S. 2 Nr. 1 BGB über die Anforderungen der Richtlinie hinaus.

b) Verhältnis zu den übrigen Voraussetzungen

Ein weiterer Unterschied zeigt sich beim Verhältnis zu den übrigen Voraussetzungen der Mängelfreiheit. Gemäß Erwägungsgrund 8 S. 5 gelten Art. 2 Abs. 2 lit. a-d RL kumulativ, eine Hierarchie zwischen den einzelnen Kriterien ist nicht vorgesehen. Nach § 434 Abs. 1 S. 2 Nr. 1 BGB soll die Sache dagegen in erster Linie für die vertraglich vorausgesetzte Verwendung geeignet sein. Ist diese Bedingung erfüllt, kommt es nicht darauf an, ob die Sache auch die zu erwartenden Qualitätsmerkmale aufweist („sonst“).

Mit anderen Worten sperrt § 434 Abs. 1 S. 2 Nr. 1 BGB die Anwendung der übrigen Voraussetzungen. Somit wird das Ziel des Art. 2 Abs. 2 RL, einen Mindeststandard für die Leistung vorzugeben,[293] verfehlt. Darin liegt jedoch keine unzulässige Abweichung zu Lasten des Verbrauchers, die durch eine Streichung des „sonst“ behoben werden müßte.[294] Denn der Mindeststandard ist das Korrelat der Vermutungskonstruktion, die in Anwendung des Art. 8 Abs. 2 RL nicht ins BGB übernommen wurde. Mithin stellt die Abweichung keinen Umsetzungsmangel dar.

Im übrigen ist es vor dem Hintergrund des subjektiven Fehlerbegriffs nur konsequent, der Eignung für eine übereinstimmend vorausgesetzte Verwendung den Vorrang einzuräumen. Es besteht kein Anlaß, das Verhältnis der Voraussetzungen zueinander zu ändern.

---

290 Ähnlich Jorden/Lehmann, JZ 2001, 952, 953; Schellhammer, MDR 2002, 241, 244.

291 BGH, NJW 1984, 2289, 2289-2290; BGHZ 98, 100, 104-105; BGH, NJW 1987, 2511, 2511.

292 So bereits Gsell, JZ 2001, 65, 66 (zu § 434 DE); ähnlich die Begründung des Regierungsentwurfs, BT Drs. 14/6040, 213; Brox/Walker, BT[28], § 4, Rn. 12; Grigoleit/Herresthal, JZ 2003, 233, 234-235; Unberath, ZEuP 2005, 5, 11.

293 Dazu oben S. 26.

294 So aber Pfeiffer, ZGS 2002, 94, 95; zust. Schinkels, ZGS 2004, 226, 227; ebenfalls krit. Krebs, DB Beilage 14/2000, 17 (zu § 434 DE); Diskussionsbeitrag von Ernst, wiedergegeben von Repgen, JZ 2000, 542, 542; Jorden/Lehmann, JZ 2001, 952, 953; Schulte-Nölke, ZGS 2003, 184, 186, Fn. 16; Hassemer, Jb.J.ZivRWiss. 2004, S. 121, 126.

III. Großbritannien

1. Sale of Goods Act 1979

Der SoGA sieht in s. 14(3)(a) eine Regelung bezüglich der Eignung für einen bestimmten Verwendungszweck vor, die Vorbild für Art. 35 Abs. 2 lit. b CISG war[295] und daher auch Art. 2 Abs. 2 lit. b RL relativ ähnlich sieht. Bei genauer Betrachtung zeigen sich allerdings einige Unterschiede.

a) Mitteilung des Verwendungszwecks

aa) Schlüssiges Verhalten

Anders als die Richtlinienvorschrift weist s. 14(3)(a) SoGA darauf hin, daß der Käufer den Verwendungszweck sowohl ausdrücklich als auch durch schlüssiges Verhalten mitteilen kann.[296] In der Literatur ist deshalb die Vermutung geäußert worden, Art. 2 Abs. 2 lit. b RL sei weniger günstig für den Verbraucher. Die Parteien müßten eine ausdrückliche Vereinbarung treffen.[297] Dem ist jedoch nicht zuzustimmen. Nach den allgemeinen Regeln[298] genügt eine stillschweigende Einigung, so daß sich Art. 2 Abs. 2 lit. b RL und s. 14(3)(a) SoGA in diesem Punkt nicht unterscheiden.

bb) Kenntnis des Verkäufers

Dennoch reicht s. 14(3)(a) SoGA weiter als ihr Richtlinienpendant, weil das Merkmal der communication by implication (Mitteilung durch schlüssiges Verhalten) in der Praxis sehr käuferfreundlich interpretiert wird[299].

Ihrem Wortlaut nach fordert s. 14(3)(a) SoGA zwar genau wie Art. 2 Abs. 2 lit. b RL, daß der Käufer seinen Vertragspartner über den Verwendungszweck informiert. Nach ständiger Rechtsprechung setzt das aber nicht notwendig ein Verhalten voraus, das einen Rückschluß auf die beabsichtigte Verwendung zuließe. Vielmehr ist von einer communication by implication auszugehen, wenn der Verkäufer den Zweck kennt bzw. dieser offensichtlich ist, etwa weil die Sache für den gewöhnlichen Zweck gekauft wird.[300]

---

[295] Schlechtriem/Schwenzer, Art. 35, Rn. 18.

[296] Vgl. ss.15(1), 15B(1) SoGA.

[297] Twigg-Flesner/Bradgate, [2000] *Web JCLI*, 4.(b); ähnlich Bickler, (1999) 13 *Corp Brief* 5, 5-6; Zollers/Hurd/Shears, 20 *U Pa J Int'l Econ L* 97, 117 (1999).

[298] Auch des englischen Vertragsrechts, dazu 1 *Chitty on Contracts*, paras. 2-0004, 2-027 *et seq.* mwN.

[299] Goode, *Commercial Law*, at p. 334; dazu krit. *Slater* v *Finning Ltd* 1996 SCLR 863, at p. 873 *per* Lord Steyn.

[300] *Manchester Liners Ltd* v *Rea Ltd* [1922] 2 AC 74, at p. 84 *per* Lord Atkinson; *Grant* v *Australian Knitting Mills Ltd* [1936] AC 85, at p. 99 *per* Lord Wright; *Shields* v *Honeywill & Stein Ltd* [1953] 1 Lloyd's Rep 357, at pp. 364-365 *per* Singleton, L.J.; *Henry Kendall & Sons* v *William Lillico & Sons Ltd* [1969] 2 AC 31, at pp. 82-84 *per* Lord Reid; *Ashington Piggeries Ltd* v

So konnte sich beispielsweise der Kläger im Fall *Grant* v *Australian Knitting Mills Ltd* erfolgreich auf s. 14 des South Australia SoGA 1895[301] berufen, obwohl der Verwendungszweck seiner neuen Unterwäsche nicht Thema des Verkaufsgesprächs gewesen war. Denn es war offensichtlich, daß er sie auf der nackten Haut tragen würde. Hierfür waren die Unterhosen infolge einer chemischen Verunreinigung während des Produktionsprozesses jedoch ungeeignet, so daß der Verkäufer Schadensersatz leisten mußte.[302]
Fälle wie dieser werden durch Art. 2 Abs. 2 lit. b RL nicht erfaßt. Es besteht kein Anlaß, das Tatbestandsmerkmal Mitteilung ebenso weit wie in s. 14(3)(a) SoGA auszulegen. Die Eignung für den gewöhnlichen Zweck wird gesondert in Art. 2 Abs. 2 lit. c RL geregelt.

b) Vertrauen auf die Sachkunde des Verkäufers

Darüber hinaus unterscheidet sich s. 14(3)(a) SoGA von Art. 2 Abs. 2 lit. b RL darin, daß sie keine Vereinbarung über den Verwendungszweck voraussetzt. Der Verkäufer hat auch dann für die Zweckeignung einzustehen, wenn der Käufer nur einseitig erklärt hat, wofür er die Sache benötigt. Ähnlich wie im ursprünglichen Richtlinienentwurf[303] gilt dies zwar nur unter der Voraussetzung, daß er auf die Sachkunde des Verkäufer vertraut hat. Das Vertrauen wird aber gemäß s. 14(3)(a) SoGA vermutet.[304] Um der Haftung zu entgehen, muß der Verkäufer nachweisen, daß der Käufer entweder nicht vertraut hat oder vernünftigerweise nicht hätte vertrauen dürfen.

2. Sale and Supply of Goods Regulations

Das DTI hatte ursprünglich vor, diesen Unterschied zu beseitigen.[305] Die Draft Regulations enthielten eine Sonderregelung für den Verbrauchsgüterkauf, welche auf die Zustimmung des Verkäufers anstelle des Vertrauens auf seine Sachkunde abstellt, s. 14(3A) SoGA-DR. Diese Lösung hätte der Richtlinie entsprochen, weil sie eine Angleichung an Art. 2 Abs. 2 lit. b RL bewirkt hätte. Trotzdem ist zu begrüßen, daß s. 14(3)(a) SoGA letztlich unverändert geblieben ist. Denn im Vergleich zum überflüssigen Art. 2 Abs. 2 lit. b RL handelt es sich um eine zu-

---

Christopher Hill Ltd [1972] AC 441, at p. 477 *per* Lord Guest; zuletzt bestätigt in *Slater* v *Finning Ltd* 1996 SCLR 863, at p. 872 *per* Lord Steyn; dagegen muß ein außergewöhnlicher Verwendungszweck dem Verkäufer tatsächlich mitgeteilt werden, s. *Griffiths* v *Peter Conway Ltd* [1939] 1 All ER 685, at p. 691-692 *per* Green, M.R., Mac Kinnon, L.J., and Goddard, L.J., assenting at p. 693; *Flynn* v *Scott* 1949 SC 442, at p. 443 *per* Lord Mackintosh; *Slater* v *Finning Ltd* 1996 SCLR 863, at pp. 872-3 *per* Lord Steyn; dazu kritisch Hedley, [1996] 4 Web *JCLI.*

301 Identisch mit s. 14 SoGA 1893, Vorgänger des SoGA 1979; dazu *Benjamin's Sale of Goods,* para. 1-001.

302 *Grant* v *Australian Knitting Mills Ltd* [1936] AC 85, at p. 99 *per* Lord Wright.

303 Vgl. oben S. 43.

304 Dazu *Benjamin's Sale of Goods,* para. 11-075; *Slater* v *Finning Ltd* 1996 SCLR 863, at p. 870 *per* Lord Steyn.

305 DTI, *Sale of Consumer Goods, 2nd Consultation Document*, at pp. 8-9.

sätzliche Voraussetzung der Vertragsmäßigkeit.[306] Da sie sich zum Vorteil des Verbrauchers auswirkt, ist diese Abweichung von der Richtlinie gemäß Art. 8 Abs. 2 RL zulässig.

E. Gewöhnlicher Verwendungszweck

I. Richtlinie

Wenn die Parteien keine besondere Vereinbarung getroffen haben, müssen sich die Verbrauchsgüter für den gewöhnlichen Gebrauch eignen, Art. 2 Abs. 2 lit. c RL. Dieses Kriterium findet sich in den Rechtsordnungen aller Mitgliedstaaten[307] sowie dem Wiener Kaufrechtsübereinkommen wieder. Daher ist Art. 2 Abs. 2 lit. c RL eine der wenigen Vorschriften, die das Normsetzungsverfahren im wesentlichen unverändert überstanden haben.

Bereits nach Veröffentlichung des ursprünglichen Richtlinienentwurfs wurde allerdings die Frage aufgeworfen, wie der Begriff des gewöhnlichen Gebrauchs zu verstehen sei, und ob er insbesondere die nicht-bestimmungsgemäße Verwendung der Kaufsache (normal misuse) erfasse.[308] Als Aufhänger für die Diskussion diente folgendes Beispiel:[309] Erfahrungsgemäß werden die meisten Farbeimer mit Hilfe eines Schraubenziehers geöffnet. Handelt es sich dabei um den gewöhnlichen Verwendungszweck im Sinne des Art. 2 Abs. 2 lit. c RL?

1. Ausrichtung auf den Käufer

Hintergrund dieser Frage ist, daß die Richtlinienvorschrift auf den gewöhnlichen Gebrauch Bezug nimmt (normally used), während s. 14(2B)(a) SoGA auf die Eignung für Zwecke abstellt, wofür Güter derselben Art gewöhnlich geliefert werden (commonly supplied). Dieser geringfügige Unterschied führte zu der Behauptung, s. 14(2B)(a) beurteile die Gebrauchstauglichkeit aus Sicht des Verkäufers und stelle daher auf die bestimmungsgemäße Verwendung ab. Demgegenüber nähme die Richtlinie die Perspektive des Käufers ein, so daß Art. 2 Abs. 2 lit. c RL auch die gewöhnliche, nicht-bestimmungsgemäße Verwendung erfasse.[310]

---

[306] Das übersieht anscheinend Prieß, Begriff des Sachmangels, S. 126.

[307] Dazu im Überblick Basedow, Reform des deutschen Kaufrechts, S. 45-46; Schwartze, Europäische Sachmängelgewährleistung, S. 89 ff.

[308] Bradgate, [1997] *Web JCLI*, text after n. 9; s.a. Twigg-Flesner, [1999] 7 *CLJ* 177, 181; Shears/Zollers/Hurd, [2000] *JBL* 262, 272; Twigg-Flesner/Bradgate, [2000] *Web JCLI*, 4.(b); Oughton/Willett, (2002) *Journal of Consumer Policy* 299, 308; Howells/Twigg-Flesner, in: Schermaier (Hrsg.), Verbraucherkauf in Europa, S. 303, 312-313.

[309] Shears/Zollers/Hurd, [2000] *JBL* 262, 272; aufgegriffen von Twigg-Flesner/Bradgate, [2000] *Web JCLI*, 4.(b); Twigg-Flesner, [2001] *Canterbury Law Review* 113, 119-120; Bradgate/Twigg-Flesner, *Consumer Sales and Associated Guarantees*, at p. 60.

[310] Bradgate, [1997] *Web JCLI*, text after n. 9; zust. Shears/Zollers/Hurd, [2000] *JBL* 262, 272; Twigg-Flesner/Bradgate, [2000] *Web JCLI*, 4.(b); vgl. Williams/Hamilton, [2000] *ICCLR* 318,

Auf den ersten Blick erscheint diese These vielleicht plausibel. Wirklich überzeugend ist die Argumentation aber nicht. Denn allein aus der Wahl des Begriffs used kann kaum der Schluß gezogen werden, Art. 2 Abs. 2 lit. c RL sei auf den Käufer ausgerichtet. Hier sind die Grenzen der Wortlautauslegung erreicht.
Das bestätigt auch ein Vergleich mit der Parallelregelung im UN-Kaufrecht. Art. 35 Abs. 2 lit. a CISG stimmt mit der Richtlinie überein, daß sich die Ware für Zwecke eignen muß, für die Ware der gleichen Art gewöhnlich gebraucht wird. Worin der gewöhnliche Gebrauch besteht, richtet sich nach der objektiven Verkehrsanschauung.[311] Da das Übereinkommen auf Verträge zwischen Parteien Anwendung findet, die ihre Niederlassung in verschiedenen Staaten haben,[312] fragt sich allerdings, auf welchen Verkehrskreis abzustellen ist. Sind die Standards im Land des Verkäufers oder des Käufers maßgeblich?
Entsprechend der oben dargestellten Ansicht müßte man zu dem Schluß gelangen, daß es darauf ankomme, wo die Ware verwendet werden solle. Denn der Wortlaut (ordinarily used) spricht dafür, daß die Perspektive des Käufers einzunehmen ist. Nach ganz überwiegender Ansicht trifft dies jedoch nicht zu. Entscheidend sind vielmehr die Verhältnisse im Land des Verkäufers,[313] von dem nicht erwartet werden kann, daß er beispielsweise öffentlich-rechtliche Lebensmittelvorschriften im Käuferstaat kennt.[314]

2. *Objektive Verkehrsanschauung*

Von einer Ausrichtung auf den Verbraucher kann also keine Rede sein. Als Maßstab kommt vielmehr ausschließlich die Verkehrsanschauung in Betracht,[315] weil es sich bei der Eignung für den gewöhnlichen Gebrauch um ein objektives Kriterium ohne jeden Bezug zu den Vertragspartnern handelt. Dessenungeachtet ist zu konzedieren, daß die These, Art. 2 Abs. 2 lit. c RL erfasse auch „normal misuse", nicht vollkommen unhaltbar ist. Es ist zumindest theoretisch vorstellbar, daß eine bestimmte Verwendungsweise als üblich betrachtet wird, obwohl Sachen dieser Art eigentlich für andere Zwecke gedacht sind.
Andererseits ist zu vermuten, daß die Zweckbestimmung im konkreten Fall ein wichtiges Beurteilungskriterium darstellen wird. Um auf das Werkzeug-Beispiel zurückzukommen: Schraubenzieher sind zum Schrauben da und werden dafür in der Regel auch verwendet. Selbst wenn sie außerdem zum Öffnen von Farbei-

---

325; Twigg-Flesner, [2002] 11 *Nott.L.J.* 81, Part two, Q1; ders., GPR 2003-04, 12, 14; Bradgate/Twigg-Flesner, *Consumer Sales and Associated Guarantees*, at p. 60.

311 Schlechtriem/Schwenzer, Art. 35, Rn. 14; Kircher, Sachmängelhaftung, S. 52 mwN.

312 Art. 1 CISG.

313 Bianca/Bonell/Bianca, *International Sales Law*, Art. 35, para. 2.5.1.; Enderlein/Maskow, *International Sales Law*, Art. 35, para. 8; Piltz, Internationales Kaufrecht, § 5, Rn. 4; aA Su, Die vertragsmäßige Beschaffenheit, S. 30.

314 BGHZ 129, 75, 81; BGH, JZ 2005, 844, 845 mwN.

315 Vgl. RGZ 70, 82, 85 (zu § 459 Abs. 1 S. 1 2. Fall BGB a.F.).

mern benutzt werden, scheint es sehr fraglich, ob ein Gericht diesen Mißbrauch als übliche Verwendung auffassen würde.[316]

II. Deutschland

Sofern die Parteien keine speziellere Regelung getroffen haben, haftet der Verkäufer nach § 459 Abs. 1 S. 1 2. Fall BGB a.F. dafür, daß sich die Kaufsache für den gewöhnlichen Gebrauch eignet. Diese Regelung stimmt inhaltlich mit Art. 2 Abs. 2 lit. c RL überein[317] und wurde folgerichtig durch das Schuldrechtsmodernisierungsgesetz übernommen, § 434 Abs. 1 S. 2 Nr. 2 BGB.

III. Großbritannien

1. Sale of Goods Act 1979

a) Zufriedenstellende Qualität

Gemäß s. 14(2) SoGA ist der Verkäufer verpflichtet, Ware von zufriedenstellender Qualität (satisfactory quality) zu liefern. Diese generalklauselartige Bestimmung wird zum einen durch s. 14(2A) konkretisiert. Danach ist für den geschuldeten Gütestandard maßgeblich, was eine vernünftige Person als zufriedenstellend betrachten würde. Zum anderen nennt das Gesetz eine Vielzahl typischerweise relevanter Aspekte, wozu insbesondere die Eignung für den gewöhnlichen Gebrauch gehört, s. 14(2B)(a) SoGA.

b) Ausrichtung auf den Verkäufer

Wie bereits dargelegt, sind einige Autoren der Ansicht, dieser Unterabsatz sei weniger verbraucherfreundlich als Art. 2 Abs. 2 lit. c RL, da er die Gebrauchstauglichkeit nicht aus Sicht des Käufers, sondern des Verkäufers beurteile.[318] Soweit die Richtlinie betroffen ist, trifft diese Aussage nicht zu, weil für Art. 2 Abs. 2 lit. c RL die Verkehrsanschauung maßgeblich ist[319]. Darüber hinaus ist zweifelhaft, ob der Wortlaut der s. 14(2B)(a) SoGA als Indiz für eine Ausrichtung auf den Verkäufer gedeutet werden kann. Die Entstehungsgeschichte der Vorschrift spricht gegen eine solche Interpretation.

S. 14(2B)(a) wurde zwar erst 1994 in den SoGA eingefügt, so daß kaum aktuelles case-law existiert[320]. Wirklich neu ist dieser Unterabsatz aber nicht, denn im we-

---

[316] Vgl. *Secretariat Commentary*, Art. 33, para. 6; Piltz, Internationales Kaufrecht, § 5, Rn. 39.

[317] Ebenso Amtenbrink/Schneider, VuR 1996, 367, 373; Rieger, VuR 1999, 287, 288.

[318] Dazu oben S. 48; vgl. Willett/Morgan-Taylor/Naidoo, [2004] *JBL* 94, 101-102.

[319] Dazu oben S. 49.

[320] Vgl. aber *Thain* v *Anniesland Trade Centre* 1997 SLT (Sh Ct) 102, at pp. 105-106 *per* MacLeod, QC; dazu Ervine, 1998 *JR* 379; *Albright & Wilson UK Ltd* v *Biachem Ltd* (unreported, 12 April, 2000), at para. 21 *per* Eady, J.; *Euro Pools Plc* v *Clydeside Steele Fabrications Ltd* 2003 SLT 441, at p. 417 *per* Lord Drummond Young.

sentlichen wiederholt er die Definition der merchantable quality gemäß s. 14(6) SoGA a.F.[321] Diese Regelung wiederum kodifizierte den sogenannten usability test,[322] wonach die Marktfähigkeit der Ware davon abhängt, ob sie sich für den gewöhnlichen Gebrauch eignet[323]. Vor diesem Hintergrund wirkt die These, s. 14(2B)(a) SoGA stelle nicht auf den gewöhnlichen Gebrauch, sondern die bestimmungsgemäße Verwendung ab, mehr als fragwürdig.
Etwas anderes könnte sich allenfalls daraus ergeben, daß s. 14(2B)(a) auf die Zwecke abstellt, für die Ware dieser Art gewöhnlich geliefert wird, während s. 14(6) SoGA a.F. auf die Zwecke Bezug nimmt, für welche die Ware gewöhnlich gekauft wird. Angesichts dieser Wortwahl stellt sich die Frage, ob eine Art Perspektivenwechsel stattgefunden haben könnte, von einer Ausrichtung auf den Käufer hin zum Verkäufer. In den Gesetzesmaterialien findet sich jedoch kein Hinweis auf einen derartigen Wechsel. Darüber hinaus liegt es bei systematischer Betrachtung näher anzunehmen, daß die Änderung vorgenommen wurde, um den Wortlaut an s. 14(2) SoGA anzupassen. Diese stellt schon seit 1973 nicht mehr auf die gekaufte, sondern die gelieferte Ware ab.[324]
Insgesamt ist daher festzustellen, daß die These, s. 14(2B)(a) SoGA beurteile die Gebrauchstauglichkeit aus Sicht des Verkäufers, jeglicher Grundlage entbehrt. Da der vermeintliche Unterschied zu Art. 2 Abs. 2 lit. c RL nicht besteht, erforderte die Richtlinienumsetzung keine Änderung.

2. Sale and Supply of Goods Regulations

Vermutlich unter dem Einfluß der gegenteiligen Literaturmeinung nahm das DTI an, es bestünde ein kleiner Unterschied zwischen „commonly supplied“ und „normally used“.[325] Deswegen sollte s. 14(2B)(a) SoGA im Sinne der Richtlinie ergänzt werden.[326] Im Hinblick auf das europarechtliche Transparenzgebot wurde diese Änderung auch im Schrifttum befürwortet.[327] Sie hätte allerdings nicht zur

---

[321] Vgl. MacQueen, March 1995, *Scottish Law Gazette* 5, 6.

[322] *Benjamin's Sale of Goods*, paras 11-039 *et seq.*; zur Rechtsprechung vor Einführung der s.14(6) (usability bzw. acceptability test) Howells/ Weatherill, *Consumer Protection Law*, at pp. 131 *et seq.* mwN.

[323] *Cammell Laird and Co Ltd* v *Manganese Bronze Brass Co Ltd* [1934] AC 402, at p. 430 *per* Lord Wright; *Henry Kendall & Sons* v *William Lillico & Sons Ltd* [1969] 2 AC 31, at p. 77 *per* Lord Reid, at p. 97 *per* Lord Morris of Borth-y-Gest; *B S Brown & Son Ltd* v *Craiks Ltd* [1970] 1 All ER 823, at p. 827 *per* Lord Guest, jeweils mit der Einschränkung, daß sich die Ware bei mehreren Verwendungszwecken nur für einen eignen müsse; diese wurde durch den Sale and Supply of Goods Act 1994 beseitigt, vgl. dazu Law Commission/Scottish Law Commission, *Sale and Supply of Goods*, paras 3.32 *et seq.*

[324] Dazu Bradgate/Savage, *Commercial Law*, para. 11.2.2.

[325] Vgl. DTI, *Sale of Consumer Goods, 1st Consultation Document*, at pp. 9 10; DTI, *Sale of Consumer Goods, 2nd Consultation Document*, at p. 9.

[326] Vgl. s. 14(2B)(a) SoGA-DR.

[327] Twigg-Flesner, [2002] 11 *Nott.L.J.* 81, Part two, Q1; aA Howells/Twigg-Flesner, in: Schermaier (Hrsg.), Verbraucherkauf in Europa, S. 303, 313; zum Transparenzgebot vgl. oben Fn. 216.

Rechtsklarheit beigetragen. Denn das Nebeneinander beider Formulierungen in einer Vorschrift wirft die Frage auf, wie sie voneinander zu unterscheiden sind. Deshalb ist es erfreulich, daß s. 14(2B)(a) doch nicht durch die Sale and Supply of Goods Regulations geändert wurde.[328]

F. Zu erwartende Qualität

I. Richtlinie

Schließlich soll die Ware auch die „Qualität und Leistungen aufweisen, die bei Gütern der gleichen Art üblich sind und die der Verbraucher vernünftigerweise erwarten kann", Art. 2 Abs. 2 lit. d RL. Die Norm weist außerdem auf mehrere Gesichtspunkte hin, die bei der Bestimmung dessen, was erwartet werden kann, zu berücksichtigen sind, wie Angaben in der Werbung. Damit stellt lit. d im Vergleich zum Wiener Kaufrecht ein Novum dar,[329] denn Art. 35 CISG befaßt sich weder mit den Erwartungen des Käufers noch der Haftung für Werbeaussagen.

1. Tatbestandsstruktur

Allerdings wirkt Art. 2 Abs. 2 lit. d RL etwas unübersichtlich.[330] Vor allem ist unklar, wie viele Kriterien für die Vertragsmäßigkeit die Vorschrift nennt. Soll die Ware sowohl von der üblichen als auch der zu erwartenden Güte sein (zwei Kriterien), oder gibt die Vorschrift einen einheitlichen Maßstab vor mit der Folge, daß die erwarteten Eigenschaften zugleich üblich sein müssen?[331]

Diese Frage läßt sich nicht mit der Bemerkung abtun, Art. 2 Abs. 2 lit. d RL enthalte eine tautologische Formulierung. Was üblich ist, kann zwar sicherlich erwartet werden. Dieser Satz gilt aber nicht unbedingt auch umgekehrt. Da in die Bewertung auch Werbeaussagen miteinfließen, mag es vernünftig sein, unübliche Eigenschaften zu erwarten, z.B. wenn in einem Spot überzeugend dargelegt wird, warum das fragliche Produkt von überdurchschnittlicher Qualität sei.

Die Struktur des Art. 2 Abs. 2 lit. d RL ist also durchaus von Bedeutung. Da die vorangehenden lit. b und c jeweils ein Kriterium für die Vertragsmäßigkeit nennen, könnte man vermuten, lit. d enthalte auch nur einen Tatbestand. Andererseits sieht nicht jeder Unterabsatz des Art. 2 Abs. 2 RL nur ein Kriterium vor, denn lit. a regelt sowohl den Kauf nach Beschreibung als auch den Kauf nach Probe. Aus dem systematischen Zusammenhang kann daher kein Schluß gezogen werden.

---

[328] Krit. Willett/Morgan-Taylor/Naidoo, [2004] *JBL* 94, 102; Ervine, [2004] *JBL* 684, 702-703.

[329] Eine vergleichbare Regelung in bezug auf Herstellergarantien sieht Art. 6 Abs. 1 RL vor; dazu Howells/Wilhelmsson, *EC Consumer Law*, at p. 118; Oughton/Willett, (2002) *Journal of Consumer Policy* 299, 321-322; Parisi, (2004) 52 *Am. J. Comp. L.* 403, 424.

[330] Ebenfalls krit. Schlechtriem, in: Schack (Hrsg.), GS Lüderitz, S. 675, 683; Honsell, JZ 2001, 278, 279.

[331] Huber, in: Gottwald/Jayme/Schwab (Hrsg.), FS Henrich, S. 297, 299; Faber, JBl. 1999, 413, 421.

Vergleicht man jedoch die verschiedenen sprachlichen Fassungen der Vorschrift,[332] fällt folgendes auf: Einige Sprachfassungen, wie etwa die englische oder holländische, sind ebenso unklar formuliert wie die deutsche.[333] Demgegenüber steht eine Gruppe von Fassungen,[334] in denen die beiden Elemente des lit. d nicht durch ein „und", sondern ein Relativpronomen verbunden werden. Dazu gehört beispielsweise die französische Version, wonach die Kaufsache als vertragsgemäß gilt, „s'il présente la qualité et les prestations habituelles d'un bien de même type *auxquelles* le consommateur peut raisonnablement s'attendre" (eigene Hervorhebung). Angesichts dieser Satzkonstruktion kann kein Zweifel daran bestehen, daß die geschuldeten Merkmale zugleich üblich und zu erwarten sein müssen.[335] Da die unklaren Fassungen ebenfalls eine Interpretation in diesem Sinne zulassen, ist davon auszugehen, daß Art. 2 Abs. 2 lit. d RL einen einheitlichen Qualitätsmaßstab vorgibt.[336]

Dieses Auslegungsergebnis wird durch die Entstehungsgeschichte der Norm bestätigt. Während des Normsetzungsverfahrens wurde lit. d mehrmals geändert. Doch zumindest bis zur Annahme des gemeinsamen Standpunkts[337] betraf die Vorschrift nur ein Vertragsmäßigkeitskriterium, nämlich die zufriedenstellende[338] bzw. zu erwartende Qualität[339].

Im gemeinsamen Standpunkt akzeptierte der Rat dieses Kriterium und nahm kleinere Änderungen am Wortlaut vor,[340] um die Anwendung der Vorschrift zu erleichtern.[341] Was ihn dazu bewegte, den Begriff „üblich" einzufügen, ist unbekannt. Die Begründung des Standpunkts geht auf diese Änderung nicht ein, was

---

[332] Zur Notwendigkeit, einen Gemeinschaftstext in allen Amtssprachen zu vergleichen, um den „wahren Wortlaut" zu ermitteln, s. EuGH, Rs. 19/67, *Sociale Verzekeringsbank/J.H. van der Vecht*, Slg. 1967, 462, 473; EuGH, Rs. 9/79, *Marianne Koschniske/Raad van Arbeid*, Slg. 1979, 2717, Rz. 6-7; EuGH, Rs. 283/81, *SRL C.I.L.F.I.T. und Lanificio di Gavardo S.P.A./Ministero della Sanita*, Slg. 1982, 3415, Rz. 18; EuGH, Rs. 19/83, *Knud Wendelboe und andere/Konkursboet L.J. Music Aps*, Slg. 1985, 457, Rz. 13; EuGH, Rs. 238/84, *Strafverfahren gegen Hans Röser*, Slg. 1986, 795, Rz. 22; EuGH, Rs. 55/87, *Alexander Moksel Import und Export GmbH & Co./Bundesanstalt für landwirtschaftliche Marktordnung*, Slg. 1988, 3845, Rz. 16; EuGH, Rs. C-449/93, *Rockfon A/S/Specialarbejderforbundet i Danmark*, Slg. 1995, I-4291, Rz. 26 ff.; dazu Frisch, Richtlinienkonforme Auslegung, S. 16 ff. mwN.

[333] Eine Verknüpfung der beiden Elemente mit „und die" findet sich außerdem in der dänischen, schwedischen, finnischen und portugiesischen Fassung des Art. 2 Abs. 2 lit. d RL.

[334] Die spanische, französische und italienische Fassung.

[335] Vgl. Faber, JBl. 1999, 413, 422, Fn. 66; zust. Huber, in: Gottwald/Jayme/Schwab (Hrsg.), FS Henrich, S. 297, 299; aA Jorden/Lehmann, JZ 2001, 952, 953, 956.

[336] AA Honsell, JZ 2001, 278, 279; Jorden, Verbrauchergarantien, S. 94.

[337] ABl. Nr. C 333/46 vom 30.10.1998.

[338] Im ursprünglichen Richtlinienvorschlag, ABl. Nr. C 307/8 vom 16.10.1996; dazu Tenreiro, REDC 1996, 187, 198.

[339] Vgl. Legislative Entschließung, ABl. Nr. C 104/30 vom 6.4.1998, Änderung 20; übernommen in den geänderten Vorschlag, ABl. Nr. C 148/12 vom 14. Mai 1998.

[340] Der Rat erweiterte die Liste der relevanten Aspekte um die Beschaffenheit des Gutes. Außerdem wurde die Formulierung „erwarten konnte" durch „vernünftigerweise zu erwarten" ersetzt.

[341] Gemeinsamer Standpunkt, ABl. Nr. C 333/46 vom 30.10.1998, S. 53.

vermuten läßt, daß der Rat ihr keine besondere Bedeutung beimaß. Jedenfalls deutet nichts darauf hin, daß er ein weiteres Kriterium für die Vertragsmäßigkeit einführen wollte. Dementsprechend teilte die Kommission dem Parlament mit, trotz unterschiedlicher Formulierung liefen lit. d in der Fassung des geänderten Richtlinienvorschlags bzw. gemeinsamen Standpunkts weitestgehend auf das Gleiche hinaus[342].

Auch dies spricht für die Annahme, daß Art. 2 Abs. 2 lit. d ungeachtet aller Änderungen nur einen Vermutungstatbestand enthält. Die Funktion des Attributes „üblich" besteht somit allein darin, die Haftung für öffentliche Äußerungen, insbesondere in der Werbung, zu begrenzen.[343]

2. Vernünftige Erwartungen

a) Objektiver Maßstab

Eine weitere Einschränkung ergibt sich daraus, daß der Verkäufer nur für das Vorhandensein derjenigen Merkmale einzustehen hat, die vernünftigerweise erwartet werden können. Ausschlaggebend sind also nicht die Vorstellungen des konkreten, vielleicht leichtgläubigen Käufers von der Sache. Vielmehr richtet sich die geschuldete Qualität nach den Erwartungen, die ein vernünftiger Verbraucher unter den gegebenen Umständen haben konnte.[344] Damit ist ein objektiver Maßstab vorgegeben.[345]

b) Relevante Gesichtspunkte

aa) Überblick

Zu den Gesichtspunkten, die bei der Bestimmung der erwartbaren Qualität zu berücksichtigen sind, gehört die Beschaffenheit des Gutes. Gemeint ist damit die Art des Produktes[346], also ob die Kaufsache beispielsweise gebraucht ist[347]. In Anlehnung an das britische Recht[348] wies Art. 2 Abs. 2 lit. d RL ursprünglich

---

[342] Mitteilung an das Europäische Parlament, SEK (1998) 1553 endg., S. 4.

[343] Ähnlich Schlechtriem, in: Ernst/Zimmermann (Hrsg.), Zivilrechtswissenschaft und Schuldrechtsreform, S. 205, 216.

[344] So zu Recht Lehmann, JZ 2000, 280, 284; zust. Schwartze, ZEuP 2000, 544, 557, Fn. 78; Peifer, JR 2001, 265, 268; Welser/Jud, §§ 922, 923 ABGB, Rn. 19; aA Hogg, (2001) *ERPL* 337, 345.

[345] Zum Konzept der „berechtigten Erwartungen" vgl. bereits im Grünbuch KOM (1993) 509 endg., S. 110; dazu Schnyder/Straub, ZEuP 1996, 8, 16; Brady, 23 *N C J Int'l L & Com Reg* 155, 188 (1997).

[346] Vgl. die holländische (aard van de goederen), englische (nature of the goods) oder französische Fassung (nature du bien) des Art. 2 Abs. 2 lit. d.

[347] Erwägungsgrund 8.

[348] S. 14(2A) SoGA; zum Vorbildcharakter der Vorschrift Reindl, 75 *Wash U L Q* 627, 664-665 (1997); Schwartze, in: Martiny/Witzleb (Hrsg.), Auf dem Wege, S. 32, 39, Fn. 29; Staudenmayer, (2000) *ERPL* 547, 552.

auch darauf hin, daß der Preis für die Erwartungen des Käufers relevant sei. Auf Betreiben des Parlaments hat die Kommission diesen Aspekt jedoch wieder gestrichen[349].

Das Normsetzungsverfahren überstanden hat dagegen ein wesentliches innovatives Element[350] der Richtlinie, die Haftung für öffentliche Äußerungen des Verkäufers bzw. Herstellers. Als Regelbeispiele nennt lit. d Aussagen in der Werbung oder „bei der Etikettierung", also z.B. auf der Verpackung.

bb) Haftung für öffentliche Äußerungen

Nach dem Willen der Kommission soll damit die Diskussion, ob und unter welchen Voraussetzungen Werbung gewährleistungsbegründend sei, einem Ende zugeführt werden.[351] Bemerkenswert ist, daß Art. 2 Abs. 2 lit. d RL weder eine Parteiabrede[352] noch das Vorhandensein eines Rechtsbindungswillens seitens des Werbenden voraussetzt. Darüber hinaus haftet der Verkäufer für Äußerungen des Herstellers, also eines Dritten, und zwar unabhängig davon, ob er sich die fragliche Erklärung zu eigen gemacht hat.[353]

In der Literatur ist diese Zurechnung fremden Verhaltens teilweise scharf kritisiert worden.[354] Ganz so „revolutionär", wie lit. d zunächst wirken mag, ist er aber nicht. In einigen Mitgliedstaaten, wie den Niederlanden[355] oder Luxem-

---

[349] Vgl. im ursprünglichen Richtlinienvorschlag, ABl. Nr. C 307/8 vom 16.10.1996, Art. 2 Abs. 2 lit. d; dagegen Ausschuß für Umweltfragen, Bericht, A4-0029/98, S. 23; Legislative Entschließung, ABl. Nr. C 104/30 vom 6.4.1998, Änderung 20; übernommen in den geänderten Vorschlag, ABl. Nr. C 148/12 vom 14. Mai 1998; dazu krit. Twigg-Flesner/Bradgate, [2000] *Web JCLI*, 4.(b); ders, [2001] *Canterbury Law Review* 113, 120-121; ders., *Consumer Product Guarantees*, at p. 10; s.a. Singleton, (1999) 18 *TrLaw* 126, 131-132; Oughton/Willett, (2002) *Journal of Consumer Policy* 299, 309-310.

[350] Ebenso Hondius/Jeloschek, (2001) *ERPL* 157, 159.

[351] Dazu Tenreiro, REDC 1996, 187, 198, Fn. 28.

[352] Micklitz, EuZW 1999, 485, 486; Schwartze, ZEuP 2000, 544, 557; Westermann, in: Grundmann/Medicus/Rolland (Hrsg.), Europäisches Kaufgewährleistungsrecht, S. 251, 255; ders., JZ 2001, 533; ders., NJW 2002, 241, 245; Ernst/Gsell, ZIP 2000, 1410, 1415; Peifer, JR 2001, 265, 267; Anders, Pflichtverletzung, S. 308; vgl. Twigg-Flesner/Bradgate, [2000] *Web JCLI*, 4.(b); zweifelnd Schlechtriem, in: Ernst/Zimmermann (Hrsg.), Zivilrechtswissenschaft und Schuldrechtsreform, S. 205, 216; wohl auch Hänlein, DB 1999, 1641, 1643.

[353] Tonner, BB 1999, 1769, 1771; Schwartze, in: Martiny/Witzleb (Hrsg.), Auf dem Wege, S. 32, 38, Fn. 28; Westermann, in: Schulze/Schulte-Nölke (Hrsg.), Schuldrechtsreform vor dem Hintergrund des Gemeinschaftsrechts, S. 109, 116; vgl. Boerner, ZIP 2001, 2264, 2266; Oughton/Willett, (2002) *Journal of Consumer Policy* 299, 311.

[354] Kircher, Sachmängelhaftung, S. 276-277; ders., ZRP 1997, 292; Krebs, DB Beilage 14/2000, 17; Boerner, ZIP 2001, 2264, 2266-2267; s.a. Beschluß, BR Drs. 696/96, 2; Goode, Written Evidence, at p. 174; zitiert nach: House of Lords, *Consumer Guarantees*, para. 147; aA Lehmann/Dürrschmidt, GRUR 1997, 549, 551-552; Grundmann, in: Grundmann/Medicus/Rolland (Hrsg.), Kaufgewährleistungsrecht, S. 281, 299; Staudenmayer, in: Grundmann/Medicus/Rolland (Hrsg.), Europäisches Kaufgewährleistungsrecht, S. 27, S. 34; Peifer, JR 2001, 265, 268-269; Grundmann/Bianca/Grundmann, Art. 2, Rn. 38; Dickie, [1997] *JBL* 167, 168-169.

[355] Art. 7.18 NBW; dazu Hondius, ZEuP 1997, 130, 134.

burg[356], existieren bereits vergleichbare Regelungen, die nicht nur den europäischen Gesetzgeber, sondern auch die Lando-Kommission[357] inspiriert haben, vgl. Art. 6:101(2),(3) PECL.[358]
Außerdem wird dem Verkäufer nicht jegliche Drittwerbung zugerechnet. Von Bedeutung für den Qualitätsmaßstab sind nur Aussagen über konkrete Eigenschaften des Gutes. Mit anderen Worten bleiben Erklärungen, die das Produkt lediglich anpreisen und keine überprüfbaren Informationen enthalten,[359] von vornherein außer Betracht.[360] Die Behauptung, diese Tatbestandsbegrenzung trage dazu bei, den Verkäufer vor einer unzumutbaren Belastung zu bewahren,[361] wirkt zwar nicht besonders überzeugend. Denn allgemeine Anpreisungen wie „Haribo macht Kinder froh und Erwachsene ebenso" sind ohnehin nicht geeignet, vernünftige Erwartungen in bezug auf die Warenqualität zu wecken. Davon abgesehen hat der Verkäufer aber immerhin die Möglichkeit, sich von der Haftung für öffentliche Äußerungen zu entlasten, etwa indem er nachweist, daß die Werbung nicht kausal für die Kaufentscheidung war, Art. 2 Abs. 4 Spiegelstrich 3 RL.[362]

II. Deutschland

1. Rechtslage vor der Umsetzung

a) Bürgerliches Recht

Mit Blick auf das erste Element, die üblichen Qualitätsmerkmale, ist geäußert worden, Art. 2 Abs. 2 lit. d RL erinnere an die Definition der Gattungsschuld im

---

[356] Art. 11 de la Loi du 25 août 1983 relative à la protection juridique du consommateur; dazu Tenreiro, REDC 1996, 187, 198, Fn. 28.

[357] Zur Lando-Kommission und dem Projekt „Principles of European Contract Law" Lehne/Haak, in: Dauner-Lieb/Konzen/Schmidt (Hrsg.), Schuldrecht in der Praxis, S. 41, 49-50 mwN.

[358] Dazu Lando/Beale (eds.), *Principles of European Contract Law*, at pp. 300 *et seq.*; vgl. Faber, JBl. 1999, 413, 423, Fn. 75; Schwartze, Europäische Sachmängelgewährleistung, S. 95 ff.; Dickie, [1997] *JBL* 167, 168 jeweils mwN zum portugiesischen, belgischen, dänischen, schwedischen, finnischen Recht; s.a. Richtlinie 90/314/EG des Rates vom 13. Juni 1990 über Pauschalreisen, ABl. Nr. L 158/59 vom 23.6.1990, Art. 3 Abs. 2 (Prospektangaben); dazu Reich, in: Grundmann (Hrsg.), Systembildung und Systemlücken, S. 481, 497.

[359] „Red Bull verleiht Flügel"; Gegenbeispiel „Meister Proper putzt so sauber, daß man sich drin spiegeln kann".

[360] Lehr/Wendel, EWS 1999, 321, 323; Magnus, in: Grundmann/Medicus/Rolland (Hrsg.), Europäisches Kaufgewährleistungsrecht, S. 79, 87; Augenhofer, JBl. 2001, 82, 85; Peifer, JR 2001, 265, 268; Grundmann/Bianca/Grundmann, Art. 2, Rn. 37; Weiler, WM 2002, 1784, 1787; Walley, (2000) 18 *ILT* 23, 26; Williams/Hamilton, [2000] *ICCLR* 318, 326; vgl. Schellhammer, MDR 2002, 241, 245; bereits zum ursprünglichen Richtlinienentwurf Schmidt-Räntsch, ZIP 1998, 849, 851; zust. Schurr, ZfRV 1999, 222, 225.

[361] Vgl. die Begründung des Regierungsentwurfs, BT Drs. 14/6040, 214; ebenso Schmidt-Räntsch, Schuldrecht, Rn. 721; zust. Peifer, JR 2001, 265, 268.

[362] Ähnlich Hucke, IStR 2000, 277, 277; krit. dagegen Kircher, Sachmängelhaftung, S. 277.

deutschen Zivilrecht.[363] Diese ist jedoch nicht funktional vergleichbar mit der Richtlinienvorschrift. Denn der Verstoß gegen § 243 Abs. 1 BGB als solcher hat keine gewährleistungsrechtlichen Folgen.
Im Kaufrecht gab es vor der Schuldrechtsreform keine Vorschrift, die einen lit. d entsprechenden objektiven Gütestandard vorgegeben hätte. Das bedeutet zwar nicht, daß der Verkäufer nach altem Recht nie dafür einzustehen hatte, daß die Sache den Erwartungen des Käufers entspricht. So bewertete beispielsweise der BGH im Fall *Trevira* Werbeangaben des Herstellers als Zusicherung seitens des Verkäufers.[364] Diese Entscheidung stellt aber eine Ausnahme dar.[365] Im Regelfall dürften Gewährleistungsansprüche schon deswegen verneint worden sein, weil sowohl § 459 Abs. 1 als auch Abs. 2 BGB a.F. eine vertragliche Vereinbarung voraussetzen. Also mußten die Parteien wenigstens konkludent auf die betreffende Aussage Bezug nehmen, damit diese Vertragsinhalt wurde.[366] Ferner war die Rechtsprechung bei der Annahme von Zusicherungen grundsätzlich[367] eher zurückhaltend.[368]

---

363 Staudenmayer, in: Grundmann/Medicus/Rolland (Hrsg.), Europäisches Kaufgewährleistungsrecht, S. 27, 35; ders., (2000) *ERPL* 547, 552, der sich damit gegen die ganz überwiegend vertretene Ansicht wendet, Art. 2 Abs. 2 lit. d sei ein Überbleibsel des Konzepts der berechtigten Erwartungen im Grünbuch, dazu Micklitz, EuZW 1997, 229, 231-232; ders., EuZW 1999, 486; Faber, JBl. 1999, 421; Tonner, BB 1999, 1769, 1771, Fn. 26; Lehmann, JZ 2000, 280, 283-284; Schwartze, ZEuP 2000, 544, 557 FN.78; Huber, FS Henrich, S. 300; Tenreiro, REDC 1996, 187, 198; ders., [1997] 5 *CLJ* 56, 57; Dickie, [1997] *JBL* 167, 167-168; Twigg-Flesner, [1999] 7 *CLJ* 177, 181; Zollers/Hurd/Shears, 20 *U Pa J Int'l Econ L* 97, 109 (1999); Twigg-Flesner/Bradgate, [2000] *Web JCLI*, 4.(b); Krummel/D'Sa, (2001) 26 *ELRev*. 312, 317.

364 BGHZ 48, 118, 122 ff.

365 Ebenso der Bundesgerichtshof in BGHZ 48, 118, 124; dazu Menke, VuR 1994, 223, 226; Lehmann/Dürrschmidt, GRUR 1997, 549, 552, Fn. 27; Roloff, NotBZ 2001 Beilage Schuldrechtsreform, 30, 36.

366 Ebenso Lehmann, JZ 2000, 280, 286-287; Andres, in: Schimmel/Buhlmann (Hrsg.), Frankfurter Handbuch, S. 441, Rn. 32; vgl. BGHZ 16, 54, 56 (Angabe in Werbematerial des Verkäufers); OLG Schleswig, MDR 1979, 935, 936 (Zeitungsannonce des Verkäufers); vgl. dagegen OLG Köln, NJW 1972, 162, 163 (Verkäufer eines Gebrauchtwagens).

367 Eine zahlenmäßig wichtige Ausnahme stellt die Fallgruppe „Gebrauchtwagenhandel" dar, vgl. BGH, NJW 1959, 1489, 1489; BGH, NJW 1975, 1693, 1694; BGH, NJW 1978, 2241, 2241; BGH, NJW 1980, 2127, 2128; BGH, NJW 1981, 1268, 1269; BGHZ 87, 302, 305-306; BGHZ 103, 275, 277; BGH, JZ 1992, 365, 365-366 mwN; dazu Menke, VuR 1994, 223, 226-227; Peifer, JR 2001, 265, 265.

368 Vgl. BGH, NJW 1981, 1269, 1270 (Angaben in Gebrauchsanweisung); BGHZ 132, 55, 58-60; bestätigt durch BGH, NJW 1997, 2590, 2591 (Angaben zum Kraftstoffverbrauch in Herstellerprospekt bzw. Betriebsanleitung); vgl. dagegen BGH, NJW 1968, 1622, 1623 (Angabe in Prospekt); allgemein zur stillschweigenden Zusicherung Soergel/Huber, Vor § 459, Rn. 80 ff. mwN.

b) Wettbewerbsrecht

Deshalb schuf der Gesetzgeber 1986 eine wettbewerbsrechtliche Regelung, die den Schutz der Abnehmer, insbesondere der Verbraucher, vor irreführenden Werbeangaben verbessern sollte,[369] § 13 a UWG.
Der Tatbestand dieser Vorschrift ist Art. 2 Abs. 2 lit. d RL relativ ähnlich. § 13 a UWG betrifft ebenfalls Werbeangaben in öffentlichen Bekanntmachungen etc., also nicht solche gegenüber Einzelpersonen.[370] Außerdem haftet der Verkäufer nicht nur für eigene Angaben, sondern auch Drittwerbung. Das setzt allerdings voraus, daß die fraglichen Aussagen dem Verkäufer gemäß § 13 a Abs. 1 S. 2 UWG zuzurechnen sind, weil er sie kannte, kennen mußte oder sich zu eigen gemacht hat. Demgegenüber rechnet Art. 2 Abs. 2 lit. d die Herstellerangaben automatisch zu. Um sich zu entlasten, muß der Verkäufer beweisen, daß er die betreffende Äußerung nicht kannte[371].
Darüber hinaus hat die deutsche Regelung einen kleineren Anwendungsbereich als Art. 2 Abs. 2 lit. d RL, weil sie nur unwahre und irreführende Werbeangaben erfaßt[372]. Der wesentliche Unterschied besteht jedoch darin, daß dem Abnehmer nicht die ganze „Palette der Rechtsbehelfe“[373] geboten wird. Denn gemäß § 13 a Abs. 1 S. 1 UWG kann er nur vom Vertrag zurücktreten.

2. Schuldrechtsmodernisierungsgesetz

a) Neuregelung im Kaufrecht

Also hat sich die Rechtsposition des Käufers durch die Umsetzung des Art. 2 Abs. 2 lit. d und Abs. 4 RL ins deutsche Recht (§ 434 Abs. 1 S. 2 iVm S. 3 BGB) verbessert.[374] Dabei wurden die beiden Richtlinienvorschriften fast wörtlich übernommen. Auffällig sind nur zwei Unterschiede, die unter anderem darauf zurückzuführen sind, daß die Gesetzesverfasser die Verwendung des Begriffs „vernünftigerweise“ ablehnten[375]. So stellt § 434 Abs. 1 S. 2 BGB nur darauf ab, welche Beschaffenheit der Käufer erwarten kann. In der Sache wird damit aber nicht von Art. 2 Abs. 2 lit. d RL abgewichen.[376] Denn auch ohne das verobjektivieren-

---

[369] BT Drs. 10/4741, 18; dazu krit. Peifer, JR 2001, 265, 267; Grigoleit/Herresthal, JZ 2003, 233, 236.

[370] Köhler, JZ 1989, 263; Baumbach/Hefermehl, § 13 a UWG, Rn. 3; zur Abgrenzung zwischen Art. 2 Abs. 2 lit. a (Individualangaben) und lit. d RL (öffentliche Äußerungen) oben S. 29.

[371] Art. 2 Abs. 4, Spiegelstrich 1.

[372] Dazu Drexl, Wirtschaftliche Selbstbestimmung, S. 455-457.

[373] Medicus, ZIP 1996, 1925, 1926.

[374] Ebenso Büdenbender, in: Dauner-Lieb u.a. (Hrsg.), Das Neue Schuldrecht, S. 222, Rn. 31; vgl. Lehmann/Dürrschmidt, GRUR 1997, 549, 549-550; Lehmann, JZ 2000, 280, 287; Zerres, JA 2002, 166, 170; skeptisch dagegen Medicus, ZIP 1996, 1925, 1926; Schmidt-Räntsch, ZIP 1998, 849, 851; Reinking, DAR 2001, 8, 11; Gass, in: Diederichsen/Fischer (Hrsg.), FS Rolland, S. 129, 136; Bernreuther, WRP 2002, 368, 376-377

[375] Begründung des Regierungsentwurfs, BT Drs. 14/6040, 214, 215.

[376] Zweifelnd Schlechtriem, in: Ernst/Zimmermann (Hrsg.), Zivilrechtswissenschaft und Schuldrechtsreform, S. 205, 216.

de „vernünftigerweise“ bringt § 434 Abs. 1 S. 2 zum Ausdruck, daß es nicht auf die tatsächlichen Erwartungen des Käufers, sondern darauf ankommt, was zu erwarten war.[377]

b) Exkulpation des Verkäufers

Eine wirkliche Abweichung von der Richtlinie findet sich hingegen in § 434 Abs. 1 S. 3 BGB. Danach kann sich der Verkäufer von der Gewährleistungspflicht befreien, indem er nachweist, daß er die Äußerung weder kannte noch kennen mußte. Mithin haftet er auch bei bloß fahrlässiger Unkenntnis (§ 122 Abs. 2 BGB) für die Angaben des Herstellers. Im Unterschied dazu genügt es gemäß Art. 2 Abs. 4 Spiegelstrich 1 RL, wenn der Verkäufer beweist, daß er die Äußerung nicht kannte und „vernünftigerweise nicht davon Kenntnis haben konnte“.

Diese Formulierung, auf welche die Richtlinie auch in Art. 2 Abs. 3 zurückgreift, entstammt dem Wiener Kaufrecht[378]. Ihre Interpretation ist nicht ganz unumstritten, aber es besteht Einigkeit darüber, daß das Merkmal „could not have been (un)aware“ wenigstens grobe Fahrlässigkeit meint.[379] Dementsprechend ist davon auszugehen, daß sich der Verkäufer gemäß Art. 2 Abs. 4 RL auch dann von der Haftung entlasten kann, wenn er fahrlässig keine Kenntnis von der Werbeaussage hatte.[380]

Daß diese Möglichkeit nach deutschem Recht nicht besteht, ist als Abweichung zugunsten des Verbrauchers gemäß Art. 8 Abs. 2 RL zulässig. Es fragt sich jedoch, ob die damit verbundene Belastung für den Verkäufer sachlich gerechtfertigt ist. In der Begründung des Regierungsentwurfs wird ausgeführt, der Verkäufer solle auch bei fahrlässiger Unkenntnis nicht von falschen Angaben Dritter profitieren, welche die Kaufentscheidung beeinflußten[381]. Dahinter steht offenkundig die Vorstellung, das Vertrauen auf die Richtigkeit von Werbeaussagen sei schützenswert, weil sie einen erheblichen Einfluß auf das Kaufverhalten von Verbrauchern hätten[382]. Allerdings handelt es sich bei § 434 Abs. 1 S. 3 BGB um

---

[377] So zu Recht die Begründung des Regierungsentwurfs, BT Drs. 14/6040, 214 ; zust. Peifer, JR 2001, 265, 267-268.

[378] Artt. 35 Abs. 3 (Kenntnis des Käufers), 40, 42 Abs. 1 und 2 lit. a CISG (Kenntnis des Verkäufers).

[379] Herber/Czerwenka, Art. 35, Rn. 10; Staudinger/Magnus, Art. 35, Rn. 48; zust. Huber, Irrtumsanfechtung und Sachmängelhaftung, S. 111 (grobe Fahrlässigkeit); Huber, RabelsZ 43 (1979), 413, 479; zust. Schlechtriem/Schwenzer, Art. 35, Rn. 34 mwN (mehr als grobes Verschulden); ähnlich Honnold, *Uniform Law*, para. 229.

[380] Im Ergebnis Dauner-Lieb/Arnold/Dötsch/Kitz, Anmerkungen, S. 78; Begründung des Regierungsentwurfs, BT Drs. 14/6040, 215.

[381] BT Drs. 14/6040, 215.

[382] Vgl. Wolf, RIW 1997, 899, 900 mwN; zust. Rieger, VuR 1999, 287, 289; Reich, Bürgerrechte, S. 339; Staudenmayer, NJW 1999, 2393, 2394; ders., in: Grundmann/Medicus/Rolland (Hrsg.), Europäisches Kaufgewährleistungsrecht, S. 35; ders., *ERPL* 547, 552; Beale/Howells, (1997) 12 *Journal of Contract Law* 21, 30; (jeweils zu Art. 2 Abs. 2 lit. d RL); allgemein zur Bedeutung von Werbeangaben für die Kaufentscheidung Lehmann, JZ 2000, 280, 287-288

eine allgemeine Regelung, die nicht nur im Verhältnis zwischen Verbraucher und Unternehmer, sondern bei jedem Kauf zur Anwendung gelangen kann. Deshalb ist die kritische Anmerkung, der Gesetzgeber überspanne den Bogen,[383] durchaus angebracht.

III. Großbritannien

1. Sale of Goods Act 1979

a) Vernünftige Käufererwartungen

Im britischen Kaufrecht kam den vernünftigen Erwartungen des Käufers schon vor der Richtlinienumsetzung große Bedeutung zu. Denn gemäß s. 14(2), (2A) SoGA bestimmt sich die geschuldete Warenqualität danach, was eine vernünftige Person als zufriedenstellend betrachten würde.[384] Daß sich die Richtlinienverfasser an dieser Regelung orientiert haben,[385] zeigt sich unmittelbar, wenn man s. 14(2A) mit Art. 2 Abs. 2 lit. d RL in seiner ursprünglichen Gestalt vergleicht. Allerdings nennt der SoGA eine größere Zahl zu berücksichtigender Aspekte, wie Preis, Sicherheit und Haltbarkeit der Sache, ergänzt durch den generalklauselartigen Hinweis auf alle übrigen relevanten Gesichtspunkte. Die 1994 eingefügte Aufzählung in subss. 14(2A), (2B) diente zwar im wesentlichen nur der Kodifikation von Richterrecht.[386] Sie führt aber deutlich vor Augen, welche unterschiedlichen Aspekte in die Bewertung einfließen. Daher verwundert es nicht, daß mehrere Autoren das Fehlen eines vergleichbaren Katalogs in der Richtlinienvorschrift moniert haben[387].

---

mwN; zust. Jorden/Lehmann, JZ 2001, 952, 955-956; Augenhofer, JBl. 2001, 82, 83; Peifer, JR 2001, 265, 268; vgl. BT Drs. 10/4741, 18 (zu § 13 a UWG).

[383] Dauner-Lieb/Arnold/Dötsch/Kitz, Anmerkungen, S. 78; ebenfalls krit. Krebs, DB Beilage 14/2000, 17; aA Grundmann, in: Grundmann/Medicus/Rolland (Hrsg.), Kaufgewährleistungsrecht, S. 281, 300.

[384] Dazu oben S. 50.

[385] Dazu oben S. 54.

[386] Dazu detailliert Law Commission/Scottish Law Commission, *Sale and Supply of Goods*, paras 3.28 *et seq.*; eine Ausnahme bildet s.14(2B)(a), welche die Unklarheit in bezug auf die Rechtsfolgen geringfügiger Mängel beseitigen sollte, ausgelöst durch *Millars of Falkirk Ltd* v *Turpie* 1976 SLT (Notes) 66, at pp. 68-69 *per* Lord President Emslie (*obiter dictum*); dazu Law Commission/Scottish Law Commission, *Sale and Supply of Goods*, para. 3.43; Thomas, (1998) 6 *CLW*, Focus.

[387] Zusammenfassung in House of Lords, *Consumer Guarantees*, para. 145; Bradgate, [1997] *Web JCLI*, text after n. 9; Williams/Hamilton, [2000] *ICCLR* 318, 325; Holmes, (1998) 8 *CPRev* 45, 46; Twigg-Flesner, [1999] 7 *CLJ* 177, 181; Twigg-Flesner/Bradgate, [2000] *Web JCLI*, 4.(b); ähnlich Watterson, (2001) *ERPL* 197, 208.

b) Haftung für öffentliche Äußerungen

aa) Angaben des Verkäufers

Trotz der detailreichen Regelung wies der SoGA bislang nicht darauf hin, daß öffentliche Äußerungen bedeutsam für die Erwartungen des Käufers sein könnten.[388] Damit ist jedoch nicht gesagt, daß der Verkäufer für Aussagen in der Werbung etc. nicht einzustehen hatte.[389] Denn gemäß s. 14(2A) SoGA gehört die Warenbeschreibung zu den relevanten Gesichtspunkten. Dem Wortlaut nach müßte es daher möglich gewesen sein, öffentliche Äußerungen des Verkäufers über die Kaufsache bei der Bewertung zu berücksichtigen.

Gewisse Zweifel ergeben sich allerdings aus dem systematischen Zusammenhang, da nicht nur s. 14(2A), sondern auch s. 13(1) SoGA an die Warenbeschreibung anknüpft. Bei Werbeaussagen wird aber kaum von einem Kauf nach Beschreibung auszugehen sein, weil s. 13 unter anderem eine vertragliche Vereinbarung voraussetzt[390]. Mithin käme dem Begriff der Warenbeschreibung in s. 14(2A) bzw. s. 13(1) SoGA eine unterschiedliche Bedeutung zu. Andererseits sind die Vorschriften verschieden formuliert. Während s. 13 den Kauf nach Beschreibung (sale by description) regelt, nimmt s. 14(2A) allgemein Bezug auf jede Beschreibung der Ware (any description of the goods).[391]

Der einzige Grund, die Vorschrift dennoch genauso eng wie s. 13(1) SoGA auszulegen, lag darin, daß ansonsten die Möglichkeit bestanden hätte, die Voraussetzungen des Kaufs nach Beschreibung unter Berufung auf s. 14(2A) zu unterlaufen. Dies hatte offenbar die Mehrheit im Fall *Harlingdon & Leinster Enterprises*[392] vor Augen. Denn Richter Nourse und Slade meinten beide, den Klägern könne kein Schadensersatz wegen fehlender Marktfähigkeit (s. 14(2), (6) SoGA a.F.) zugesprochen werden, nachdem ihnen der Nachweis eines Kaufs nach Beschreibung nicht gelungen war.[393]

Es ist jedoch fraglich, ob Nourse und Slade damit das Verhältnis zwischen den implied terms richtig bestimmt haben. Während s. 13(1) ausschließlich auf die Übereinstimmung mit der Beschreibung abstellt, war diese gemäß s. 14(2), (6) SoGA a.F. nur einer von mehreren Faktoren. Das Risiko, daß s. 13(1) neben s. 14(2) SoGA sozusagen leerläuft, war daher schon vor 1994 gering.

Insgesamt sprachen also die besseren Gründe dafür, den Begriff der Warenbeschreibung in s. 14(2A) so weit auszulegen, daß er auch öffentliche Äußerungen des Verkäufers über die Ware umfaßt. Allerdings ist zuzugeben, daß die Entscheidung *Harlingdon & Leinster Enterprises* dieses Auslegungsergebnis nicht

---

388 Vgl. dagegen ss.14(3), 13(3) des irischen SoGA; dazu Walley, (2000) 18 *ILT* 23, 26; Bird, (2001) *ERPL* 279, 288.

389 Ervine, 2003 *SLT* (News) 67, 68; aA wohl Anonymus, (1996) 4 *EuroLM* 9, 10.

390 Dazu oben S. 37.

391 Ähnlich Bradgate/Savage, *Commercial Law*, para. 11.2.4 (zum Verhältnis zwischen s.13(1) und 14(6) SoGA a.F.).

392 Dazu oben S. 37.

393 *Harlingdon & Leinster Enterprises* v *Christopher Hull Fine Art Ltd* [1991] 1 QB 564, at p. 576 *per* Nourse, L.J., at p. 586 *per* Slade, L.J., Stuart-Smith, L.J. dissenting at p. 583.

stützt. Wegen des Mangels an case-law zu s. 14(2A) SoGA war die Rechtslage bisher ungeklärt.

bb) Herstellerangaben

(1) Collateral contract

Das gilt nicht in bezug auf öffentliche Erklärungen des Herstellers, weil sich die Rechtsprechung hierzu eindeutig geäußert hat. Im Unterschied zu Art. 2 Abs. 2 lit. d RL beziehen sich die einschlägigen Entscheidungen allerdings nicht auf die Haftung des Verkäufer für Herstellerangaben. Vielmehr wird diskutiert, ob der Käufer den Hersteller in Anspruch nehmen kann, wenn das Produkt wie im *Carbolic Smoke Ball*-Fall nicht den Versprechungen einer Zeitungsannonce entspricht[394].

Dies ist grundsätzlich möglich, falls zwischen Käufer und Hersteller ein sogenannter collateral contract zustande gekommen ist. Darunter ist im allgemeinen eine vertragliche Nebenabrede zu verstehen.[395] Seit der Entscheidung *Shanklin Pier Ltd* v *Detel Products Ltd* findet der Begriff aber außerdem auf Rechtsverhältnisse mit Personen Anwendung, die nicht Partei des Hauptvertrages sind.[396] Mithilfe dieser Rechtsfigur ließe sich theoretisch ein vertragliches Schuldverhältnis zwischen Käufer und Hersteller neben dem eigentlichen Kaufvertrag konstruieren.[397] Allerdings halten sich die Gerichte bei der Annahme solcher Verträge zurück, weil Werbeaussagen regelmäßig ohne Rechtsbindungswillen gemacht werden.[398]

(2) Zufriedenstellende Qualität

Soweit ersichtlich, hat es keinen Fall gegeben, in dem versucht worden wäre, den Verkäufer für öffentliche Äußerungen des Herstellers haftbar zu machen. Dabei wäre s. 14(2) SoGA als Anspruchsgrundlage in Betracht gekommen. Auch in die-

---

[394] *Carlill* v *Carbolic Smoke Ball Company* [1893] 1 QB 256, at pp. 261-265 *per* Lindley, L.J., at pp. 265-272 *per* Bowen, L.J., at pp. 272-275 *per* Smith, L.J.; dazu Zimmermann/Hellwege, ZfRV 1998, 133, 135 mwN.

[395] Vgl. *Heilbut, Symons & Co* v *Buckleton* [1913] AC 30, at p. 47 *per* Lord Moulton; dazu Treitel, *Law of Contract*, at pp. 329 *et seq.*

[396] *Shanklin Pier Ltd* v *Detel Products Ltd* [1951] 2 KB 854, at p. 856 *per* McNair, J.; *Wells (Merstham) Ltd* v *Buckland Sand and Silica Ltd* [1965] 2 QB 170, at pp. 179-180 *per* Davies, J.

[397] *Benjamin's Sale of Goods*, para. 14-033; detaillierte Analyse in *Lambert* v *Lewis* [1978] 1 Lloyd's Rep. 610 (QB), at p. 628 *per* Stocker, J.; *Lambert* v *Lewis* [1980] 1 All ER 978 (CA), at pp. 1001-1003 *per* Stephenson, L.J.; in *Carbolic Smoke Ball*, oben Fn. 394, wird der Begriff collateral contract noch nicht verwendet.

[398] Dazu Office of Fair Trading, *Consumer Guarantees*, para. 30 mwN; vgl. *Lambert* v *Lewis* [1980] 1 All ER 978 (CA), pp. 1001-1002 *per* Stephenson, L.J.; anders *Carlill* v *Carbolic Smoke Ball Company* [1893] 1 QB 256, wo der Rechtsbindungswille aufgrund besonderer Umstände bejaht wurde, at pp. 261-264 *per* Lindley, L.J., at pp. 266-268 *per* Bowen, L.J., at p. 273 *per* Smith, L.J.; dazu krit. *Benjamin's Sale of Goods*, para. 14-033.

ser Konstellation hätte das Ergebnis davon abgehangen, wie weit der Begriff der Warenbeschreibung in s. 14(2A) zu interpretieren ist. Entsprechend der hier vertretenen Ansicht[399] mußte der Verkäufer für Herstellerangaben einstehen, wenn er sich die fremde Erklärung zu eigen gemacht hatte.
Vor dem Hintergrund der Richtlinienregelung bestand die wesentliche Frage aber darin, ob s. 14(2A) SoGA die automatische Zurechnung von Drittwerbung zuläßt. Der Wortlaut stand dem nicht entgegen, weil s. 14(2A) allgemein auf die Warenbeschreibung abstellt, ohne zu spezifizieren, von wem sie stammt. Demnach schien es möglich, nicht nur Angaben des Verkäufers, sondern auch Dritter bei der Bestimmung des geschuldeten Qualitätsstandards zu berücksichtigen.[400]
Aus systematischen Gründen verbot sich allerdings eine Auslegung in diesem Sinne, weil sie den allgemeinen Regeln des common law zuwiderläuft. Nach dem Prinzip der privity of contract können Rechte nur für und gegen Personen begründet werden, die Vertragspartner sind.[401] Seit Inkrafttreten des Contracts (Rights of Third Parties) Act 1999 gilt dieser Grundsatz nicht mehr uneingeschränkt, weil nun auch das englische Recht den Vertrag zugunsten Dritter kennt[402]. Regelungen zu Lasten eines Dritten sind jedoch weiterhin unzulässig.[403]
Wenn dem Verkäufer automatisch Herstellererklärungen zugerechnet werden, liegt zwar kein Vertrag zu Lasten eines Dritten vor. Im Ergebnis wird aber dieselbe Rechtslage hergestellt, als ob Hersteller und Käufer eine unzulässige Vereinbarung getroffen hätten. Deshalb ist davon auszugehen, daß nach dem bislang geltenden Recht die automatische Zurechnung von Drittwerbung unmöglich war.[404]

2. Sale and Supply of Goods Regulations

Durch die Sale and Supply of Goods Regulations hat sich die Rechtslage in diesem Punkt geändert. Der gemeinsame Ausgangspunkt von Richtlinie und SoGA, die vernünftigen Käufererwartungen, konnte beibehalten werden. Aber die Liste zu berücksichtigender Gesichtspunkte mußte erweitert werden, um den Anforderungen der Richtlinie zu genügen.
Deshalb wurde s. 14(2D) SoGA eingefügt, die fast wortgleich mit Art. 2 Abs. 2 lit. d RL ist. Danach gehören öffentliche Äußerungen des Verkäufers oder Her-

---

[399] Oben S. 61.

[400] Zweifelnd Hogg, (2001) *ERPL* 337, 345; Watterson, (2001) *ERPL* 197, 208; Willett/Morgan-Taylor/Naidoo, [2004] *JBL* 94, 98.

[401] Treitel, *Law of Contract*, at p. 538; MacQueen/Thomson, *Contract Law in Scotland*, para. 2.65.

[402] Zur Rechtslage vor 1999 und den Änderungen, Zweigert/Kötz, Rechtsvergleichung, S. 463 ff.; Treitel, *Law of Contract*, at pp. 538-539 mwN.; in Schottland gibt es den Vertrag zugunsten Dritter schon seit *Carmichael* v *Carmichael's Executrix* 1920 SC (HL) 195; dazu 15 *Stair Memorial Encycl.*, paras 829 *et seq.*

[403] S.1(1) Contracts (Rights of Third Parties) Act 1999 (*arg. e contr.*); vgl. MacQueen/Thomson, *Contract Law in Scotland*, para. 2.72; Bradgate/Twigg-Flesner, (2002) *Journal of Consumer Policy* 345, 347.

[404] Im Ergebnis Hogg, (2001) *ERPL* 337, 345; Singleton, (2002) 25(4) *ConsL Today* 9, 10.

stellers beim Verbraucherkauf stets zu den relevanten Aspekten im Sinne der s. 14(2A), es sei denn, der Verkäufer kann sich gemäß s. 14(2E) SoGA exkulpieren. Damit ist der Gesetzgeber der Frage, wie weit der Begriff der Warenbeschreibung in s. 14(2A) auszulegen ist, aus dem Weg gegangen. Unter dem Gesichtspunkt der Richtlinienkonformität ist aber nichts an s. 14(2D) SoGA auszusetzen. Die Vorschrift stellt die Rechtslage in bezug auf Verkäufererklärungen klar und ermöglicht die Zurechnung von Herstellerangaben.
Insgesamt betrachtet geht der SoGA sogar über die Anforderungen der Richtlinie hinaus, weil Art. 2 Abs. 2 lit. d RL im Unterschied zu s. 14(2) keine Voraussetzung für die Vertragsmäßigkeit aufstellt. Die Lösung des britischen Rechts wird den Zwecken der Kommission[405] besser gerecht als die Richtlinie selbst. Denn s. 14(2D) SoGA bejaht unzweideutig die Frage, ob Werbung gewährleistungsbegründend wirkt.
Im Vergleich zum neuen deutschen Recht reichen die Änderungen zwar weniger weit, da subss. 14(2D), (2E) Sonderregelungen für den Verbraucherkauf sind. Die Sale and Supply of Goods Regulations deuten aber immerhin an, daß Werbeaussagen grundsätzlich größere Bedeutung als bisher zukommen soll. Die neue s. 14(2F) SoGA weist darauf hin, daß öffentliche Erklärungen auch außerhalb des Anwendungsbereichs der s. 14(2D), (2E) berücksichtigt werden können.

G. Zwischenergebnis

Bei der Umsetzung des Art. 2 Abs. 2 RL haben sowohl der britische als auch der deutsche Gesetzgeber von der Mindestschutzklausel Gebrauch gemacht und die Kriterien als echte Voraussetzungen der Vertragsmäßigkeit ausgestaltet. Auf diese Weise konnte eine Übernahme der fragwürdigen Vermutungskonstruktion aus der Richtlinie vermieden werden.
Allerdings wurden die Tatbestände gemäß Art. 2 Abs. 2 lit. a RL in beiden Gesetzbüchern nur unvollständig umgesetzt. Darin liegt zwar kein Umsetzungsmangel, weil die Abweichungen nicht zu Lasten der Verbraucher gehen. Wie sich aus den Erwägungsgründen 8 S. 3 und 6 ergibt, hätte es aber eher der Zielsetzung der Richtlinie entsprochen, die Kriterien des Art. 2 Abs. 2 RL komplett ins nationale Recht zu übernehmen.
Andererseits sehen SoGA und BGB bezüglich der Eignung für einen bestimmten Verwendungszweck Regelungen vor, die über die Vorgaben der Richtlinie hinausgehen. Im übrigen wurde Art. 2 Abs. 2 lit. d RL als dasjenige Kriterium, welches die meiste rechtspolitische Kritik und den größten Änderungsbedarf ausgelöst hat, korrekt umgesetzt. Dabei wirkt die Lösung des SoGA besser gelungen als die schwerfällige Formulierung in § 434 Abs. 1 S. 2, 3 BGB. Wegen des gemeinsamen Ausgangspunktes konnte das Kriterium aber auch einfacher in s. 14 SoGA eingefügt werden.

---

[405] Dazu oben S. 55.

§ 3 Haftungsausschluß bei Mängelkenntnis

A. Richtlinie

Gemäß Art. 2 Abs. 3 RL ist die Lieferung nicht vertragswidrig, wenn der Verbraucher bei Vertragsschluß den Mangel kannte bzw. sich vernünftigerweise nicht darüber in Unkenntnis befinden konnte.

I. Kenntnis

Nach Ansicht der Kommission ergibt sich im Grunde schon aus Art. 2 Abs. 1 RL, daß bei Mängelkenntnis keine Vertragswidrigkeit vorliegt. Wenn der Verbraucher wisse, daß die Kaufsache mangelhaft sei, werde sie „so wie sie ist" verkauft und entspreche damit der Beschaffenheitsvereinbarung.[406]

Diese Aussage ist nicht ganz richtig. Art. 2 Abs. 3 RL setzt nur voraus, daß der Verbraucher den Mangel kennt. Daher entfällt die Gewährleistung sogar dann, wenn die Mängelfreiheit Vertragsinhalt geworden ist, weil der unwissende Verkäufer sie zugesagt hat. Also hat die Vorschrift im Verhältnis zu Art. 2 Abs. 1 RL nicht nur eine klarstellende Funktion.

II. Unkenntnis

Eine Besonderheit stellt der Passus in bezug auf Mängel dar, über die der Verbraucher „vernünftigerweise nicht in Unkenntnis [...] sein konnte". Vor dem Hintergrund des § 460 S. 2 BGB a.F., wonach die Gewährleistung bei grob fahrlässiger Unkenntnis entfällt, wurde in Deutschland diskutiert, welchen Verschuldensgrad Art. 2 Abs. 3 RL voraussetze. Dabei haben einige die Vorschrift als unsachgemäß kritisiert, da sie die Haftung schon bei einfacher Fahrlässigkeit ausschließe.[407] Überwiegend wird die Wendung „nicht in Unkenntnis sein konnte" als Hinweis auf grobe Fahrlässigkeit verstanden.[408] Beide Ansichten sind jedoch un-

---

[406] Vorschlag für eine Richtlinie des Europäischen Parlaments und des Rates über den Verbrauchsgüterkauf und -garantien, KOM (1995) 520 endg., S. 13.

[407] Ehmann/Rust, JZ 1999, 853, 857; zust. Kainer, AnwBl 2001, 380, 384; s.a. Martinek, in: Grundmann (Hrsg.), Systembildung und Systemlücken, S. 511, 538-539; Westermann, in: Grundmann/Medicus/Rolland (Hrsg.), Europäisches Kaufgewährleistungsrecht, S. 251, 261; Honsell, JZ 2001, 278, 279; Tonner, VuR 2001, 87, 92, Fn. 34; aA ders., BB 1999, 1769, 1771 (grobe Fahrlässigkeit); Tonner/Crellwitz/Echtermeyer, in: Micklitz/Pfeiffer (Hrsg.), Verbraucherschutz, S. 293, 334 (etwas anderes).

[408] Rieger, VuR 1999, 287, 290; Faber, JBl. 1999, 413, 425; Huber, in: Gottwald/Jayme/Schwab (Hrsg.), FS Henrich, S. 297, 303-304; Schlechtriem, in: Ernst/Zimmermann (Hrsg.), Zivilrechtswissenschaft und Schuldrechtsreform, S. 205, 217; Roloff, NotBZ 2001 Beilage Schuldrechtsreform, 30, 39, Fn. 36; Höffe, Schadensersatz beim Kauf, S. 45; AnwKom-BGB/Büdenbender, § 442, Rn. 2, Fn. 1; Zerres, VuR 2002, 3, 11; Weiler, WM 2002, 1784, 1791; Grundmann/Bianca/Grundmann, Einl., Rn. 32, Art. 2, Rn. 51-52; wohl auch Matthiesen/Lindner, NJ 1999, 617, 618; Krebs, DB Beilage 14/2000, 18; Reich, NJW 1999, 2397, 2402, Fn. 54; Flessner, in: Grundmann/Medicus/Rolland (Hrsg.), Europäisches Kaufgewährleistungsrecht, S. 233, 245; Vorwerk, BauR Sonderheft 1a/2002, 165, 178.

zutreffend, weil es sich um ein Kriterium *sui generis* handelt, das nicht ohne weiteres in die deutsche Terminologie übersetzt werden kann.[409]

1. Offensichtliche Mängel

Wie bereits erwähnt, verwendet die Richtlinie in Art. 2 Abs. 3 ebenso wie Art. 2 Abs. 4 eine Formulierung, die aus dem UN-Kaufrecht stammt.[410] Im Schrifttum wird das Merkmal „could not be unaware" zwar nicht ganz einheitlich interpretiert. Was darunter zu verstehen ist, ergibt sich aber eindeutig aus Wortlaut und systematischem Zusammenhang.

Das Wiener Übereinkommen differenziert sprachlich zwischen positiver Kenntnis (knows/is aware), Tatsachen, die bei Erfüllung einer Obliegenheit erkannt worden wären (ought to have [been] discovered/known), und solchen, über die man nicht in Unkenntnis sein konnte (could not be unaware).[411] Demgemäß stellt Art. 39 Abs. 1 CISG auf Vertragswidrigkeiten ab, die der Käufer hätte feststellen müssen (ought to have discovered), denn Art. 38 Abs. 1 zufolge obliegt es dem Käufer, die Ware nach der Ablieferung zu untersuchen. Im Unterschied dazu schließt Art. 35 Abs. 3 CISG die Gewährleistung aus, wenn der Käufer sich nicht in Unkenntnis über die Vertragswidrigkeit befinden konnte (could not be unaware). Daraus folgt im Gegenschluß, daß er die Sache nicht schon vor Vertragsschluß untersuchen muß, um seine Rechte zu wahren. Außerdem wird deutlich, daß dem Käufer nur die Unkenntnis solcher Mängel schadet, die auch ohne Untersuchung auffallen müßten, also offenkundig sind.[412]

Art. 2 Abs. 3 RL wiederum ist Art. 35 Abs. 3 CISG nachgebildet, so daß es naheliegt, die Richtlinienvorschrift genauso eng auszulegen.[413] Für eine restriktive Interpretation sprechen außerdem die Änderungen am Wortlaut, die im Laufe des Normsetzungsverfahrens vorgenommen wurden.

Während Art. 2 Abs. 3 RL in seiner ursprünglichen Fassung fast textidentisch mit Art. 35 Abs. 3 CISG war, wurde der Passus über unerkannte Vertragswidrigkeiten auf Wunsch des Parlaments zwischenzeitlich gestrichen[414]. Der Rat bestand zwar auf der Wiedereinfügung, setzte aber im gemeinsamen Standpunkt den Begriff vernünftigerweise hinzu. Damit wollte er dem Parlament entgegenkommen[415] und den Anwendungsbereich des Art. 2 Abs. 3 RL so weit einschränken,

---

[409] Ähnlich Micklitz, EuZW 1999, 485, 489; zust. Tonner/Crellwitz/Echtermeyer, in: Micklitz/Pfeiffer (Hrsg.), Verbraucherschutz, S. 293, 335; anders die Begründung des Regierungsentwurfs, BT Drs. 14/6040, 236; zust. Schmidt-Räntsch, Schuldrecht, Rn. 897.

[410] Dazu oben S. 59.

[411] Vgl. Artt. 43 Abs. 2; 49 Abs. 2; 64 Abs. 2 lit. a bzw. 38 Abs. 3; 39 Abs. 1; 79 Abs. 4 bzw. 35 Abs. 3; 40; 42 Abs. 1 CISG etc.; dazu Honnold, *Uniform Law*, para. 225

[412] Ähnlich Honnold, *Uniform Law*, para. 229.

[413] Ebenso Faber, JBl. 1999, 413, 424.

[414] Legislative Entschließung, ABl. Nr. C 104/30 vom 6.4.1998, Änderung 21; übernommen in den geänderten Vorschlag, ABl. Nr. C 148/12 vom 14. Mai 1998.

[415] Vgl. gemeinsamer Standpunkt, ABl. Nr. C 333/46 vom 30.10.1998, S. 53; dazu Staudenmayer, NJW 1999, 2393, 2395; ders., in: Grundmann/Medicus/Rolland (Hrsg.), Europäisches Kaufgewährleistungsrecht, S. 36.

daß im Ergebnis kaum ein Unterschied zwischen den Varianten Kenntnis bzw. „nicht in Unkenntnis sein können" besteht[416]. Gemeint sind also Fälle, in denen der Nachweis der Mängelkenntnis vielleicht nicht gelingt,[417] der Verbraucher aber gar nicht anders konnte, als die Vertragswidrigkeit wahrzunehmen[418].

2. Untersuchungsobliegenheit

In den meisten Fällen dürfte Art. 2 Abs. 3 RL zu denselben Ergebnissen führen wie § 460 S. 2 BGB a.F.[419] Denn ein Verbraucher, der seine Augen vor offensichtlichen Mängeln verschließt, verletzt die Verkehrssorgfaltspflicht in ungewöhnlich großem Maße, handelt also grob fahrlässig[420].
Ein nicht zu vernachlässigender Unterschied ergibt sich allerdings daraus, daß § 460 BGB a.F. zwar keine allgemeine Untersuchungsobliegenheit begründete,[421] es aber im Einzelfall als Sorgfaltspflichtverstoß gewertet wird, wenn der Käufer vor Vertragsabschluß keine Untersuchung vorgenommen hat[422]. Beispielsweise handelt nach Ansicht der Rechtsprechung grob fahrlässig, wer einen gebrauchten PKW ohne vorherige Prüfung kauft.[423]
Die Rechtslage nach der Richtlinie ist anders, weil Art. 2 Abs. 3 nicht nach der im Verkehr erforderlichen Sorgfalt fragt, sondern danach, ob die Vertragswidrigkeit offenkundig war. Da es dem Verbraucher nur schadet, Mängel zu ignorieren, die sich geradezu aufdrängen, ist ihm kein Vorwurf zu machen, wenn er die Untersuchung der Kaufsache unterläßt.[424] Hieran zeigt sich, daß die Unkenntnis im Sinne des Art. 2 Abs. 3 RL und die grob fahrlässige Unkenntnis nach deutschem Recht zwei verschiedene Paar Schuhe sind.[425]

---

416 So die Mitteilung an das Europäische Parlament, SEK (1998) 1553 endg., S. 5-6.
417 Vgl. Kruisinga, (2000) *ERPL* 177, 182; AnwKom-BGB/Büdenbender, § 442, Rn. 8.
418 Ähnlich Jud, ÖJZ 1997, 441, 446; Reich, NJW 1999, 2397, 2402; Staudenmayer, NJW 1999, 2393, 2394-2395; ders., in: Grundmann/Medicus/Rolland (Hrsg.), Europäisches Kaufgewährleistungsrecht, S. 36; zust. Schwartze, ZEuP 2000, 544, 562; Jorden, Verbrauchergarantien, S. 207; Zerres, JA 2002, 166, 170; Schulz, Nachbesserungsanspruch, S. 425; s.a. Vorschlag für eine Richtlinie des Europäischen Parlaments und des Rates über den Verbrauchsgüterkauf und –garantien, KOM (1995) 520 endg., S. 13.
419 Ebenso Staudenmayer, in: Grundmann/Medicus/Rolland (Hrsg.), Europäisches Kaufgewährleistungsrecht, S. 27, 36, Fn. 30.
420 Zur Definition der groben Fahrlässigkeit RGZ 131, 343, 355.
421 Allg. Meinung, vgl. Soergel/Huber, § 460, Rn. 7, 19 mwN.
422 Vgl. RG, SoergRsp 1914, § 460, Nr. 2; RGZ 131, 343, 353 ff.
423 OLG Köln, NJW 1973, 903, 904; LG Karlsruhe, VersR 1981, 844.
424 Vgl. Vorschlag für eine Richtlinie des Europäischen Parlaments und des Rates über den Verbrauchsgüterkauf und –garantien, KOM (1995) 520 endg., S. 13; aA Williams/Hamilton, [2000] *ICCLR* 318, 326; zweifelnd Twigg-Flesner/Bradgate, [2000] *Web JCLI*, 4; Oughton/Willett, (2002) *Journal of Consumer Policy* 299, 313.
425 AA Ernst/Gsell, ZIP 2000, 1410, 1416; Schlechtriem, in: Ernst/Zimmermann (Hrsg.), Zivilrechtswissenschaft und Schuldrechtsreform, S. 205, 217; Jorden, Verbrauchergarantien, S. 216; Grundmann, AcP 202 (2002), 40, 48.

B. Deutschland

I. Kenntnis

Der Gesetzgeber hat sich allerdings die Gegenansicht zu eigen gemacht[426] und den bisherigen § 460 ohne inhaltliche Änderung in § 442 Abs. 1 BGB überführt. Diese Regelung stimmt mit Art. 2 Abs. 3 RL in bezug auf den Haftungsausschluß bei positiver Kenntnis überein.

II. Grob fahrlässige Unkenntnis

Außerdem ist § 442 Abs. 1 BGB insofern günstiger für den Verbraucher, als der Ausschluß zweifach eingeschränkt wird.[427] Der Käufer kann auch bei grob fahrlässiger Unkenntnis Gewährleistungsansprüche geltend machen, wenn der Verkäufer den Mangel arglistig verschwiegen oder eine Garantie übernommen hat.
Trotzdem ist das Festhalten an der bisherigen Regelung problematisch, weil die grob fahrlässige Unkenntnis nach herkömmlichem Verständnis weiter reicht als Art. 2 Abs. 3 RL. In Betracht käme eine richtlinienkonforme Auslegung in dem Sinne, daß dem Käufer nur grobe Fahrlässigkeit vorzuwerfen ist, wenn er die Augen vor einem offensichtlichen Mangel verschließt.[428] Der Wortlaut des § 422 BGB läßt diese Interpretation zu, und aus systematischen Gründen wäre auch nichts dagegen einzuwenden. Die grobe Fahrlässigkeit könnte weiterhin einheitlich als Außerachtlassung der verkehrserforderlichen Sorgfalt in besonders schwerem Maße[429] definiert werden.
Bedenken ergeben sich jedoch aus der Entstehungsgeschichte der Vorschrift, weil der Gesetzgeber an § 460 BGB a.F. und damit auch seiner Konkretisierung durch die Rechtsprechung festhalten wollte. Diese Entscheidung beruht allerdings auf einem Irrtum, nämlich einem fehlerhaften Verständnis des Art. 2 Abs. 3 RL. Da § 442 BGB der Umsetzung dieses Artikels dient,[430] entspräche die richtlinienkonforme Auslegung durchaus dem Willen des Gesetzgebers.
Aufgrund der überwiegenden Literaturmeinung zu Art. 2 Abs. 3 RL[431] ist aber kaum davon auszugehen, daß sich dieser Standpunkt durchsetzt. Daher wäre es zu begrüßen, wenn der Gesetzgeber nachbessert und beispielsweise eine Sonderregelung für den Verbrauchsgüterkauf schafft, die klar zum Ausdruck bringt, daß sich die Rechtslage geändert hat. Im Interesse einer transparenten und genauen

---

[426] Vgl. die Begründung des Regierungsentwurfs, BT Drs. 14/6040, 236; aA wohl Häublein, NJW 2003, 388, 393.
[427] Ebenso Tonner/Crellwitz/Echtermeyer, in: Micklitz/Pfeiffer (Hrsg.), Verbraucherschutz, S. 293, 336; Gaul, ZHR 166 (2002), 35, 63.
[428] Ähnlich Haas, in: Haas/Medicus u.a. (Hrsg.), Das neue Schuldrecht, S. 173, Rn. 279; Häublein, NJW 2003, 388, 393.
[429] Vgl. BGHZ 10, 14, 16; BGHZ 89, 153, 161.
[430] Begründung des Regierungsentwurfs, BT Drs. 14/6040, 236.
[431] Dazu oben S. 65.

Richtlinienumsetzung sollte dabei auf den Wortlaut des Art. 2 Abs. 3 RL zurückgegriffen werden.[432]

C. Großbritannien

I. Sale of Goods Act 1979

Im SoGA gibt es keine allgemeine Vorschrift zum Gewährleistungsausschluß. Allerdings wird der Tatbestand einiger implied terms durch Regelungen eingeschränkt, die mit Art. 2 Abs. 3 RL vergleichbar sind.

1. Zufriedenstellende Qualität

a) Kenntnis

Gemäß s. 14(2C)(a) SoGA bleiben bei der Beurteilung der Warenqualität diejenigen Umstände außer Betracht, auf die der Käufer vor dem Vertragsabschluß aufmerksam gemacht worden ist. Da es nicht darauf ankommt, von wem der Hinweis stammt,[433] erfaßt diese Vorschrift die meisten Fälle, in denen der Käufer Mängelkenntnis hat.

Wenn er den Mangel selbständig entdeckt, findet s. 14(2C)(a) keine Anwendung. In Betracht kommt dann ein Haftungsausschluß nach s. 14(2C)(b) SoGA.[434] Dieser Unterabsatz setzt voraus, daß der Käufer eine Untersuchung vorgenommen hat, die zur Entdeckung des Mangels hätte führen müssen. Wenn dem Käufer aber sogar Unkenntnis schaden kann, muß dies erst recht für Mängel gelten, die er erkannt hat. Also entfällt bei Mängelkenntnis gemäß s. 14(2C)(a) bzw. (b) die Haftung wegen eines Verstoßes gegen s. 14(2) SoGA.[435]

b) Unkenntnis

Der SoGA enthält kein Gegenstück zu Art. 2 Abs. 3 2. Var. RL. Denn s. 14(2C)(b) erfaßt nicht nur offenkundige Mängel, sondern jeden, der hätte erkannt werden müssen. Andererseits ist der Anwendungsbereich dieser Vorschrift sehr begrenzt, weil sie voraussetzt, daß tatsächlich eine Untersuchung stattgefunden hat[436]. Insgesamt betrachtet handelt es sich daher um die für den Verbraucher günstigere Regelung.[437]

---

[432] Ähnlich Micklitz, EuZW 1999, 485, 492; zust. Schwartze, ZEuP 2000, 544, 562; Tonner/Crellwitz/Echtermeyer, in: Micklitz/Pfeiffer (Hrsg.), Verbraucherschutz, S. 293, 335 (die allerdings die richtlinienkonforme Auslegung nicht thematisieren).

[433] Dazu *Benjamin's Sale of Goods*, para. 11-053; Goode, *Commercial Law*, at p. 318.

[434] Goode, *Commercial Law*, at p. 318.

[435] Ähnlich Singleton, (1999) 18 *TrLaw* 126, 132.

[436] *Benjamin's Sale of Goods*, para. 11-054.

[437] Ähnlich Williams/Hamilton, [2000] *ICCLR* 318, 326.

2. *Kauf nach Beschreibung und Zweckeignung*

Der Tatbestand der ss. 13(1) und s. 14(3)(a) SoGA wird nicht durch die Mängelkenntnis eingeschränkt. Stattdessen setzen beide Vorschriften voraus, daß der Käufer auf die Angaben des Verkäufers und dessen Sachkunde vertraut hat.[438] Das führt insoweit zu denselben Ergebnissen wie Art. 2 Abs. 3 RL, als bei einem Verbraucher mit Mängelkenntnis nicht davon auszugehen ist, daß er die Sache im Vertrauen auf die Erklärungen des Verkäufers kauft.[439]

Wie die Entscheidung *Harlingdon & Leinster Enterprises* zeigt, ist es allerdings vorstellbar, daß der Mangel weder offenkundig noch bekannt ist, aber aufgrund fehlenden Vertrauens keine Haftung in Betracht kommt.[440] Darüber hinaus ist sie gemäß s. 14(3) SoGA wegen fehlender Zweckeignung ausgeschlossen, wenn es unvernünftig war, auf die Angaben des Verkäufers zu vertrauen, etwa weil er darauf hingewiesen hat, daß er keine sachkundige Auskunft geben könne[441]. In einem solchen Fall wären die Voraussetzungen des Art. 2 Abs. 3 2. Var. RL nicht erfüllt. Denn wegen des Hinweises muß es sich dem Käufer nicht aufdrängen, daß die Sache für seine Zwecke ungeeignet ist. Also bietet die Richtlinie einem Verbraucher, dem der Mangel verborgen geblieben ist, ein höheres Schutzniveau als ss. 13(1), 14(3) SoGA.

II. Sale and Supply of Goods Regulations

Durch die Sale and Supply of Goods Regulations hat sich an den dargestellten Regelungen nichts geändert. Im Vergleich mit der Richtlinie wirkt sich dies überwiegend zugunsten des Verbrauchers aus, weil selbst bei offenkundigen Mängeln ein Verstoß gegen s. 48F SoGA anzunehmen ist.

Allerdings könnte man Zweifel an der Richtlinienkonformität der Einschränkungen gemäß ss. 13(1), 14(3) SoGA haben. Im Vergleich zum bisherigen Recht kommt dem Vertrauenserfordernis zwar eine geringere Bedeutung zu. Denn solange z.B. die Beschreibung als Gemälde von Gabriele Münter Teil der ausdrücklichen Vereinbarung geworden ist, erübrigt sich die Frage, ob ein Kauf nach Beschreibung vorliegt. Die Übergabe einer Fälschung stellt zumindest einen breach of an express term gemäß s. 48F SoGA dar.

Das Vertrauen auf die Sachkunde wird aber wieder relevant, wenn auf die implied terms abgestellt werden muß, weil sich die Parteien bloß konkludent geeinigt haben[442]. Wenn der Verbraucher beispielsweise erwähnt, daß er Schuhe zum Bergsteigen brauche und anschließend das gezeigte Paar kauft, kann sich der Verkäufer gemäß ss. 48F, 14(3) SoGA der Haftung entziehen, indem er nachweist, daß es unvernünftig war, auf seine Sachkunde zu vertrauen.

---

[438] Dazu oben S. 37 bzw. 47.

[439] Ähnlich Bradgate, [1997] *Web JCLI*, text after n. 9; Twigg-Flesner/Bradgate, [2000] *Web JCLI*, 4.

[440] Dazu oben S. 47.

[441] Atiyah, *Sale of Goods*, at p. 193; Goode, *Commercial Law*, at p. 341.

[442] Dazu oben S. 13.

Also führt s. 48F in Verbindung mit den Einschränkungen zu anderen Ergebnissen als Art. 2 Abs. 3 RL. In bezug auf die ss. 13(1), 14(3) SoGA rechtfertigt das aber nicht das Verdikt der Richtlinienwidrigkeit. Denn die Abweichung von Art. 2 Abs. 3 RL resultiert nicht unmittelbar aus dem Fortbestand der Einschränkungen, sondern der unvollständigen Umsetzung des Art. 2 Abs. 1 RL in s. 48F SoGA[443]. Mit anderen Worten liegt der Umsetzungsmangel nicht bei den ss. 13(1), 14(3) SoGA, sondern der Definition der Vertragswidrigkeit. Während s. 48F SoGA wie vorgeschlagen[444] geändert werden sollte, können die Einschränkungen der implied terms somit beibehalten werden.

§ 4 Maßgeblicher Zeitpunkt

A. Richtlinie

Nach Art. 3 Abs. 1 RL haftet der Verkäufer für jede Vertragswidrigkeit, die bei Lieferung der Kaufsache besteht. Also ist die Vertragsmäßigkeit im Zeitpunkt der Lieferung zu beurteilen. In diesem Punkt unterscheidet sich Art. 3 Abs. 1 RL von seinem Vorbild im UN-Kaufrecht, da Art. 36 Abs. 1 CISG auf den Gefahrübergang abstellt.

I. Erster Vorschlag

Fraglich ist, was Art. 3 Abs. 1 RL unter dem Begriff Lieferung versteht. Eine Legaldefinition findet sich weder in den Richtlinienvorschriften noch den Erwägungsgründen. Allerdings weist der Kommissions-Kommentar zum ersten Richtlinienvorschlag darauf hin, daß derjenige Zeitpunkt maßgeblich sein solle, in dem der Verbraucher die Sache annimmt[445]. Demnach war die Lieferung im ersten Vorschlag gleichbedeutend mit der Übergabe gemäß § 446 BGB,[446] also der Verschaffung unmittelbaren Besitzes.[447] In diesem Sinne verstand auch das Europäische Parlament die Vorschrift und regte an, den Begriff „tatsächlich" einzufügen[448].

---

[443] Dazu oben S. 13.

[444] Oben S. 14.

[445] Vorschlag für eine Richtlinie des Europäischen Parlaments und des Rates über den Verbrauchsgüterkauf und –garantien, KOM (1995) 520 endg., S. 13.

[446] Im ersten Richtlinienvorschlag wurde sogar der Begriff Übergabe verwendet, was aber zufällig sein dürfte, vgl. die unveränderte englische Fassung; aA wohl Schwartze, ZEuP 2000, 544, 559, Fn. 95.

[447] Ähnlich Wilhelm, ecolex 1996, 825, 825-826; Jud, ÖJZ 1997, 441, 444, Fn. 31; Steiner, in: Schermaier (Hrsg.), Reform des Gewährleistungsrechts, S. 243, 262; Welser/Jud, Reform des Gewährleistungsrechts, S. 73; Bradgate, [1997] *Web JCLI*, text before n. 10.

[448] Legislative Entschließung, ABl. Nr. C 104/30 vom 6.4.1998, Änderung 24.

II. Weitere Entwicklung

Diese Änderung wurde jedoch von der Kommission abgelehnt. Hintergrund war die Überlegung, daß die Mitgliedstaaten nicht verpflichtet werden sollten, ihre Regelungen zum Gefahrübergang zu ändern[449]. Um das Problem anhand eines Beispiels zu verdeutlichen: Wenn Art. 3 Abs. 1 RL verlangte, daß die Sache bei Übergabe an den Verbraucher vertragsgemäß ist, wäre der deutsche Gesetzgeber faktisch gezwungen gewesen, die Vorschrift zum Versendungskauf zu ändern. Denn es ist schwer vorstellbar, wie das Risiko der zufälligen Verschlechterung gemäß § 447 BGB auf den Verbraucher übergehen soll, er den Verkäufer aber dennoch wegen eines Transportschadens in Anspruch nehmen kann.

Also mußte eine Regelung gefunden werden, die den Mitgliedstaaten einen gewissen Spielraum läßt.[450] Die naheliegende Lösung hätte darin bestanden, Art. 3 Abs. 1 RL an Art. 36 Abs. 1 CISG anzugleichen, was jedoch aus zweifelhaften praktischen Erwägungen[451] unterblieb. Stattdessen kamen Rat und Kommission überein, an der ursprünglichen Formulierung festzuhalten, aber Erwägungsgrund 14 einzufügen[452]. Danach müssen die Mitgliedstaaten ihre Vorschriften über den Gefahrübergang nicht ändern.

III. Annähernde Bestimmung

Diese Notlösung bringt den Nachteil mit sich, daß der Haftungszeitpunkt gemäß Art. 3 Abs. 1 RL nur noch annähernd bestimmt werden kann.[453] Dabei läßt sich zunächst feststellen, daß er nicht mit dem Gefahrübergang zusammenfallen muß.[454] Denn in diesem Punkt weicht die Richtlinie von Art. 36 Abs. 1 CISG ab. Angesichts der Entwicklung während des Normsetzungsverfahrens steht außerdem fest, daß der Begriff weit ausgelegt werden darf. Er ist nicht identisch mit der tatsächlichen Übergabe an den Verbraucher.[455] Wie weit sie bei der Interpre-

---

[449] Geänderter Vorschlag für eine Richtlinie des Europäischen Parlaments und des Rates über den Verbrauchsgüterkauf und –garantien, KOM (1998) 217 endg., S. 4; Mitteilung an das Europäische Parlament, SEK (1998) 1553 endg., S. 8 (zu Art. 5 Abs. 1 RL).

[450] Geänderter Vorschlag für eine Richtlinie des Europäischen Parlaments und des Rates über den Verbrauchsgüterkauf und –garantien, KOM (1998) 217 endg., S. 4; dazu Staudenmayer, NJW 1999, 2393, 2395.

[451] Dazu Staudenmayer, in: Grundmann/Medicus/Rolland (Hrsg.), Europäisches Kaufgewährleistungsrecht, S. 27, 34; ders., (2000) *ERPL* 547, 553-4.

[452] Vgl. gemeinsamer Standpunkt, ABl. Nr. C 333/46 vom 30.10.1998, Erwägungsgrund 12; dazu Mitteilung an das Europäische Parlament, SEK (1998) 1553 endg., S. 8; davor war umstritten, ob Art. 3 Abs. 1 RL eine Regelung des Gefahrübergangs bezweckt, dazu Staudenmayer, NJW 1999, 2393, 2395; Reynolds, Written Evidence, at p.198, zitiert nach: House of Lords, *Consumer Guarantees*, para. 140; Beale/Howells, (1997) 12 *Journal of Contract Law* 21, 31; Bradgate, [1997] *Web JCLI*, text before n. 10; Thomas, (1998) Jul. *L.Ex.* 22, 22.

[453] Zweifelnd Taylor/Naidoo, [2002] 3 *Web JCLI*, 4.

[454] AA Nietzer/Stein, ZVglRWiss 99 (2000), 41, 44.

[455] Ebenso Prieß, Begriff des Sachmangels, S. 150; aA Ehmann/Rust, JZ 1999, 853, 857; Schwartze, ZEuP 2000, 544, 555; Kainer, AnwBl 2001, 380, 384; Twigg-Flesner/Bradgate,

tation gehen, bleibt den Mitgliedstaaten überlassen.[456] Damit beschränkt sich die Funktion des Merkmals Lieferung darauf zu verdeutlichen, daß es nicht genügt, wenn die Sache im Zeitpunkt des Vertragsschlusses der Vereinbarung entspricht[457].

B. Deutschland

I. Übergabe an den Käufer

Im Unterschied zur Richtlinie stellt das deutsche Recht (§ 434 BGB) unverändert (§ 459 BGB a.F.) auf den Zeitpunkt des Gefahrübergangs ab. Diese Lösung scheint nicht nur sinnvoll, sie läßt sich auch mit den eher vagen Richtlinienvorgaben vereinbaren. Denn gemäß § 446 BGB geht das Risiko der zufälligen Verschlechterung nicht schon bei Vertragsabschluß, sondern erst bei Übergabe an den Käufer bzw. Annahmeverzug über.

II. Versendungskauf

Beim Versendungskauf geht die Gefahr gemäß § 447 BGB mit Übergabe an die Transportperson über. Nach richtiger Ansicht hätte der Anwendungsbereich dieser Vorschrift nicht eingeschränkt werden müssen, da Art. 3 Abs. 1 RL keine Änderung der Gefahrtragungsregeln verlangt. Durch das Schuldrechtsmodernisierungsgesetz hat sich diese im Vorfeld sehr umstrittene Frage[458] jedoch erledigt. § 474 Abs. 2 BGB zufolge ist § 447 beim Verbrauchsgüterkauf nicht anzuwenden.[459]

[2000] *Web JCLI*, 4.(a); dies., *Consumer Sales and Associated Guarantees*, at p. 60; Taylor/Naidoo, [2002] 3 *Web JCLI*, 4.

[456] Ähnlich Twigg-Flesner, [2001] *Canterbury Law Review* 113, 117.

[457] Dazu Vorschlag für eine Richtlinie des Europäischen Parlaments und des Rates über den Verbrauchsgüterkauf und –garantien, KOM (1995) 520 endg., S. 13.

[458] Vgl. einerseits Rieger, VuR 1999, 287, 289; Staudenmayer, NJW 1999, 2393, 2395; Ernst/Gsell, ZIP 2000, 1410, 1415; Roloff, NotBZ 2001 Beilage Schuldrechtsreform, 30, 39-40; Huber, in: Huber/Faust, Schuldrechtsmodernisierung, Rn. 12/15, 17; Grundmann/Bianca/Grundmann, Einl., Rn. 135; andererseits Huber, in: Gottwald/Jayme/Schwab (Hrsg.), FS Henrich, S. 297, 314; Westermann, in: Grundmann/Medicus/Rolland (Hrsg.), Europäisches Kaufgewährleistungsrecht, S. 251, 262; Kainer, AnwBl 2001, 380, 384; Zimmer/Eckhold, Jura 2002, 145, 153; Ring, BuW 2002, 646, 652; Jud, ÖJZ 1997, 441, 444 (zum österreichischen Recht).

[459] Vgl. die Begründung des Regierungsentwurfs, BT Drs. 14/6040, 243-244 (wo ausschließlich rechtspolitische Gründe genannt werden); dazu krit. Hoeren/Martinek/Hoeren, Systematischer Kommentar, Teil 1, Rn. 342.

C. Großbritannien

I. Sale of Goods Act 1979

In Großbritannien war die Rechtslage in bezug auf den maßgeblichen Haftungszeitpunkt bislang unklar.[460] Der SoGA enthielt keine Regelung, und in der Rechtsprechung waren die Aussagen zu dieser Frage uneinheitlich. Das zeigt sich beispielsweise im case-law zu s. 14(2) SoGA, dem praktisch wichtigsten implied term.[461] In einer Reihe von Urteilen wird auf den Vertragsabschluß abgestellt.[462] Es finden sich aber auch Entscheidungen, wonach die Ware im Zeitpunkt der Lieferung marktfähig sein muß.[463] Darüber hinaus wird im Schrifttum vertreten, als maßgeblicher Haftungszeitpunkt komme nur der Gefahrübergang in Betracht.[464]

II. Sale and Supply of Goods Regulations

1. Lieferung

Um dem europarechtlichen Transparenzgebot[465] Genüge zu tun, mußte der Gesetzgeber diese Unklarheit beseitigen. Im Diskussionsentwurf schlug das DTI noch vor, die Vertragsmäßigkeit im Zeitpunkt des Eigentumsübergangs zu prüfen, s. 48A(1)(b) SoGA-DR.[466] Diese Regelung hätte Sinn gemacht, da mit dem Eigentum auch das Risiko der zufälligen Verschlechterung übergeht (s. 20(1) SoGA). Mit anderen Worten wären Gefahrübergang und maßgeblicher Haftungszeitpunkt zusammengefallen. Allerdings hätte die Lösung nicht den Vorgaben der Richtlinie entsprochen, weil der Käufer gemäß s. 18 rule 1 SoGA beim Spezieskauf schon mit dem Vertragsabschluß Eigentum erwirbt.[467] Art. 3 Abs. 1 RL stellt dagegen auf einen späteren Zeitpunkt, den der Lieferung, ab.

---

[460] Ervine, 2003 *SLT* (News) 67, 68.

[461] Dazu detailliert *Benjamin's Sale of Goods*, para. 11-062 mwN; Reynolds, Written Evidence, at p. 198, zitiert nach: House of Lords, *Consumer Guarantees*, para. 140.

[462] *A B Kemp Ltd* v *Tolland* [1956] 2 Lloyd's Rep 681, at pp. 684-685 *per* Devlin, J.; *Crowther* v *Shannon Motor Co* [1975] 1 WLR 30, at p. 33 *per* Lord Denning, M.R.; *R & B Customs Brokers Ltd* v *United Dominions Trust Ltd* [1988] 1 WLR 321, at p. 326 *per* Dillon, L.J.

[463] *Lambert* v *Lewis* [1980] 1 All ER 978 (CA), at p. 1191 *per* Lord Diplock; *Bernstein* v *Pamson Motors Ltd* [1987] 2 All ER 220, at p. 226 *per* Rougier, J.; vgl. *Cordova Land Co Ltd* v *Victor Bros Inc* [1966] 1 WLR 793, at pp. 795-796 *per* Winn, J.

[464] *Benjamin's Sale of Goods*, para. 11-062 mwN; zust. Bradgate, [1997] *Web JCLI*, text before n. 10; Taylor/Naidoo, [2002] 3 *Web JCLI*, 3.; aA Thomas, (2002) Apr. *L.Ex.* 40.

[465] Dazu oben Fn. 216.

[466] Dazu krit. Taylor/Naidoo, [2002] 3 *Web JCLI*, 5.

[467] Beim Gattungskauf muß die Ware außerdem noch dem Vertrag zugeordnet werden (sog. appropriation to the contract), s. 18 rule 5(1) SoGA; dazu Hahn, Eigentumsübertragung, S. 133-141, 164-188 mwN.

In seiner endgültigen Fassung knüpft s. 48A(1)(b) SoGA daher nicht mehr an den Eigentumsübergang, sondern die Lieferung an.[468] Diese definiert s. 61(1) SoGA als freiwillige Besitzübertragung. Sie kann bewirkt werden durch die tatsächliche Übergabe der Kaufsache (actual delivery) oder die sogenannte constructive delivery[469]. Dabei erlangt der Käufer z.B. durch Überlassung eines Schlüssels die Sachherrschaft.[470]

2. Gefahrübergang

Unter dem Gesichtspunkt der Richtlinienkonformität ist die Umstellung auf den Lieferzeitpunkt zu begrüßen. Sie hat allerdings weite Kreise gezogen. Wenn es nur bei dieser Änderung geblieben wäre, hätte s. 48A(1)(b) zu dem paradoxen Ergebnis geführt, daß die Gefahr nach ss. 20(1), 18 SoGA bei Vertragsabschluß übergeht, die Ware aber noch im Zeitpunkt der Lieferung vertragsgemäß sein muß. Anders ausgedrückt, hätte s. 48A(1)(b) SoGA eine Rückabwälzung des Risikos auf den Verkäufer bewirkt.
Die einzige Möglichkeit, eine stimmige Lösung herbeizuführen, bestand darin, nicht nur den maßgeblichen Haftungszeitpunkt, sondern auch den Gefahrübergang zeitlich nach hinten zu verlegen. Deshalb trifft s. 20(4) SoGA eine Sonderregelung, wonach das Risiko erst mit der Lieferung auf den Verbraucher übergeht. In bezug auf das britische Kaufrecht ist also genau das eingetreten, was der Richtliniengeber vermeiden wollte[471]. Die Umsetzung des Art. 3 Abs. 1 RL hatte zur Folge, daß die Regelungen über die Gefahrtragung geändert werden mußten.

§ 5 Rechtsfolgen der Vertragswidrigkeit

Art. 3 Abs. 2 RL zählt die einzelnen Gewährleistungsrechte des Verbrauchers auf. Dies sind die ädilizischen Rechtsbehelfe der Wandelung[472] und Minderung, ergänzt durch einen Anspruch auf Nacherfüllung[473]. In bezug auf eventuelle Schadensersatzansprüche trifft die Richtlinie keine Aussage. Diese Materie bleibt den Mitgliedstaaten zur freien Regelung überlassen.[474]

---

[468] Anscheinend handelt es sich um eine Änderung in letzter Minute, vgl. DTI, *Sale and Supply of Goods to Consumers Regulations, Brief Introduction*, at pp. 1, 2, 4, 5, wo auf die Vertragsmäßigkeit bei Vertragsschluß eingegangen wird.

[469] Dazu krit. Twigg-Flesner/Bradgate, [2000] *Web JCLI*, 4.(a); Taylor/Naidoo, [2002] 3 *Web JCLI*, 4.

[470] Vgl. *Hilton* v *Tucker* (1888) Ch D 669, at p. 675 *et seq. per* Kekewich, J.; *Dublin City Distillery Ltd* v *Doherty* [1914] AC 823, at p. 843 *per* Lord Atkinson; *Wrightson* v *Macarthur* [1921] 2 KB 807, at pp. 815 *et seq. per* Rowlatt, J.

[471] Dazu oben S. 72.

[472] In der Richtlinienterminologie Vertragsauflösung.

[473] Herstellung des vertragsgemäßen Zustands.

[474] Vorschlag für eine Richtlinie des Europäischen Parlaments und des Rates über den Verbrauchsgüterkauf und –garantien, KOM (1995) 520 endg., S. 7; Motsch, NJ 2002, 1, 6; Deards, (1998) *Journal of Consumer Policy* 99, 106; Howells/Wilhelmsson, *EC Consumer Law*, at p. 119; aA nur Singleton, (1999) 18 *TrLaw* 126, 133.

A. Primärer Rechtsbehelf

I. Richtlinie

Der primäre Rechtsbehelf des Verbrauchers ist der Anspruch auf Nacherfüllung gemäß Art. 3 Abs. 3 RL („zunächst").

1. Nachbesserung oder Ersatzlieferung

Danach kann er verlangen, daß der Verkäufer entweder nachbessert, d.h. die Sache in den vertraglich geschuldeten Zustand bringt,[475] oder Ersatz liefert. Die Wahl zwischen den Alternativen steht nicht wie in der bisherigen deutschen AGB-Praxis[476] dem Verkäufer, sondern dem Verbraucher zu.[477] Das erscheint insofern fragwürdig, als davon auszugehen ist, daß der Verkäufer eher in der Lage sein wird zu beurteilen, welche Lösung wirtschaftlich sinnvoll ist.[478] Außerdem hat der Verbraucher kein besonderes Schutzbedürfnis. Solange er innerhalb einer angemessenen Zeit und ohne erhebliche Unannehmlichkeiten (Art. 3 Abs. 3 S. 3 RL) eine mangelfreie Sache erhält, ist unerheblich, auf welche Weise dies geschieht.[479] Andererseits ist die Gefahr einer unzumutbaren Belastung des Verkäufers gering, weil er im Einzelfall die gewählte Nacherfüllung verweigern kann.[480]

2. Grenzen des Anspruchs

Denn gemäß Art. 3 Abs. 3 S. 1, 2 RL steht der Anspruch unter dem doppelten Vorbehalt der Möglichkeit und Verhältnismäßigkeit. Hierdurch wird zunächst nur das Wahlrecht des Verbrauchers eingeschränkt. Wenn sich die Nachbesserung als unmöglich erweist, kann er stattdessen die Lieferung einer mangelfreien Ersatz-

---

[475] Art. 1 Abs. 2 lit. f RL.

[476] Locher, in: Langenfeld (Hrsg.), Münchener Vertragshandbuch IV/1, S. 1204, § 5 Abs. 1; ebenso § 438 Abs. 1 S. 2 BGB-KE, dazu Bundesminister der Justiz (Hrsg.), Abschlußbericht, S. 212.

[477] Erwägungsgrund 10.

[478] Ebenfalls krit. Medicus, ZIP 1996, 1925, 1927; Kircher, Sachmängelhaftung, S. 52; Ehmann/Rust, JZ 1999, 853, 858; Ernst/Gsell, ZIP 2000, 1410, 1416; s.a. Westermann, JZ 2001, 530, 537; Ziegler/Rieder, ZIP 2001, 1789, 1795; Linnertz, AnwBl 2001, 400, 401; Büdenbender, DStR 2002, 312, 316; Zimmer/Eckhold, Jura 2002, 145, 148; Zerres, VuR 2002, 3, 8; Hassemer, ZGS 2002, 95, 99; Büdenbender, AcP 205 (2005), 386, 387-388 (jeweils zum deutschen Recht); aA Schurr, ZfRV 1999, 222, 226; Staudenmayer, in: Grundmann/Medicus/Rolland (Hrsg.), Europäisches Kaufgewährleistungsrecht, S. 27, 38; s.a. Dauner-Lieb/Arnold/Dötsch/Kitz, Anmerkungen, S. 83; Boerner, ZIP 2001, 2264, 2268 (jeweils zum deutschen Recht).

[479] Ähnlich Brambring, NotBZ 2001, 41, 43; Teichmann, ZfBR 2002, 13, 16.

[480] Ebenso Grundmann, Europäisches Schuldvertragsrecht, S. 286, Rn. 24; Schurr, ZfRV 1999, 222, 227; vgl. Jorden/Lehmann, JZ 2001, 952, 958; Buck, in: Westermann (Hrsg.), Schuldrecht 2002, S. 105, 123 (jeweils zu § 439 BGB); aA wohl Huber, NJW 2002, 1004, 1005.

sache verlangen. Es ist aber auch vorstellbar, daß beide Alternativen wegen Unmöglichkeit ausgeschlossen sind.

a) *Unmöglichkeit*

aa) Objektive Unmöglichkeit

Daß der Verbraucher keine Nacherfüllung verlangen kann, wenn sie unmöglich ist, scheint selbstverständlich[481]. Es fragt sich allerdings, was Art. 3 Abs. 3 RL unter „unmöglich" versteht. Darf der Verkäufer z.B. die Reparatur eines defekten Fernsehgeräts verweigern, weil er selbst dazu außerstande ist (subjektive Unmöglichkeit),[482] oder ist die Abhilfe nur dann unmöglich, wenn niemand die Leistung erbringen kann (objektive Unmöglichkeit)[483]?

Dem Wortlaut nach kommen beide Interpretationen in Betracht, weil die Richtlinie allgemein den Begriff der Unmöglichkeit verwendet, ohne ihn näher zu bestimmen. Allerdings deutet der systematische Zusammenhang darauf hin, daß Art. 3 Abs. 3 RL nur die objektive Unmöglichkeit meint. Denn auch die Verhältnismäßigkeit ist, wie Erwägungsgrund 11 S. 2 klarstellt, nicht aus Sicht der einzelnen Parteien, sondern objektiv zu beurteilen.[484]

Für diese Interpretation spricht außerdem die *ratio legis*. Der doppelte Vorbehalt der Möglichkeit und Verhältnismäßigkeit gemäß Art. 3 Abs. 3 RL dient dem Interessenausgleich zwischen Käufer und Verkäufer. Mit dem Recht auf Nacherfüllung gibt die Richtlinie dem Verbraucher ein Mittel an die Hand, um die Vertragserfüllung zu erzwingen. Darüber hinaus darf er bestimmen, auf welche Weise nacherfüllt wird. Dies muß aber seine Grenze finden, wo es zu einer unzumutbaren Belastung des Verkäufers führt.

Bei subjektiver Unmöglichkeit ist allerdings nicht automatisch von einer unzumutbaren Belastung auszugehen. Wenn der Verkäufer keine eigene Reparaturwerkstatt hat, besteht eventuell die Möglichkeit, die Kaufsache in einer Drittwerkstatt instandsetzen zu lassen oder sie zum Hersteller zurückzuschicken. Falls damit unzumutbare Kosten verbunden sein sollten, kann sich der Verkäufer auf den Einwand der Unverhältnismäßigkeit berufen.[485] Somit besteht kein Anlaß,

---

[481] Vgl. Staudenmayer, NJW 1999, 2393, 2395.

[482] Schurr, ZfRV 1999, 222, 226; Jorden, Verbrauchergarantien, S. 266.

[483] Medicus, ZIP 1996, 1925, 1927; zust. Steiner, in: Schermaier (Hrsg.), Reform des Gewährleistungsrechts, S. 243, 272-273; Lehr/Wendel, EWS 1999, 321, 324; Schulz, Nachbesserungsanspruch, S. 425; Grundmann/Bianca/Bianca, Art. 3, Rn. 30.

[484] Das übersehen anscheinend Williams/Hamilton, [2001] ICCLR 31, 32.

[485] Vgl. die Begründung des Regierungsentwurfs, BT Drs. 14/6040, 232, worin allerdings zu Unrecht pauschal davon ausgegangen wird, der Händler ohne Reparaturwerkstatt werde unangemessen belastet; dazu krit. Stellungnahme des Bundesrates, BT Drs. 14/6857, Anlage 2, 27; Bitter/Meidt, ZIP 2001, 2114, 2122; Haas, BB 2001, 1313, 1316; zust. Buck, in: Westermann (Hrsg.), Schuldrecht 2002, S. 105, 133; Schubel, in: Schwab/Witt (Hrsg.), Einführung, S. 123, 131.

den Begriff der Unmöglichkeit weit auszulegen,[486] zumal dies zu Lasten des Verbrauchers ginge, dessen Wahlrecht unnötig eingeschränkt würde.
Unmöglich ist die Nacherfüllung also nur, wenn niemand die Leistung erbringen könnte. Bei der Nachbesserung ist das der Fall, wenn der Mangel nicht behoben werden kann, etwa weil sich die verkaufte Plastik als Raubguß erweist. Im Unterschied zur Nachbesserung dürfte eine Ersatzlieferung regelmäßig in Betracht kommen, weil die Beschaffung einer mangelfreien Ersatzsache beim Gattungskauf erst mit dem Untergang der gesamten Gattung unmöglich wird. In bezug auf den Spezieskauf ist die Rechtslage umstritten.

bb) Ersatzlieferung beim Spezieskauf

Nach Auffassung der meisten Autoren muß das Nacherfüllungsverlangen des Verbrauchers am Einwand der Unmöglichkeit scheitern, weil beim Stückkauf eine Ersatzlieferung kaum vorstellbar bzw. offensichtlich ausgeschlossen sei.[487] Demgegenüber steht die Ansicht, auch der Spezieskäufer könne die Lieferung einer mangelfreien Sache fordern.[488]
Das beste Argument für diese These besteht darin, daß die Richtlinie nicht zwischen Gattungs- und Stückkauf differenziert, sondern den Verkäufer unterschiedslos zur mangelfreien Lieferung verpflichtet (Art. 2 Abs. 1). Vor allem scheint Art. 3 Abs. 3 RL, im Unterschied zu beispielsweise § 480 Abs. 1 BGB a.F., seinem Wortlaut nach jedem Verbraucher ein Recht auf Nachlieferung zuzubilligen. Das legt die Vermutung nahe, daß sich der Verkäufer auch im Falle des Spezieskaufs um Ersatz kümmern muß.[489] Unmöglich wird die Nachlieferung demnach nur, wenn das Leistungsinteresse des Verbrauchers ausschließlich mit der konkreten Kaufsache befriedigt werden kann, etwa weil es sich um eine unvertretbare Sache handelt.[490]

---

[486] AA Schurr, ZfRV 1999, 222, 226.

[487] Welser, in: Mayer/Schlabrendorff (Hrsg.), FS Hempel, S. 323, 326; Amtenbrink/Schneider, VuR 1996, 367, 374, 375; Schlechtriem, JZ 1997, 441, 445; Georges, in: Paschke/Iliopoulos (Hrsg.), Europäisches Privatrecht, S. 240; Ehmann/Rust, JZ 1999, 853, 858; Faber, JBl. 1999, 413, 428, Fn. 124; Welser/Jud, Reform des Gewährleistungsrechts, S. 83; Höffe, Schadensersatz beim Kauf, S. 65; Repgen, Abschied von der Privatautonomie, S. 55; Fn. 169; Lorenz/Riehm, Schuldrecht, Rn. 505, Fn. 115; Zerres, RIW 2003, 746, 751; vgl. Brambring, DNotZ 2001, 590, 597; zust. Huber, in: Huber/Faust, Schuldrechtsmodernisierung, Rn. 13/20 (zu § 439 BGB); aA Jansen, ZIP 2002, 877, 879, Fn. 21.

[488] Kainer, AnwBl 2001, 380, 385, Fn. 79; Jorden, Verbrauchergarantien, S. 270; dies./Lehmann, JZ 2001, 952, 957; s.a. Bitter/Meidt, ZIP 2001, 2114, 2119; zust. Boerner, ZIP 2001, 2264, 2269, Fn. 58; Ball, NZV 2004, 217, 220; Leible, in: Gebauer/Wiedmann, Zivilrecht unter europäischem Einfluß, Kap. 9, Rn. 77 (zum deutschen Recht).

[489] Schwartze, ZEuP 2000, 544, 564; vgl. Hoffmann, in: Schlechtriem (Hrsg.), Einheitliches Kaufrecht und nationales Obligationenrecht, S. 293, 295 (zu Art. 46 Abs. 2 CISG); in diese Richtung gehen auch die Äußerungen von Ackermann, JZ 2002, 378, 381.

[490] Bitter/Meidt, ZIP 2001, 2114, 2119-2120; zust. Boerner, ZIP 2001, 2264, 2269, Fn. 58; Heinrich, ZGS 2003, 253, 256; ähnlich Howells/Weatherill, *Consumer Protection Law*, at p. 167 (zum Grünbuch); Bradgate/Twigg-Flesner, *Consumer Sales and Associated Guarantees*, at p. 91.

Entgegen einer gelegentlich geäußerten Ansicht[491] folgt nichts anderes aus Erwägungsgrund 16, wonach gebrauchte Güter im allgemeinen nicht ersetzt werden können. Denn zur Begründung weist die Richtlinie nicht etwa auf den Unterschied zwischen Stück- und Gattungsschuld, sondern darauf hin, daß gebrauchte Sachen aufgrund ihrer Eigenart nicht ersetzbar seien. Gemeint ist, daß es unmöglich sein dürfte, eine Ersatzsache derselben Qualität zu finden, weil Gebrauchtwaren Unikate sind.[492] Erwägungsgrund 16 ist daher für die Frage, ob der Verkäufer auch beim Spezieskauf nachliefern muß, ohne Bedeutung.
Bedenken ergeben sich jedoch aus grundsätzlichen Erwägungen. Es stimmt zwar, daß die Richtlinie nicht zwischen Spezies- und Gattungsschuld unterscheidet, sondern sich am Leitbild Gattungskauf orientiert. Daraus kann aber nicht geschlossen werden, daß sich die Differenzierung erübrige,[493] wie unter anderem ein Vergleich mit dem UN-Kaufrecht zeigt.[494]
Obwohl diesem dasselbe Regelungsmodell wie der Richtlinie zugrunde liegt, wird zu Recht davon ausgegangen, daß die Ersatzlieferung gemäß Art. 46 Abs. 2 CISG bei Stückschulden ausgeschlossen sei.[495] Denn es macht naturgemäß einen Unterschied, ob sich der Verkäufer zur Lieferung einer konkreten oder einer nur gattungsmäßig bestimmten Sache verpflichtet. Beim Stückkauf ist das Schuldverhältnis von vornherein auf die Kaufsache konkretisiert. Sowenig wie der Käufer etwas anderes verlangen kann, ist der Verkäufer in der Lage, seine Leistungspflicht mit einer anderen Sache zu erfüllen.[496] Daraus folgt, daß die Nacherfüllung durch Ersatzlieferung beim Spezieskauf unmöglich ist.
Die Gegenthese ließe sich somit nur unter der Voraussetzung aufrechterhalten, daß Art. 3 Abs. 3 RL keinen (modifizierten) Erfüllungs-, sondern einen echten Gewährleistungsanspruch auf Lieferung einer mangelfreien Sache vorsieht[497]. Demzufolge wäre der Speziesverkäufer über das vertragliche Leistungsprogramm hinaus verpflichtet, eine andere Sache zu beschaffen. Anstelle der Unterscheidung zwischen Stück- und Gattungsschuld wäre zwischen Kaufverträgen über vertretbare und unvertretbare Sachen zu differenzieren[498]. Allerdings bietet Art. 3

[491] Schwartze, ZEuP 2000, 544, 564-565; Heinemann/Pickartz, ZGS 2003, 149, 151-152; Twigg-Flesner/Bradgate, [2000] *Web JCLI*, 5.
[492] Mitteilung an das Europäische Parlament, SEK (1998) 1553 endg., S. 8; ähnlich Reinking, DAR 2002, 15, 19.
[493] AA Anders, ZRP 2000, 293, 294, Fn. 7; vgl. dagegen Lorenz/Riehm, Schuldrecht, Rn. 463 (zu § 439 BGB).
[494] Ebenso Ackermann, JZ 2002, 378, 381.
[495] Karollus, UN-Kaufrecht, S. 137; Petrikic, Nacherfüllungsrecht, S. 59; Neumayer/Ming, Convention de Vienne, Art. 46, n°4; Schlechtriem/Huber, Art. 46, Rn. 23 (jeweils mwN); aA nur Hoffmann, in: Schlechtriem (Hrsg.), Einheitliches Kaufrecht und nationales Obligationenrecht, S. 293, 295.
[496] Ebenso Schlechtriem/Huber, Art. 46, Rn. 23; vgl. Lorenz, JZ 2001, 742, 743, Fn. 12, 744.
[497] In diese Richtung gehen die Ausführungen von Amtenbrink/Schneider, VuR 1996, 367, 375; Nietzer/Stein, ZVglRWiss 99 (2000), 41, 44.
[498] Vgl. § 438 Abs. 1 BGB-KE; dazu Ehmann/Rust, JZ 1999, 853, 858; Anders, Pflichtverletzung, S. 355.

Abs. 3 RL anders als z.B. § 438 Abs. 1 S. 2 BGB-KE keinen Anhaltspunkt für eine Interpretation in diesem Sinne.
Damit sprechen die besseren Gründe für die Annahme, daß der Speziesverkäufer keine Ersatzsache liefern muß. Der Verbraucher kann lediglich eine Nachbesserung verlangen.

b) Unverhältnismäßigkeit

Eine weitere Einschränkung ergibt sich daraus, daß der Verkäufer die Nacherfüllung auch verweigern darf, wenn die gewählte Abhilfe unverhältnismäßig ist. Zum Begriff der Unverhältnismäßigkeit macht die Richtlinie im Unterschied zur Unmöglichkeit nähere Ausführungen. Allerdings ist die Regelung in Art. 3 Abs. 3 S. 2 RL kompliziert und aufgrund der Verwendung unbestimmter Rechtsbegriffe letztlich eher vage.[499]

aa) Abwägung

Danach gilt die Abhilfe als unverhältnismäßig, wenn sie im Vergleich zur alternativen Art der Nacherfüllung unzumutbare Kosten verursacht. Wie sich aus Erwägungsgrund 11 S. 2 ergibt, ist bei der Abwägung regelmäßig die höhere finanzielle Belastung für den Verkäufer ausschlaggebend.
Doch es sind auch andere Faktoren zu beachten, wie der Wert der Sache ohne Mangel und die Bedeutung der Vertragswidrigkeit (Art. 3 Abs. 3 S. 2 Spiegelstrich 1, 2). So dürfte es normalerweise als unverhältnismäßig zu bewerten sein, wenn der Käufer einer wertvollen Sache, die nur einen Schönheitsfehler aufweist, sofort eine Ersatzlieferung verlangt.[500]
Andererseits erachtet es die Richtlinie auch für bedeutsam, ob die Alternative für den Verbraucher mit erheblichen Unannehmlichkeiten verbunden ist. Dabei soll unter anderem berücksichtigt werden, wofür er die Sache benötigt (Art. 3 Abs. 3 S. 2 Spiegelstrich 3 iVm S. 4). Deshalb ließe sich argumentieren, daß beispielsweise der Käufer einer defekten Videokamera, der die baldige Hochzeit seines Sohnes filmen möchte, keine Reparatur abwarten muß. Wo die Grenze zur erheblichen Unannehmlichkeit verläuft, läßt sich nicht allgemein bestimmen. Die Bewertung hängt von den Umständen des Einzelfalls ab.

---

[499] Ebenfalls krit. Tonner, BB 1999, 1769, 1771; Ehmann/Rust, JZ 1999, 853, 858; Lehr/Wendel, EWS 1999, 321, 324; Thode, ZfBR 2000, 363, 370; Schwartze, ZEuP 2000, 544, 565; Welser/Jud, Reform des Gewährleistungsrechts, S. 84-85; Boerner, ZIP 2001, 2264, 2269; Williams/Hamilton, [2001] ICCLR 31, 32; aA nur Staudenmayer, in: Grundmann/Medicus/Rolland (Hrsg.), Europäisches Kaufgewährleistungsrecht, S. 38.
[500] Ebenso Jud, Jb.J.ZivRWiss. 2001, S. 205, 212; ähnlich Staudenmayer, NJW 1999, 2393, 2395; Huber, NJW 2002, 1004, 1007.

bb) Mangelnde Vergleichsmöglichkeit

Darüber hinaus stellt sich die Frage nach der Rechtslage, wenn nur die Beseitigung des Mangels möglich, aber mit außerordentlich hohen Kosten verbunden wäre. Kann der Verkäufer in einer solchen Lage die Instandsetzung verweigern? Erwägungsgrund 11 S. 3, demzufolge die höheren Kosten ausschlaggebend sind, setzt voraus, daß ein Vergleich vorgenommen werden kann. Das gilt auch für Art. 3 Abs. 3 S. 2 RL. Nach dem Richtlinienkonzept steht also bei der Verhältnismäßigkeitsprüfung ein Kostenvergleich zwischen Ersatzlieferung und Nachbesserung im Vordergrund.[501] Daraus könnte man den Schluß ziehen, daß sich der Verkäufer nur auf den Einwand der Unverhältnismäßigkeit berufen kann, wenn beide Arten der Nacherfüllung möglich sind.[502]

Allerdings deutet der Wortlaut des Art. 3 Abs. 3 S. 2 RL darauf hin, daß es sich nicht um eine Legaldefinition handelt. Vielmehr befaßt sich die Vorschrift mit dem Normalfall und einigen Aspekten, die in die Bewertung einfließen sollen, sofern sie einschlägig sind[503]. Deshalb ist anzunehmen, daß der Vergleich zwar im Vordergrund steht, Art. 3 Abs. 3 RL aber nicht notwendig das Bestehen einer Alternative voraussetzt.[504]

Diese Annahme befindet sich auch im Einklang mit der *ratio legis*. Wie bereits dargelegt, besteht der Sinn des doppelten Vorbehalts gemäß Art. 3 Abs. 3 S. 1 RL darin, den Verkäufer vor einer unzumutbaren Belastung zu schützen.[505] Eine solche Belastung droht aber nicht nur, wenn der Verbraucher eine wirtschaftlich unangemessene Wahl trifft. Vielmehr wäre es schikanös, den Verkäufer an der einzig möglichen Art der Nacherfüllung festzuhalten, wenn sie außergewöhnlich hohe Kosten verursacht. Vor diesem Hintergrund sind Art. 3 Abs. 3 S. 1, 2 RL dahingehend zu interpretieren, daß die gewählte Abhilfe ausnahmsweise auch dann unverhältnismäßig sein kann, wenn keine Alternative besteht.[506]

II. Deutschland

1. Rechtslage vor der Umsetzung

Vor der Schuldrechtsmodernisierung unterschied sich das Kaufgewährleistungsrecht unter anderem dadurch von der Richtlinie, daß es keine Abstufung zwischen primären und sekundären Rechtsbehelfen gab. Nach dem gesetzlichen Konzept konnte der Käufer vielmehr sofort Wandelung oder Minderung verlangen (§ 462 BGB a.F.). Allerdings war es üblich, das Recht auf Wandelung bzw.

---

[501] Ähnlich Singleton, (1999) 22(9) *ConsL Today* 9, 10; Staudenmayer, (2000) *ERPL* 547, 555.

[502] Vgl. Rieger, VuR 1999, 287, 291, Fn. 41; Zerres, RIW 2003, 746, 752.

[503] Vgl. Staudenmayer, NJW 1999, 2393, 2395; Staudenmayer, in: Grundmann/Medicus/Rolland (Hrsg.), Europäisches Kaufgewährleistungsrecht, S. 38

[504] Zweifelnd Pfeiffer, ZGS 2002, 217, 218-219.

[505] Dazu oben S. 77.

[506] Im Ergebnis Rieger, VuR 1999, 287, 291, Fn. 41; Zerres, JA 2002, 166, 170, Fn. 44.

Minderung in den AGBs einzuschränken,[507] um dem Verkäufer die Möglichkeit zur Nacherfüllung zu geben. Diese Vertragspraxis wurde vom Gesetzgeber gebilligt, vgl. §§ 476 a BGB a.F., 11 Nr. 10 lit. b) AGBG.[508]
Während der Verkäufer also regelmäßig eine zweite Chance bekam, gab es ein Recht auf Nacherfüllung nur in Form des Ersatzlieferungsanspruchs gemäß § 480 Abs. 1 BGB a.F. Im Unterschied zum Werkvertragsrecht (§ 633 Abs. 2 S. 1 BGB a.F.) sah das Kaufgewährleistungsrecht keinen Anspruch auf Mängelbeseitigung vor.

2. Schuldrechtsmodernisierungsgesetz

a) Anspruch auf Nacherfüllung

aa) Nachbesserung oder Ersatzlieferung

Dieser Unterschied ist mit der Schaffung des Nacherfüllungsanspruchs gemäß §§ 437 Nr. 1, 439 Abs. 1 BGB beseitigt worden. Inhaltlich stimmen die Vorschriften mit Art. 3 Abs. 3 RL überein, so daß kein Zweifel an ihrer Richtlinienkonformität besteht.

bb) Recht zur Selbstvornahme

Mit Blick auf die Regelungsziele sei jedoch kritisch darauf hingewiesen, daß das neue Kaufrecht kein Recht zur Ersatzvornahme vorsieht.[509] Da das Schuldrechtsmodernisierungsgesetz die Unterscheidung zwischen Kauf- und Werkvertrag „beseitigen [bzw.] beträchtlich verringern" sollte,[510] wäre es nur konsequent gewesen, Käufer und Besteller (vgl. §§ 634 Nr. 2, 637 Abs. 1 BGB) dieselben Rechte zu geben.
Der Gesetzgeber hat sich allerdings dagegen entschieden, was prompt zu einer Kontroverse geführt hat. Wenn der Käufer den Mangel selbst beseitigt, kann er die Kosten im Wege des Schadensersatzes nach §§ 437 Nr. 3, 280 Abs. 1, 3, 281 BGB geltend machen.[511] Das setzt jedoch den erfolglosen Ablauf einer Nachfrist voraus. Umstritten ist die Rechtslage, wenn der Käufer eigenmächtig zur Selbstvornahme schreitet, ohne eine Nachfrist zu setzen.[512]
Vereinzelt wird vertreten, der Verkäufer sei gemäß § 326 Abs. 2 S. 2, Abs. 4 (analog) zur Erstattung der Nachbesserungsaufwendungen verpflichtet, die er

---

507 Vgl. Locher, in: Langenfeld (Hrsg.), Münchener Vertragshandbuch IV/1, S. 1204, § 5 Abs. 1, 2, Anm. 7, 8.
508 Tonner, VuR 2001, 87, 89; Micklitz, (2002) *Journal of Consumer Policy* 379, 395.
509 Ebenfalls krit. Dauner-Lieb/Arnold/Dötsch/Kitz, Anmerkungen, S. 77; Schubel, JZ 2001, 1113, 1116; Büdenbender, in: Dauner-Lieb u.a. (Hrsg.), Das Neue Schuldrecht, S. 222, Rn. 102; Gruber, VuR 2002, 120, 122.
510 Begründung des Regierungsentwurfs, BT Drs. 14/6040, 94.
511 Dauner-Lieb/Dötsch, ZGS 2003, 250, 251; AG Daun, ZGS 2003, 398, 398.
512 Dazu im Überblick Ball, NZV 2004, 217, 227; s.a. Kandler, Nacherfüllung, S. 586-588.

durch die Ersatzvornahme erspart hat[513]. Mit gutem Grund hat sich diese Ansicht jedoch nicht durchsetzen können.[514] Denn sie läuft der gesetzgeberischen Entscheidung gegen ein Recht zur Selbstvornahme zuwider.[515] Also geht der Käufer leer aus, wenn die Voraussetzungen des Schadensersatzanspruchs nicht erfüllt sind.

cc) Grenzen des Anspruchs

Wie sein Richtlinienvorbild steht der Nacherfüllungsanspruch unter dem doppelten Vorbehalt der Möglichkeit und Verhältnismäßigkeit. Das folgt unter anderem aus § 439 Abs. 3 S. 1 BGB, der auf die Verhältnismäßigkeit der Kosten abstellt und außerdem die Regelungen zur praktischen und persönlichen Unmöglichkeit (§ 275 Abs. 2, 3) zitiert. Nicht ausdrücklich erwähnt werden die objektive und subjektive Unmöglichkeit. Ihre Folgen ergeben sich aus der allgemeinen Vorschrift des § 275 Abs. 1 BGB.[516]

(1) Unmöglichkeit

(a) Objektive Unmöglichkeit

Gemäß § 275 Abs. 1 2. Alt. BGB ist der Anspruch auf Leistung ausgeschlossen, soweit sie für jedermann unmöglich ist. Daher ist der Verkäufer von der Leistungspflicht insoweit befreit, als die gewählte Art der Nacherfüllung unmöglich ist. Ebenso wie bei Art. 3 Abs. 2 S. 1 RL besteht ein Streit darüber, wann diese Voraussetzung erfüllt ist. Muß der Speziesverkäufer eine gleichwertige Sache beschaffen, oder steht ihm gegenüber dem Nachlieferungsverlangen des Käufers der Einwand der Unmöglichkeit nach § 275 Abs. 1 2. Alt. BGB zu?

Wie bereits dargelegt, kommt beim Stückkauf wegen der Konkretisierung des Schuldverhältnisses auf die Kaufsache im Grunde keine Ersatzlieferung in Betracht.[517] Trotzdem findet sich im Schrifttum und mehreren Urteilen die Behaup-

---

[513] Lorenz, NJW 2003, 1417, 1419; ders., ZGS 2003, 399, 399; im Ergebnis Herresthal/Riehm, NJW 2005, 1457, 1460; vgl. auch Oechsler, NJW 2004, 1825, 1826 (§ 684 BGB).

[514] Abl. Dauner-Lieb/Dötsch, ZGS 2003, 250, 252; dies., ZGS 2003, 455, 458; Dötsch, MDR 2003, 1407, 1407; Ebert, NJW 2004, 1761, 1763; Katzenstein, ZGS 2004, 144, 153; AG Kempen, MDR 2003, 1406, 1406-1407; LG Aachen, Urt. v. 23.10.2003 – 6 S 99/03 (unveröffentlicht); LG Gießen, ZGS 2004, 238, 240; BGH, NJW 2005, 1348, 1349.

[515] Ebenso Ebert, NJW 2004, 1761, 1763; BGH, NJW 2005, 1348, 1349; zust. Keil, EWiR 2005, 497, 498; Tonner, VuR 2005, 207, 208-209; Arnold, MDR 2005, 661; abl. Lorenz, NJW 2005, 1321, 1324; Lamprecht, ZGS 2005, 266, 274; krit. Gsell, ZIP 2005, 922, 924.

[516] Begründung des Regierungsentwurfs, BT Drs. 14/6040, 232; Zerres, RIW 2003, 746, 753.

[517] Dazu oben S. 79; ebenso Wieser, NJW 2001, 121, 123; Lorenz/Riehm, Schuldrecht, Rn. 505; Huber, in: Huber/Faust, Schuldrechtsmodernisierung, Rn. 13/20; Olzen/Wank, Schuldrechtsreform, Rn. 374; Schwab, in: Schwab/Witt (Hrsg.), Einführung, S. 1, 14-15; Dörner/Staudinger, Schuldrechtsmodernisierungs, S. 66, Fn. 142; Laws, MDR 2002, 320, 323; Huber, NJW 2002, 1004, 1006; Zerres, VuR 2002, 3, 8; Zimmer/Eckhold, Jura 2002, 145, 149, Fn. 59; Wieser, JR 2002, 269, 269; Büdenbender, DStR 2002, 312, 315; Ackermann, JZ 2002,

tung, nach neuem Recht sei die Nachlieferung nur unmöglich, wenn eine unvertretbare Sache Kaufgegenstand sei.[518] Zur Begründung wird im wesentlichen darauf verwiesen, daß der Gesetzgeber die bislang übliche Differenzierung zwischen Stück- und Gattungskauf (§§ 462, 463; 480 BGB a.F.) aufgegeben und den Verkäufer allgemein zur Lieferung einer mangelfreien Sache verpflichtet habe (§ 433 Abs. 1 S. 2 BGB).[519] Damit ist jedoch noch nicht gesagt, daß der Unterschied als solcher beseitigt werden sollte,[520] zumal das allgemeine Schuldrecht weiterhin zwischen Spezies- und Genusschuld differenziert, vgl. §§ 243, 300 Abs. 2 BGB. Immerhin ist den Vertretern der Gegenmeinung zuzugeben, daß der Gesetzgeber vermutlich ihre Ansicht teilt.[521] Jedenfalls erwähnt die Begründung des Regierungsentwurfs, daß beim Stückkauf über vertretbare Sachen eine Nachlieferung durchaus denkbar und sinnvoll sei.[522] Entscheidend sind aber nicht die konkreten Vorstellungen des historischen Gesetzgebers, sondern der normative Sinn der Vorschrift.[523]

Dieser ergibt sich unzweideutig aus dem Wortlaut des § 439 Abs. 1 BGB, wonach der Käufer „als Nacherfüllung" die Mängelbeseitigung bzw. Ersatzlieferung verlangen kann. Es handelt sich also nicht um einen echten Gewährleistungs-, sondern eine modifizierte Form des ursprünglichen Erfüllungsanspruchs[524]. Deshalb kann es nicht Sinn und Zweck der Vorschrift sein, den Verkäufer über das vertraglich Vereinbarte hinaus zur Lieferung einer anderen als der Kaufsache zu

---

378, 379; Buck, in: Westermann (Hrsg.), Schuldrecht 2002, S. 105, 125; Pfeiffer, ZGS 2002, 23, 29; Lettl, JuS 2002, 866, 869; Schellhammer, MDR 2002, 301, 301; ders., MDR 2002, 485, 485-486; Freund/Stölting, ZGS 2002, 182, 182-183; Petersen, Jura 2002, 461, 462; Wertenbruch, NJW 2004, 1977, 1978.

[518] Kainer, AnwBl 2001, 380, 385, Fn. 79; Bitter/Meidt, ZIP 2001, 2114, 2120; zust. Boerner, ZIP 2001, 2264, 2269, Fn. 58; Canaris, in: Lorenz, Karlsruher Forum 2002, S. 5, 80; Schubel, in: Schwab/Witt (Hrsg.), Einführung, S. 123, 131-132; ders., JuS 2002, 313, 316, Fn. 28; ders./Koch, DB 2004, 119, 120; Spickhoff, JZ 2003, 589, 590; Palandt[63]/Putzo, § 439, Rn. 15; ähnlich Haas, in: Haas/Medicus u.a. (Hrsg.), Das neue Schuldrecht, S. 173, Rn. 84, 150; Musielak, Grundkurs BGB, Rn. 565; Oechsler, NJW 2004, 1825, 1826, 1829; LG Ellwangen, NJW 2003, 517, 517; OLG Braunschweig, NJW 2003, 1053, 1054.

[519] Kainer, AnwBl 2001, 380, 385, Fn. 79; Bitter/Meidt, ZIP 2001, 2114, 2116, 2119; Spickhoff, JZ 2003, 589, 590; LG Ellwangen, NJW 2003, 517, 517.

[520] Ebenso Huber, in: Huber/Faust, Schuldrechtsmodernisierung, Rn. 13/20; ähnlich Lorenz/Riehm, Schuldrecht, Rn. 463; Zimmer/Eckhold, Jura 2002, 145, 149, Fn. 59; Lorenz, NJW 2002, 2497, 2504, Fn. 57; ders., ZGS 2003, 421, 421; ders., JuS 2004, 105, 105; ebenfalls krit. Gruber, JZ 2005, 707, 709-712.

[521] Vgl. Bitter/Meidt, ZIP 2001, 2114, 2119, 2120 mwN.

[522] BT Drs. 14/6040, 209, 216; dazu krit. Huber, NJW 2002, 1004, 1006; Ackermann, JZ 2002, 378, 380-381.

[523] Larenz, Methodenlehre, S. 318.

[524] Im Ergebnis Huber, NJW 2002, 1004, 1005; Lorenz, NJW 2002, 2497, 2497; Büdenbender, DStR 2002, 312, 315; Zerres, VuR 2002, 3, 7; Ring, BuW 2002, 646, 648; Schubel, in: Schwab/Witt (Hrsg.), Einführung, S. 123, 130; Jakobs, in: Dauner-Lieb/Konzen/Schmidt (Hrsg.), Schuldrecht in der Praxis, S. 371, 373; Ehmann/Sutschet, JZ 2004, 62, 63; vgl. die Begründung des Regierungsentwurfs, BT Drs. 14/6040, 230; aA Finkenauer, WM 2003, 665, 665, Fn. 7.

verpflichten.[525] Es bleibt dabei, daß der Speziesverkäufer nur die konkrete Sache in vertragsgemäßem Zustand leisten darf und muß. Somit ist ein Anspruch auf Nachlieferung beim Stückkauf aufgrund objektiver Unmöglichkeit ausgeschlossen.

(b) Subjektive Unmöglichkeit

Gemäß § 275 Abs. 1 1. Alt. BGB entfällt der Anspruch auf die gewählte Nacherfüllung auch, wenn sie für den Verkäufer, d.h. subjektiv unmöglich ist. Hierdurch wird das Recht des Käufers richtlinienwidrig eingeschränkt, weil Art. 3 Abs. 3 S. 1 1. Alt. nur die Fälle objektiver Unmöglichkeit erfaßt[526]. Die Anwendbarkeit des § 275 Abs. 1 1. Alt. BGB auf den Nacherfüllungsanspruch läßt sich auch nicht durch einen Erst-Recht-Schluß aus Art. 3 Abs. 3 S. 1 2. Alt. RL rechtfertigen. Wenn der unvermögende Verkäufer einen Dritten mit der Nachbesserung beauftragen muß, ist nicht gesagt, daß dies zwangsläufig zu unzumutbaren Kosten führt. Damit stellt sich die Frage, ob die Abweichung von der Richtlinie im Wege der Interpretation ausgeglichen werden kann.

Aufgrund des eindeutigen Wortlauts ist eine richtlinienkonforme Auslegung im engeren Sinne ausgeschlossen. Zu denken wäre jedoch an eine teleologische Reduktion des § 275 Abs. 1 1. Alt. BGB, so daß der Anspruch auf Nacherfüllung nur bei objektiver Unmöglichkeit entfiele.

Voraussetzung dafür ist das Vorliegen einer verdeckten Lücke, d.h. Sinn und Zweck des § 275 Abs. 1 müßten es erfordern, die Vorschrift entgegen ihrem Wortlaut einzuschränken.[527] Auf den ersten Blick liegt es nahe, dies zu bejahen, weil im Gesetz ausdrücklich darauf hingewiesen wird, daß § 275 BGB auch der Umsetzung der Verbrauchsgüterkaufrichtlinie diene.[528] Der amtliche Hinweis dokumentiert allerdings nur den Willen zur Richtlinienumsetzung, ohne etwas über die materiellen Gedanken hinter der Regelung zu besagen.

Art. 3 Abs. 2 S. 1 RL erfaßt ausschließlich die objektive Unmöglichkeit, weil das bloße Unvermögen des Verkäufers nicht notwendig mit einer unzumutbaren Belastung einhergeht.[529] Demgegenüber bringt § 275 Abs. 1 BGB den Gedanken zum Ausdruck, daß die Grenze der Leistungspflicht nicht erst erreicht ist, wenn niemand die Leistung erbringen kann, und stellt deshalb Unmöglichkeit und Unvermögen gleich.[530] Die *ratio legis* ist also eine andere, so daß eine teleologische Reduktion im Sinne der Richtlinie ausscheidet.

---

[525] Im Ergebnis Lorenz, JZ 2001, 742, 743, Fn. 12; zust. Gruber, Jb.J.ZivRWiss. 2001, S. 187, 191; Jakobs, in: Dauner-Lieb/Konzen/Schmidt (Hrsg.), Schuldrecht in der Praxis, S. 371, 379-380; Tiedtke/Schmitt, JuS 2005, 583, 586.

[526] Dazu oben S. 80.

[527] Zu den Voraussetzungen der teleologischen Reduktion Larenz, Methodenlehre, S. 391 ff.

[528] Amtlicher Hinweis, Bekanntmachung der Neufassung des Bürgerliches Gesetzbuchs vom 2.1.2002, BGBl I, 100.

[529] Dazu oben S. 77.

[530] Vgl. die Begründung des Regierungsentwurfs, BT Drs. 14/6040, 128.

Mithin kann die Abweichung weder im Wege der Auslegung noch Rechtsfortbildung ausgeglichen werden. Um den Umsetzungsmangel zu beheben, sollte eine spezielle Regelung im Kaufrecht geschaffen werden, die den Nacherfüllungsanspruch nur bei objektiver Unmöglichkeit ausschließt. Eine denkbare Lösung besteht darin, § 439 Abs. 1 BGB durch einen Nebensatz einzuschränken („sofern die Nacherfüllung nicht für jedermann unmöglich ist").

(c) Praktische Unmöglichkeit

Der Verkäufer kann gemäß §§ 439 Abs. 3 S. 1, 275 Abs. 2 S. 1 BGB die gewählte Nacherfüllung verweigern, wenn ein grobes Mißverhältnis zwischen dem Aufwand und dem Leistungsinteresse des Käufers besteht. Gemeint sind die Fälle der sogenannten praktischen oder faktischen Unmöglichkeit,[531] in denen die Leistung zwar theoretisch möglich wäre, aber von keinem vernünftigen Gläubiger erwartet werden kann (Schulbeispiel: Ring auf dem Grund eines Sees[532]).
Diese Einrede hat kein Gegenstück in der Richtlinie. Dennoch läßt sich § 275 Abs. 2 S. 1 BGB mit der in Art. 3 Abs. 3 RL vorgesehenen Regelung vereinbaren. Zum einen ist es vorstellbar, den Begriff der Unmöglichkeit so weit zu interpretieren, daß er nicht nur diejenigen Fälle erfaßt, in denen die Leistung denkgesetzlich bzw. aufgrund rechtlicher Hindernisse unmöglich ist, sondern auch die Konstellationen praktischer Unmöglichkeit. Denn dabei handelt es sich definitionsgemäß um Extremfälle, die den sonstigen Fällen objektiver Unmöglichkeit wertungsmäßig nahe kommen. Dementsprechend wurde die faktische Unmöglichkeit vor Einführung des § 275 Abs. 2 BGB als Unterfall der objektiven Unmöglichkeit verstanden.[533]
Zum anderen ergibt sich jedenfalls aus dem Vorbehalt der Verhältnismäßigkeit nach Art. 3 Abs. 3 RL, daß es dem Verkäufer möglich sein muß, die Nacherfüllung bei praktischer Unmöglichkeit zu verweigern. Die Voraussetzungen, unter denen die Richtlinie ihn von der Leistungspflicht befreit, sind nämlich deutlich weniger streng als die des § 275 Abs. 2 S. 1,[534] einer Sondervorschrift, die auf besondere Ausnahmefälle zugeschnitten ist[535]. Wenn der Verkäufer die Nacherfüllung gemäß Art. 3 Abs. 3 RL aus dem Grunde verweigern darf, daß sie unzumutbare Kosten verursacht, muß ihm diese Möglichkeit erst recht zugestanden werden, wenn ein grobes Mißverhältnis zwischen Aufwand und Leistungsinter-

---

531 Begründung des Regierungsentwurfs, BT Drs. 14/6040, 129; dazu Canaris, in: Lorenz, Karlsruher Forum 2002, S. 5, 11; krit. AnwKom-BGB/Dauner-Lieb, § 275, Rn. 14; Schlechtriem, Jb.J.ZivRWiss. 2001, S. 9, 19-20.

532 Heck, Schuldrecht, S. 89.

533 BGH, NJW 1983, 2873, 2874; Palandt[61]/Heinrichs, § 275, Rn. 8.

534 Ähnlich Gruber, Jb.J.ZivRWiss. 2001, S. 187, 189; Voit, BauR Sonderheft 1a/2002, 145, 159; Palandt[63]/Heinrichs, § 275, Rn. 27; (zum Vergleich der §§ 439 Abs. 3 bzw. 635 Abs. 3 mit 275 Abs. 2 BGB); s.a. Begründung des Regierungsentwurfs, BT Drs. 14/6040, 232.

535 Begründung des Regierungsentwurfs, BT Drs. 14/6040, 130, 232; Canaris, JZ 2001, 499, 502.

esse besteht. Unter dem Gesichtspunkt der Richtlinienkonformität ist an der Neuregelung in § 275 Abs. 2 BGB also nichts auszusetzen.

(d) Persönliche Unmöglichkeit

Außerdem soll der Verkäufer nach §§ 439 Abs. 3 S. 1, 275 Abs. 3 BGB die Nacherfüllung bei persönlicher Unmöglichkeit, d.h. Unzumutbarkeit verweigern können. Die Verweisung auf § 275 Abs. 3 BGB läuft allerdings ins Leere, weil diese Vorschrift auf den Kaufvertrag nicht anwendbar ist.[536] Denn § 275 Abs. 3 setzt das Bestehen einer höchstpersönlichen Leistungspflicht voraus und betrifft somit vor allem Arbeits- und Dienstverträge[537]. Zu erklären ist dieser Lapsus mit dem Umstand, daß § 275 Abs. 3 BGB erst in der Endphase des Gesetzgebungsverfahrens von § 275 Abs. 2 RE getrennt und die sinnlose Verweisung in § 439 Abs. 3 BGB eingefügt wurde[538].

(2) Unverhältnismäßigkeit

Neben der Einrede aus § 275 Abs. 2 kann dem Verkäufer das Leistungsverweigerungsrecht gemäß § 439 Abs. 3 S. 1 BGB zustehen. Er darf die gewählte Art der Nacherfüllung verweigern, wenn sie nur mit unverhältnismäßigen Kosten möglich ist.

(a) Kosten-Nutzen-Analyse

Diese Voraussetzung stellt insofern keine Neuerung dar, als nach altem Werkvertragsrecht die Nachbesserung verweigert werden konnte, wenn sie einen unverhältnismäßigen Aufwand erfordert. Die Begründung des Regierungsentwurfs weist auch darauf hin, daß § 439 Abs. 3 S. 1 BGB an § 633 Abs. 2 S. 3 BGB a.F. angelehnt sei.[539]

Deshalb hat sich die Ansicht durchgesetzt, bei der Interpretation des § 439 Abs. 3 S. 1 BGB könne auf die Rechtsprechung zu § 633 Abs. 2 S. 3 BGB a.F. zurückgegriffen werden.[540] Danach ist der Aufwand unverhältnismäßig, wenn zwischen den Kosten und dem Ertrag der Nachbesserung kein vernünftiges Verhältnis be-

---

[536] Ebenso Ball, ZGS 2002, 49, 50, Fn. 5; ähnlich Bitter/Meidt, ZIP 2001, 2114, 2120; von Wilmowsky, JuS 2002, Beilage zu Heft 1, 23, Fn. 71; Schlechtriem, Schuldrecht BT, Rn. 75; aA wohl Huber, NJW 2002, 1004, 1007; Zimmer/Eckhold, Jura 2002, 145, 149.

[537] Begründung des Regierungsentwurfs, BT Drs. 14/6040, 130.

[538] Beschlußempfehlung des Rechtsausschusses, BT Drs. 14/7052, 183, 197; dazu Bitter/Meidt, ZIP 2001, 2114, 2120, Fn. 68.

[539] Begründung des Regierungsentwurfs, BT Drs. 14/6040, 232.

[540] Gruber, Jb.J.ZivRWiss. 2001, S. 187, 195 196; Jud, Jb.J.ZivRWiss. 2001, S. 205, 212; Boerner, ZIP 2001, 2264, 2269; Huber, NJW 2002, 1004, 1007; Zimmer/Eckhold, Jura 2002, 145, 149; Buck, in: Westermann (Hrsg.), Schuldrecht 2002, S. 105, 131; Huber, in: Huber/Faust, Schuldrechtsmodernisierung, Rn. 13/42; Henssler/Westphalen/Westphalen, § 439, Rn. 18; Palandt-SchuModG/Putzo, § 439, Rn. 19; zust. LG Ellwangen, NJW 2003, 517, 517; aA nur Pfeiffer, ZGS 2002, 217, 218.

steht.[541] Also geht die Literatur ganz überwiegend davon aus, daß am Anfang der Prüfung von § 439 Abs. 3 S. 1 BGB eine Kosten-Nutzen-Analyse stehe, wobei jede Nacherfüllungsalternative einzeln zu betrachten sei.[542] Diese Herangehensweise findet eine Stütze im Gesetz, denn gemäß § 439 Abs. 3 S. 1 iVm S. 3 BGB ist es möglich, erst die gewählte und dann die andere Nacherfüllungsalternative zu verweigern.[543] Mit anderen Worten können beide einzeln geprüft und ihre Kosten als unzumutbar beurteilt werden.
Damit unterscheidet sich § 439 Abs. 3 BGB grundlegend vom Konzept der Richtlinie. Diese deutet nirgends an, daß eine Kosten-Nutzen-Analyse vorzunehmen sei.[544] Art. 3 Abs. 3 S. 2 RL hebt stattdessen auf einen Kostenvergleich zwischen beiden Nacherfüllungsarten ab. Darüber hinaus betont Erwägungsgrund 11 S. 3, daß letztlich entscheiden soll, ob eine Alternative deutlich höhere Kosten verursacht.[545] Daraus folgt zum einen, daß sie nicht isoliert, sondern grundsätzlich nur im Vergleich miteinander zu betrachten sind.[546] Zum anderen ist ausgeschlossen, daß die Kosten für beide Nacherfüllungsarten als unzumutbar beurteilt werden.[547] Im Vergleich kann sich nur eine als die teuerere erweisen.
Für eine Kosten-Nutzen-Analyse im Sinne des § 633 Abs. 2 S. 3 BGB a.F. bleibt daher nur im oben[548] dargestellten Ausnahmefall Raum, in welchem von vornherein bloß eine Nacherfüllungsmöglichkeit besteht. Angesichts dieser Abweichung von der Richtlinie und des eindeutigen Wortlauts wird der Gesetzgeber nicht umhinkommen, § 439 Abs. 3 BGB neu zu fassen.[549] Dabei würde es schon genügen, die richtlinienwidrige Klarstellung in § 439 Abs. 3 S. 3 BGB zu streichen.

(b) Abwägungskriterien

Auch in seiner jetzigen Fassung erschöpft sich die Verhältnismäßigkeitsprüfung gemäß § 439 BGB nicht in einer Kosten-Nutzen-Analyse. In Anlehnung an die

---

[541] BGH, NJW 1995, 1836, 1837; BGH, NJW 1996, 3269, 3269; BGH, NJW-RR 1997, 1106, 1106; dazu Gruber, Jb.J.ZivRWiss. 2001, S. 187, 195 mwN.

[542] Gruber, Jb.J.ZivRWiss. 2001, S. 187, 196; Buck, in: Westermann (Hrsg.), Schuldrecht 2002, S. 105, 131; Huber, in: Huber/Faust, Schuldrechtsmodernisierung, Rn. 13/40; Oetker/Maultzsch, Vertragliche Schuldverhältnisse, S. 87; vgl. Büdenbender, DStR 2002, 312, 316; Bitter/Meidt, ZIP 2001, 2114, 2120-2123 (Zwei-Stufen-Modell); zust. Huber, NJW 2002, 1004, 1008; Heinrich, ZGS 2003, 253, 256-257; wohl auch Ernst/Gsell, ZIP 2000, 1410, 1417.

[543] Begründung des Regierungsentwurfs, BT Drs. 14/6040, 232; Schwab, JuS 2002, 1, 6; Zerres, VuR 2002, 3, 8.

[544] Ebenso Pfeiffer, ZGS 2002, 217, 218; aA Ehmann/Rust, JZ 1999, 853, 858, Fn. 44; Hucke, IStR 2000, 277, 280.

[545] Dazu oben S. 81.

[546] AA wohl Twigg-Flesner/Bradgate, [2000] *Web JCLI*, 5; Schlechtriem, IHR 2001, 12, 14.

[547] Pfeiffer, ZGS 2002, 217, 218; aA Hänlein, DB 1999, 1641, 1644; Rieger, VuR 1999, 287, 291, Fn. 41.

[548] S. 81.

[549] Im Ergebnis Pfeiffer, ZGS 2002, 217, 219.

Richtlinie nennt § 439 Abs. 3 S. 2 BGB beispielhaft einige Faktoren, die bei der Abwägung zu berücksichtigen sind.
Dazu gehört der Wert der Sache in mangelfreiem Zustand, d.h. ihr Verkehrswert, nicht der Kaufpreis[550]. Weiterhin soll die Bedeutung des Mangels Beachtung finden, also die Frage, wie sich die Vertragswidrigkeit z.B. auf die Gebrauchstauglichkeit auswirkt.
Neben diesen objektiven Faktoren weist § 439 Abs. 3 S. 2 BGB darauf hin, daß berücksichtigt werden müsse, ob auf die andere Art der Nacherfüllung ohne erhebliche Nachteile für den Käufer zurückgegriffen werden könne. Damit wird das Abwägungsergebnis weniger vorhersehbar, denn wann von einem erheblichen Nachteil auszugehen ist, ist eine Wertungsfrage.[551] Da sich der Käufer nur mit der vereinbarten Leistung zufrieden geben muß, kann es nur aber darum gehen, ob eine der Abhilfemöglichkeiten mit besonders unangenehmen Begleitumständen verbunden ist[552].
Eine gewisse Orientierung bietet außerdem Art. 3 Abs. 3 S. 3 RL, der darauf hinweist, daß die Art des Verbrauchsguts sowie der Zweck, für den es konkret benötigt wird, zu beachten sind. Demnach ist die Unverhältnismäßigkeit im Videokamera-Beispiel[553] zu verneinen, weil das Warten auf eine Reparatur für den Vater, der die Hochzeit filmen möchte, einen erheblichen Nachteil darstellt. Umgekehrt ist von einem unerheblichen Nachteil auszugehen, wenn der Käufer eines Designer-Kühlschranks Mitarbeiter des Händlers in seine Küche lassen muß, damit die zerkratzte Edelstahltür ausgewechselt werden kann. Denn die Unannehmlichkeiten, die damit verbunden sind, fallen neben dem Wert dieses Luxusgeräts kaum ins Gewicht.

b) Pflicht zur Nutzungsherausgabe

§ 439 Abs. 4 BGB regelt die Frage, was mit der mangelhaften Sache geschehen soll, wenn der Käufer im Wege der Ersatzlieferung eine neue erhält, durch eine Verweisung auf die §§ 346-348 BGB. Somit kann der Verkäufer die Rückgewähr der mangelhaften Sache (§ 346 Abs. 1) bzw. Wertersatz gemäß § 346 Abs. 2 BGB verlangen. Außerdem kommen Ansprüche auf die Herausgabe gezogener Nutzungen (§ 346 Abs. 1) oder Wertersatz nach §§ 346 Abs. 2 bzw. 347 Abs. 1 S. 1 BGB in Betracht.
Letzteres wird im Schrifttum zu Recht kritisch beurteilt.[554] Da die Nutzungen ab Übergabe dem Käufer gebühren (§ 446 S. 2 BGB), ist nicht einzusehen, weshalb er sie im Falle einer Ersatzlieferung herausgeben bzw. sogar Ersatz für nicht ge-

---

[550] Huber, NJW 2002, 1004, 1007; Ball, ZGS 2002, 49, 50; OLG Braunschweig, NJW 2003, 1053, 1054.
[551] Dazu krit. Twigg-Flesner, [1999] 7 *CLJ* 177, 184.
[552] Ähnlich Krummel/D'Sa, (2001) 26 *ELRev*. 312, 320.
[553] Oben S. 80.
[554] Roth, JZ 2001, 475, 489; Hoffmann, ZRP 2001, 347, 349; Lorenz, NJW 2005, 1889, 1894.

zogene Nutzungen leisten soll. Auch wenn der Käufer eine neue Sache erhält,[555] erscheint diese Regelung wenig sachgerecht, weil die Ersatzlieferung nicht auf ein Fehlverhalten seinerseits, sondern die vertragswidrige Leistung des Verkäufers zurückzuführen ist.

Davon abgesehen ist die Verpflichtung zur Nutzungsherausgabe auch vor dem Hintergrund der Richtlinie nicht unproblematisch. Denn Art. 3 Abs. 2 und Abs. 3 RL betonen mehrmals, daß die Nachbesserung oder Ersatzlieferung unentgeltlich sein müsse. Wenn der Verbraucher aber nur um den Preis der Nutzungsherausgabe eine Ersatzlieferung erhält, stellt sich die Frage, ob noch von einer unentgeltlichen Nacherfüllung die Rede sein kann.[556] Folglich sind einige Autoren der Meinung, § 439 Abs. 4 BGB sei nicht mit den Vorgaben des Art. 3 Abs. 2, 3 RL zu vereinbaren.[557]

Die Bedenken lassen sich, entgegen der Begründung des Regierungsentwurfs,[558] nicht mit einem Hinweis auf Erwägungsgrund 15 S. 1 ausräumen. Darin wird es den Mitgliedstaaten zwar gestattet, den Anspruch auf Rückzahlung des Kaufpreises zu kürzen, um der Abnutzung der Sache Rechnung zu tragen. Daraus läßt sich aber nicht der Schluß ziehen, die Richtlinie billige allgemein die Verpflichtung des Verbrauchers zum Nutzungsersatz.[559] Zum einen betrifft Erwägungsgrund 15 S. 1, wie sich aus seinem Wortlaut und dem Zusammenhang ergibt, nur die Rückabwicklung bei der Vertragsauflösung.[560] Zum anderen läßt sich seine Aussage nicht auf die Ersatzlieferung übertragen, weil die Interessenlage eine andere ist:[561] Im Unterschied zur Vertragsauflösung findet bei der Ersatzlieferung keine Rückabwicklung statt,[562] so daß der Verkäufer während der gesamten Zeit den Kaufpreis behalten und mit dem Geld „arbeiten" kann[563]. In bezug auf die Richtlinienkonformität des § 439 Abs. 4 BGB ist Erwägungsgrund 15 daher ohne Bedeutung.

Entscheidend ist vielmehr, was die Richtlinie unter dem Ausdruck „unentgeltlich" versteht. Theoretisch ist es vorstellbar, den Begriff weit auszulegen in dem Sinne, daß der Verbraucher im Austausch für die Nacherfüllung keinerlei Leistung erbringen müßte. Dann wäre die Verpflichtung zur Nutzungsherausgabe

---

[555] Vgl. die Begründung des Regierungsentwurfs, BT Drs. 14/6040, 232-233; krit. Kohler, ZGS 2004, 48, 49.

[556] Vgl. Roth, JZ 2001, 475, 489.

[557] Roth, JZ 2001, 475, 489; zust. Hoffmann, ZRP 2001, 347, 349; Winkelmann, in: Schimmel/Buhlmann (Hrsg.), Frankfurter Handbuch, S. 525, Rn. 229-232; Gsell, NJW 2003, 1969, 1973-1974; Ball, NZV 2004, 217, 222.

[558] BT Drs. 14/6040, 233; zust. Tonner/Crellwitz/Echtermeyer, in: Micklitz/Pfeiffer (Hrsg.), Verbraucherschutz, S. 293, 324; Jakobs, in: Dauner-Lieb/Konzen/Schmidt (Hrsg.), Schuldrecht in der Praxis, S. 371, 393; s.a. Schürholz, Nacherfüllung, S. 83.

[559] So aber die Begründung des Regierungsentwurfs, BT Drs. 14/6040, 233.

[560] Ebenso Hoffmann, ZRP 2001, 347, 349; Unberath, ZEuP 2005, 5, 35.

[561] AA die Begründung des Regierungsentwurfs, BT Drs. 14/6040, 233.

[562] Auch nicht nach § 439 Abs. 3 BGB, der die Rücktrittsvorschriften für entsprechend anwendbar erklärt; dazu AnwKom-BGB/Büdenbender, § 439, Rn. 15; Reinking, ZGS 2002, 140, 144-145; aA v. Westphalen, ZGS 2002, 19, 22.

[563] Vgl. Roth, JZ 2001, 475, 489.

bzw. Wertersatz nicht richtlinienkonform. Diese Interpretation ginge allerdings fehl, weil der Regelung ein anderes Verständnis zugrundeliegt.
Gemäß Art. 3 Abs. 3 RL umfaßt „unentgeltlich" die für die Herstellung des vertragsgemäßen Zustands notwendigen Kosten. Mit anderen Worten stellt das Attribut nur klar, daß der Verkäufer die Kosten der Nacherfüllung zu tragen hat.[564] Die Nutzungen, die der Käufer aus der mangelhaften Sache gezogen hat, sind aber etwas anderes.[565] Mithin verstößt die Herausgabepflicht nicht gegen Art. 3 Abs. 2, 3 RL. Da die Richtlinie keine Regelung in bezug auf das Schicksal der zuerst gelieferten Sache trifft, verbleibt den Mitgliedstaaten ein Spielraum, den der deutsche Gesetzgeber in zulässiger Weise genutzt hat.

III. Großbritannien

1. Sale of Goods Act 1979

In Großbritannien hat die Richtlinie den größten Änderungbedarf in bezug auf die Rechte des Verbrauchers ausgelöst. Denn das bisherige System der Gewährleistungsrechte nach dem SoGA unterscheidet sich erheblich von Art. 3 RL.[566] Abgesehen davon, daß es keine Hierarchie gab, sah der SoGA bislang nur zwei Rechtsbehelfe[567] vor: Zum einen den Anspruch auf Schadensersatz wegen Vertragsbruchs[568], zum anderen das right of rejection,[569] also das Recht, die Ware zurückzuweisen und den Vertrag zu beenden.
Einen Anspruch auf Nacherfüllung gab es weder im SoGA noch im englischen oder schottischen common law.[570] In bezug auf das englische Recht erklärt sich dies relativ einfach mit dem Fehlen eines Erfüllungsanspruchs.[571] Da der Verkäufer nur ausnahmsweise unter Billigkeitsgesichtspunkten zur Vertragserfüllung verurteilt wird (s. 52 SoGA), ist ein Anspruch auf Ersatzlieferung oder Nachbesserung kaum vorstellbar.
Es fragt sich jedoch, weshalb das schottische Recht bislang keinen Nacherfüllungsanspruch kannte. Denn im Unterschied zum englischen fehlt es nicht am lo-

---

[564] Vgl. Art. 3 Abs. 4 RL in seiner ersten Fassung, Legislative Entschließung, ABl. Nr. C 104/30 vom 6.4.1998, Änderung 30; dazu Staudenmayer, (2000) *ERPL* 547, 555.
[565] So zu Recht die Begründung des Regierungsentwurfs, BT Drs. 14/6040, 233; zust. Huber, in: Huber/Faust, Schuldrechtsmodernisierung, Rn. 13/56; Zerres, RIW 2003, 746, 755; s.a. Fest, NJW 2005, 2959, 2961.
[566] Ebenso Atiyah, *Sale of Goods*, at p. 219; Bradgate, *Commercial Law*, para. 12.5; Lawson, (2001) *S.J.* 136, 137; Twigg-Flesner, (2002) 12 *CPRev* 88, text before n. 5.
[567] House of Lords, *Consumer Guarantees*, para. 24.
[568] Für jede Vertragsverletzung: ss. 11(3), 53(1)(b) SoGA [England] bzw. ss. 15B(1)(a), 53A SoGA [Schottland].
[569] Bei wesentlichen Vertragsverletzungen: breach of condition, s. 11(3) SoGA [England] bzw. material breach of contract, s. 15(1)(b) SoGA [Schottland].
[570] Howells/Weatherill, *Consumer Protection Law*, at pp. 120, 144, 168; Weatherill, Ch. 4 in Lonbay (ed.), *Enhancing the Legal Position of the European Consumer*, at p. 65; Hogg, (2001) *ERPL* 337, 346.
[571] Ähnlich Twigg-Flesner/Bradgate, [2000] *Web JCLI*, 6.(a).

gischen Anknüpfungspunkt, dem Anspruch auf Vertragserfüllung[572]. Allerdings gibt es nur wenige aktuelle Entscheidungen zum Thema specific implement, weil selten auf Erfüllung *in natura* geklagt wird.[573] Deshalb liegt die Vermutung nahe, daß die Gerichte bislang keinen Anlaß hatten, sich mit dem Recht auf Nacherfüllung auseinanderzusetzen. Dafür spricht auch der Umstand, daß kein großes Bedürfnis nach einem solchen Anspruch besteht, weil der Käufer Mängel selbst beseitigen und die Kosten als Schadensersatz liquidieren kann[574].

2. Sale and Supply of Goods Regulations

Die Sale and Supply of Goods Regulations lassen die bisherigen Regelungen im wesentlichen unverändert fortbestehen. Statt das gesamte Rechtsbehelfssystem zu reformieren, sollen die Vorgaben des Art. 3 RL durch die Einführung der zusätzlichen Verbraucherrechte gemäß Part 5A SoGA erfüllt werden. An erster Stelle rangiert dabei das Recht auf Mängelbeseitigung oder Ersatzlieferung nach ss. 48A, 48B(1) SoGA.

a) Nachbesserung oder Ersatzlieferung

Dadurch erhalten die britischen Verbraucher erstmalig einen gesetzlichen Anspruch auf Nacherfüllung. Ob sich praktisch viel geändert hat, darf allerdings bezweifelt werden. Schließlich hatte der Käufer schon nach bisherigem Recht die Möglichkeit, den Verkäufer zur Nachbesserung zu bewegen, indem er sein right of rejection als Druckmittel einsetzte.[575]

Vor allem nutzt dem Verbraucher sein Anspruch aus ss. 48A, 48B(1) SoGA wenig, wenn der Verkäufer die Nacherfüllung verweigert. In England jedenfalls ist er kaum durchzusetzen, weil s. 48E(2) SoGA es in das Ermessen des Gerichts stellt, ob der Verkäufer zur „spezifischen Nacherfüllung" verurteilt wird.[576] Angesichts der grundsätzlichen Zurückhaltung gegenüber specific performance in England[577] ist zu vermuten, daß dies nur selten geschehen wird. Eine wirkliche Verbesserung der Rechtsposition ergibt sich dagegen bei Kaufverträgen, die

---

[572] Dazu oben S. 24.

[573] Dazu im Überblick W.W. McBryde, (1996) *ELR* 43; MacQueen/MacGregor, (1999) *ELR* 239 (jeweils mwN); vgl. aber *Highland and Universal Properties Ltd* v *Safeway Properties Ltd* 2000 SC 297

[574] Vgl. Basedow, Reform des deutschen Kaufrechts, S. 66; *Ruxley Electronics and Construction Ltd* v *Forsyth* [1995] WLR 118, at p. 127 *per* Lord Mustill; aA Oughton/Willett, (2002) *Journal of Consumer Policy* 299, 317.

[575] Twigg-Flesner/Bradgate, [2000] *Web JCLI*, 6.(a); Atiyah, *Sale of Goods*, at p. 219.

[576] Ebenfalls krit. Arnold/Unberath, ZEuP 2004, 366, 382-383; Oughton/Willett, (2002) *Journal of Consumer Policy* 299, 318; aA Harris, (2003) 119 *L.Q.R.* 541, 542-543; auf die Frage, ob diese Lösung richtlinienkonform ist, soll nicht näher eingegangen werden, weil es sich bei s. 48E SoGA der Sache nach um eine prozeßrechtliche Regelung handelt; allgemein zur „spezifischen Nacherfüllung" House of Lords, *Consumer Guarantees*, paras 39-40, 97; Watterson, (2001) *ERPL* 197, 212.

[577] Dazu oben S. 23.

schottischem Recht unterliegen. Da dem Gläubiger nach den allgemeinen Regeln ein einklagbarer Anspruch auf Vertragserfüllung (specific implement) zusteht,[578] ist anzunehmen, daß die schottischen Gerichte von der Ermächtigung in s. 48E SoGA eher Gebrauch machen werden.

b) Grenzen des Anspruchs

aa) Unmöglichkeit und Unverhältnismäßigkeit im engeren Sinne

Gemäß s. 48B(3)(a) und (b) SoGA kann der Käufer keine Mängelbeseitigung bzw. Ersatzlieferung verlangen, wenn sie unmöglich oder im Vergleich mit der jeweils anderen Alternative unverhältnismäßig ist. Der Begriff der Unverhältnismäßigkeit wird von s. 48B(4) näher beschrieben, die fast wortgleich mit Art. 3 Abs. 3 S. 2 RL ist. An der Richtlinienkonformität dieser Regelungen besteht also kein Zweifel.

bb) Unverhältnismäßigkeit im weiteren Sinne

Das gilt nicht für die dritte Einschränkung gemäß s. 48B(3)(c) SoGA, wonach der Anspruch auf die gewählte Nacherfüllung entfällt, wenn sie unverhältnismäßig ist im Vergleich mit der Preisminderung oder Vertragsauflösung nach s. 48C(1) SoGA.

Woher diese Vorschrift stammt, ist unklar. Sie hat kein Vorbild in der Richtlinie, und im letzten consultation document[579], in dessen Diskussionsentwurf sie erstmalig auftaucht, wird s. 48B(3)(c) SoGA nicht kommentiert. Daher läßt sich nur mutmaßen, daß das DTI diese zusätzliche Einschränkung für notwendig hielt, damit die Einführung des Nacherfüllungsanspruchs inklusive Wahlrecht nicht zu unwirtschaftlichen Ergebnissen führt. Also ist die Verhältnismäßigkeit nicht nur durch einen Vergleich mit der anderen Nacherfüllungsalternative, sondern allen besonderen Verbraucherrechten zu prüfen. Dadurch wird jedoch das Regel-Ausnahme-Verhältnis zwischen dem Nacherfüllungsanspruch und seinen Einschränkungen auf den Kopf gestellt, weil eine Preisminderung zumindest bei Artikeln mit geringer Gewinnspanne regelmäßig günstiger als die Nacherfüllung sein wird.

Darüber hinaus ist s. 48B(3)(c) SoGA nicht mit der Richtlinie zu vereinbaren. Bei der Verhältnismäßigkeitsprüfung gemäß Art. 3 RL steht ein Kostenvergleich zwischen den Nacherfüllungsalternativen im Vordergrund. Ein Vergleich mit den übrigen Verbraucherrechten dagegen ist nicht vorgesehen. Mithin handelt es sich bei s. 48B(3)(c) SoGA um einen zusätzlichen Ausnahmetatbestand, der das Richtlinienrecht auf Nacherfüllung verkürzt.[580]

---

[578] Dazu oben S. 24.

[579] DTI, *Sale of Consumer Goods, 2nd Consultation Document.*

[580] Im Ergebnis Twigg-Flesner, GPR 2003-04, 12, 17; zweifelnd Howells/Twigg-Flesner, in: Schermaier (Hrsg.), Verbraucherkauf in Europa, S. 303, 317.

IV. Zwischenergebnis

Durch die Umsetzung des Art. 3 Abs. 2 RL hat sich die Palette der verfügbaren Rechtsbehelfe erweitert. Dem deutschen Käufer steht neben dem Recht auf Ersatzlieferung beim Gattungskauf nunmehr auch ein Nachbesserungsanspruch zu, der gemäß § 475 Abs. 1 BGB weder eingeschränkt noch ausgeschlossen werden kann. Im britischen Kaufrecht reicht die Änderung noch weiter. Denn vor Einfügung der s. 48B SoGA gab es weder in England noch Schottland ein Recht auf Nacherfüllung. Angesichts s. 48E(1) SoGA bestehen allerdings erhebliche Zweifel, ob dieser Anspruch klageweise durchgesetzt werden kann.
Darüber hinaus sind den Gesetzgebern beider Staaten bei der Festlegung der Anspruchsgrenzen Umsetzungsfehler unterlaufen. Im deutschen Recht entfällt der Nacherfüllungsanspruch abweichend von der Richtlinie auch bei subjektiver Unmöglichkeit. Außerdem liegt der Verhältnismäßigkeitsprüfung eine Kosten-Nutzen-Analyse jeder Einzelalternative zugrunde. Art. 3 Abs. 3 RL hingegen geht davon aus, daß beide Nacherfüllungsarten miteinander zu vergleichen seien. In diesem Punkt weicht auch der SoGA von der Richtlinie ab, da gemäß s. 48B(3)(c) alle Verbraucher-Rechtsbehelfe in den Vergleich einzubeziehen sind. Also haben BGB und SoGA gemeinsam, daß sie das Wahlrecht des Verbrauchers und seinen Nacherfüllungsanspruch richtlinienwidrig einschränken.

B. Sekundäre Rechtsbehelfe

I. Richtlinie

1. Preisminderung und Vertragsauflösung

Neben dem Recht auf Nacherfüllung sieht die Richtlinie in Art. 3 Abs. 2 einen Anspruch auf angemessene Kaufpreisminderung bzw. Vertragsauflösung vor. Dabei handelt es sich um subsidiäre Rechte, auf die der Verbraucher nur unter den zusätzlichen Voraussetzungen des Art. 3 Abs. 5 RL zurückgreifen kann, also beispielsweise wenn er keinen Anspruch auf Nacherfüllung hat.

a) Vorrang der Nacherfüllung

Da die Richtlinie der Schaffung eines Mindestsockels an Verbraucherrechten dienen soll,[581] mag diese Regelung überraschen. Denn im Gegenzug für die Einführung des Nacherfüllungsanspruchs werden die übrigen Gewährleistungsrechte, vor allem das Recht zur Vertragsbeendigung, eingeschränkt. Im Interesse des Verbraucherschutzes hätte es vielleicht näher gelegen, die Rechtsbehelfe ohne

---

[581] Erwägungsgrund 5.

Rangordnung nebeneinander zu stellen.[582] Eine Vorschrift dieses Inhalts befand sich auch im ersten Richtlinienvorschlag.[583]
Auf Drängen der Bundesrepublik[584] wurde jedoch mit dem gemeinsamen Standpunkt[585] die Stufenlösung gemäß Art. 3 Abs. 5 RL eingeführt. Dadurch erhält der Verkäufer zwar kein Recht zur zweiten Andienung im eigentlichen Sinne,[586] weil der Verbraucher die Wahl zwischen Ersatzlieferung und Nachbesserung hat.[587] Aufgrund des Vorrangs der Nacherfüllung bekommt der Verkäufer aber immerhin eine zweite Chance zur Erbringung der geschuldeten Leistung. Diese Lösung entspricht dem Trend der Zeit, die Vertragsauflösung zugunsten der Nacherfüllung einzuschränken (vgl. Artt. 47-49 CISG, 8:104, 8:106 PECL).[588]

b) Voraussetzungen

aa) Kein Recht auf Nacherfüllung

Gemäß Art. 3 Abs. 5 Spiegelstrich 1 RL kann der Verbraucher sofort mindern oder die Vertragsauflösung verlangen, wenn er weder einen Anspruch auf Nachbesserung noch Ersatzlieferung hat. Diese Voraussetzung ist erfüllt, wenn beide Arten der Nacherfüllung unmöglich sind. Weiterhin ist an den Ausnahmefall[589] zu denken, in welchem nur eine Alternative möglich, aber mit unzumutbaren Kosten verbunden wäre.

bb) Nichtvornahme

(1) Untätigkeit trotz Aufforderung

Auf die Rechte der zweiten Stufe kann außerdem zurückgegriffen werden, wenn der Verkäufer nicht innerhalb einer angemessenen Frist Abhilfe geschaffen hat (Spiegelstrich 2). Gemeint sind Fälle, in denen der Verbraucher ein Recht auf Nacherfüllung hat, der Verkäufer aber trotz Aufforderung untätig bleibt. Bemerkenswert an dieser Regelung ist, daß sie im Unterschied zu beispielsweise Art. 47

---

[582] Vgl. European Consumer Law Group, (1998) *Journal of Consumer Policy* 91, 94.
[583] ABl. Nr. C 307/8 vom 16.10.1996, Art. 3 Abs. 4 S. 1; dazu Beale/Howells, (1997) 12 *Journal of Contract Law* 21, 34-35.
[584] Dazu Schmidt-Räntsch, ZIP 1998, 849, 851; Baldus, Binnenkonkurrenz, S. 25.
[585] ABl. Nr. C 333/46 vom 30.10.1998, Art. 3 Abs. 4.
[586] So aber Hoeren/Martinek/Müller, Systematischer Kommentar, Teil 1, Rn. 231 mwN; Haas, in: Haas/Medicus u.a. (Hrsg.), Das neue Schuldrecht, S. 173, Rn. 37; dazu rechtsvergleichend Rabel, Recht des Warenkaufs II, S. 252-254.
[587] Ebenso Westermann, JZ 2001, 530, 536.
[588] Dazu Huber, in: Gottwald/Jayme/Schwab (Hrsg.), FS Henrich, S. 297, 304-305; Krebs, DB Beilage 14/2000, 19.
[589] Dazu oben S. 81.

Abs. 1 CISG keine Fristsetzung durch den Käufer voraussetzt.[590] Die Nachfrist beginnt schon mit der Aufforderung zur Mängelbeseitigung zu laufen.[591]

(2) Mängelbeseitigung nach Fristablauf

Fraglich ist, ob der Verbraucher gemäß Art. 3 Abs. 5 Spiegelstrich 2 RL die Minderung verlangen kann, wenn der Verkäufer den Mangel nach Fristablauf behoben hat. Der Wortlaut ließe eine Interpretation in diesem Sinne zu,[592] weil die Vorschrift nur darauf abstellt, ob der Verkäufer die Frist hat verstreichen lassen. Erhebliche Zweifel ergeben sich jedoch aus dem Umstand, daß der Käufer durch eine erfolgreiche, wenngleich verspätete, Nacherfüllung das erhält, was ihm vertraglich zusteht. Im übrigen ist zu bedenken, daß Art. 3 Abs. 5 RL keine zusätzlichen Rechte begründet, sondern nur den Übergang von der ersten auf die zweite Stufe regelt[593]. Mit der verspäteten Nacherfüllung fällt der Haftungsgrund gemäß Art. 3 Abs. 1 RL, die Vertragswidrigkeit der Lieferung, weg, so daß eigentlich keine Gewährleistung mehr in Betracht kommt.

Dieses Auslegungsergebnis bestätigt auch ein Vergleich mit Art. 49 Abs. 1 lit. b CISG, der ursprünglich denselben Wortlaut[594] wie Art. 3 Abs. 5 Spiegelstrich 2 RL hatte. Trotzdem geht der Sekretariatskommentar wie selbstverständlich davon aus, daß der Käufer nach erfolgter Nacherfüllung nicht mehr die Aufhebung des Vertrags erklären könne.[595]

Art. 3 Abs. 5 Spiegelstrich 2 RL ist also dahingehend zu interpretieren, daß der Verbraucher zwar nach Ablauf einer angemessenen Nacherfüllungsfrist den Vertrag beenden bzw. eine Minderung verlangen kann. Unternimmt der Verkäufer aber – unter Umständen nach Fristablauf - einen erfolgreichen Nacherfüllungsversuch, erlöschen die sonstigen Gewährleistungsrechte.

cc) Fehlschlag und zu erwartende Unannehmlichkeiten

Ebenso problematisch und im deutschen Schrifttum sehr umstritten ist die Interpretation des Art. 3 Abs. 5 Spiegelstrich 3 RL. Danach steht dem Verbraucher ein sofortiges Recht auf Minderung/Vertragsauflösung zu, wenn der Verkäufer nicht ohne erhebliche Unannehmlichkeiten Abhilfe geschaffen hat. Unstreitig ist das

---

[590] Wolf, RIW 1997, 899, 902; Rieger, VuR 1999, 287, 291; Grundmann, in: Grundmann/Medicus/Rolland (Hrsg.), Kaufgewährleistungsrecht, S. 281, 305-306; Ernst, ZRP 2001, 1, 9; Knütel, NJW 2001, 2519, 2519.

[591] Micklitz, EuZW 1999, 485, 488; Ernst/Gsell, ZIP 2000, 1410, 1418; aA wohl Thode, ZfBR 2000, 363, 370.

[592] Ähnlich Welser/Jud, Reform des Gewährleistungsrechts, S. 85; Schlechtriem, in: Ernst/Zimmermann (Hrsg.), Zivilrechtswissenschaft und Schuldrechtsreform, S. 205, 219.

[593] Staudenmayer, NJW 1999, 2393, 2395; vgl. Roth, in: Ernst/Zimmermann (Hrsg.), Zivilrechtswissenschaft und Schuldrechtsreform, S. 226, 245.

[594] „Has not delivered“ (Art. 44 im Entwurf des UN-Abkommens) statt „does not deliver“ (Art. Art. 49 Abs. 1 lit. b CISG).

[595] *Secretariat Commentary*, Art. 44, para. 4.

der Fall, wenn er einen fehlgeschlagenen Nacherfüllungsversuch unternommen hat.[596]
Darüber hinaus kann der Verbraucher nach verbreiteter Ansicht sogar mindern oder sich vom Vertrag lösen, wenn der Versuch zwar erfolgreich war, aber erhebliche Unannehmlichkeiten verursacht hat.[597] Für diese These spricht, genau wie bei Spiegelstrich 2, durchaus der Wortlaut der Norm[598].
Doch auch in diesem Fall ist einzuwenden, daß mit der erfolgreichen Nacherfüllung der Haftungsgrund entfällt. Dagegen ließe sich argumentieren, daß Spiegelstrich 3 das Recht zur Minderung/Vertragsauflösung als Sanktion für den Verstoß gegen die Pflicht zur Nacherfüllung ohne Unannehmlichkeiten (Art. 3 Abs. 3 S. 3 RL) vorsieht.[599] Indessen regelt Art. 3 Abs. 5 RL nur den Übergang von der ersten zur zweiten Gewährleistungsstufe. Daher liegt der Gedanke, es solle sozusagen der Haftungsgrund ausgewechselt werden, eher fern.
Vor allem paßt diese Konstruktion auch nicht zu den Rechtsfolgen. Als Sanktion für den Verstoß gegen Art. 3 Abs. 3 S. 3 RL käme ein Anspruch auf Schadensersatz in Frage. Mit diesem Rechtsbehelf beschäftigt sich die Richtlinie aber nicht.[600] Stattdessen öffnet Art. 3 Abs. 5 RL dem Verbraucher den Weg zur Minderung, d.h. der Anpassung des durch die mangelhafte Leistung gestörten Äquivalenzverhältnisses[601].
Daher bleibt es bei der Feststellung, daß nach einem erfolgreichen Nacherfüllungsversuch keine weiteren Gewährleistungsrechte mehr bestehen. Der Passus über die erheblichen Unannehmlichkeiten in Spiegelstrich 3 wird damit nicht überflüssig. Unter der Annahme, daß die Vorschrift ungenau formuliert ist, kann er so verstanden werden, daß dem Verkäufer keine zweite Chance gegeben werden muß, wenn die Nacherfüllung mit erheblichen Unannehmlichkeiten für den Verbraucher verbunden *wäre*.[602] Mithin erfaßt Art. 3 Abs. 5 Spiegelstrich 3 RL

596 Ernst/Gsell, ZIP 2000, 1410, 1417; Roth, in: Ernst/Zimmermann (Hrsg.), Zivilrechtswissenschaft und Schuldrechtsreform, S. 226, 244.
597 Amtenbrink/Schneider, VuR 1999, 293, 298; Huber, in: Gottwald/Jayme/Schwab (Hrsg.), FS Henrich, S. 297, 307; Schlechtriem, in: Schack (Hrsg.), GS Lüderitz, S. 675, 688-689; Ernst/Gsell, ZIP 2000, 1410, 1417; dies., ZIP 2001, 1389, 1393, Fn. 37; Gsell, JZ 2001, 65, 70; Roth, in: Ernst/Zimmermann (Hrsg.), Zivilrechtswissenschaft und Schuldrechtsreform, S. 226, 243-245; Dauner-Lieb/Arnold/Dötsch/Kitz, Anmerkungen, S. 77; Jorden, Verbrauchergarantien, S. 310; Pfeiffer, ZGS 2002, 23, 25; aA Westermann, in: Schulze/Schulte-Nölke (Hrsg.), Schuldrechtsreform vor dem Hintergrund des Gemeinschaftsrechts, S. 109, 126; ders., JZ 2001, 530, 537; Tonner/Crellwitz/Echtermeyer, in: Micklitz/Pfeiffer (Hrsg.), Verbraucherschutz, S. 293, 324; Jud, Jb.J.ZivRWiss. 2001, S. 205, 219; Welser/Jud, § 932 ABGB, Rn. 35.
598 Pfeiffer, ZGS 2002, 390, 390.
599 Roth, in: Ernst/Zimmermann (Hrsg.), Zivilrechtswissenschaft und Schuldrechtsreform, S. 226, 245; Pfeiffer, ZGS 2002, 390, 391; ähnlich Schlechtriem, in: Ernst/Zimmermann (Hrsg.), Zivilrechtswissenschaft und Schuldrechtsreform, S. 205, 219.
600 Konsequent aA Ernst/Gsell, ZIP 2000, 1410, 1417; Roth, in: Ernst/Zimmermann (Hrsg.), Zivilrechtswissenschaft und Schuldrechtsreform, S. 226, 243-245.
601 Schlechtriem, Jb.J.ZivRWiss. 2001, S. 9, 28.
602 Welser/Jud, Reform des Gewährleistungsrechts, S. 86; Jud, Jb.J.ZivRWiss. 2001, S. 205, 219; ähnlich Baldus, Binnenkonkurrenz, S. 28; Winkelmann, in: Schimmel/Buhlmann (Hrsg.), Frankfurter Handbuch, S. 525, Rn. 228.

zwei unterschiedliche Fallgruppen, nämlich den Fehlschlag der Nacherfüllung sowie zu erwartende Unannehmlichkeiten.

c) Bagatellgrenze

Die Richtlinie macht keine Angaben in bezug auf die nähere Ausgestaltung der sekundären Rechtsbehelfe, wie z.B. die Berechnungsmethode bei der Minderung. Erwägungsgrund 15 S. 2 weist darauf hin, daß die Modalitäten der Vertragsauflösung durch die Mitgliedstaaten festgelegt werden sollen. In Art. 3 Abs. 6 RL findet sich lediglich eine weitere Einschränkung. Danach ist die Vertragsauflösung bei geringfügigen Vertragswidrigkeiten ausgeschlossen.

II. Deutschland

1. Rechtslage vor der Umsetzung

Nach altem Recht konnte der Käufer zwar nur unter den Voraussetzungen des § 480 Abs. 1 S. 1 BGB a.F. Nacherfüllung verlangen. Dafür stand ihm aber bei mangelhafter Leistung gemäß § 462 BGB a.F. ein sofortiges Recht zur Minderung oder Wandelung zu. Eine besondere Einschränkung in bezug auf die Vertragsauslösung gab es nicht. Stattdessen wurde die Gewährleistung durch § 459 Abs. 1 S. 2 BGB a.F. allgemein bei unerheblichen Fehlern ausgeschlossen.

2. Schuldrechtsmodernisierungsgesetz

a) Vorrang der Nacherfüllung

Dieses Konzept hat der Gesetzgeber im Zuge der Schuldrechtsmodernisierung aufgegeben, um das System der Rechtsbehelfe weitgehend an die Richtlinie anzugleichen. Das führte sowohl zu geringfügigen als auch weitreichenden Änderungen. So wurde beispielsweise die Erheblichkeitsklausel des § 459 Abs. 1 S. 2 BGB a.F. gestrichen bzw. durch eine Bagatellgrenze nach dem Vorbild des Art. 3 Abs. 6 RL ersetzt (§§ 437 Nr. 2, 323 Abs. 5 S. 2 BGB).

Der eigentliche Systemwechsel zeigt sich in der Abkehr von der sofortigen Wandelung zur Nacherfüllung. Denn die Neuregelung brachte nicht nur den allgemeinen Nacherfüllungsanspruch gemäß §§ 437 Nr. 1, 439 Abs. 1 BGB, sondern auch die sogenannte Hierarchisierung der Gewährleistungsrechte[603] mit sich. Im deutschen Kaufrecht steht die Nacherfüllung nunmehr ebenfalls im Vordergrund, weil die übrigen Rechte von den zusätzlichen Voraussetzungen des § 437 Nr. 2 BGB abhängen.

Gemäß Art. 8 Abs. 2 RL hätte der Gesetzgeber diese Abstufung nicht vornehmen müssen. Andererseits ändert sich zumindest bei Massengeschäften kaum etwas,

---

[603] Schmidt-Räntsch, ZIP 1998, 849, 851.

weil der Vorrang der Nacherfüllung der bisherigen AGB-Praxis entspricht.[604] Vor allem benötigt der Käufer aufgrund seines Nacherfüllungsanspruchs auch kein sofortiges Wandelungsrecht mehr als Druckmittel.[605] Daher besteht kein ernsthafter Grund, die Einführung des zweistufigen Gewährleistungssystems zu kritisieren.

b) Voraussetzungen

aa) Unmöglichkeit der Nacherfüllung

Nach §§ 437 Nr. 2, 326 Abs. 5 bzw. §§ 441 S. 1, 437 Nr. 2, 326 Abs. 5 BGB kann der Käufer vom Vertrag zurücktreten oder den Preis mindern, falls der Verkäufer gemäß § 275 nicht nachzuerfüllen braucht. Hierbei handelt es sich um ein sofortiges Recht zur Vertragsauflösung/Minderung, weil die für den Rücktritt ansonsten erforderliche Fristsetzung gemäß § 326 Abs. 5 BGB entbehrlich ist.

Von ihrem Richtlinienpendant unterscheidet sich die Regelung in §§ 437 Nr. 2, 326 Abs. 5 BGB durch ihren größeren Anwendungsbereich. Während sie dem Käufer in jedem Fall der Unmöglichkeit den Rücktritt zugesteht, stellt Art. 3 Abs. 5 Spiegelstrich 1 RL im wesentlichen darauf ab, ob die Nacherfüllung objektiv unmöglich ist. Diese Abweichung stellt sozusagen einen Folgefehler dar, denn die weite Definition der Unmöglichkeit findet sich bereits in § 439 Abs. 3 S. 1 iVm § 275 BGB[606].

Anders als bei den Grenzen des Anspruchs auf Nacherfüllung[607] ist hier jedoch der Vorwurf der Richtlinienwidrigkeit nicht angebracht. Da die §§ 441 S. 1, 437 Nr. 2, 326 Abs. 5 BGB dem Käufer zusätzlich das Recht zur Minderung/Vertragsauflösung geben, wenn der Verkäufer zur Nacherfüllung außerstande ist, wirkt sich die Abweichung zugunsten des Verbrauchers aus. Somit handelt es sich um eine nach Art. 8 Abs. 2 RL zulässige Regelung.

Falls jedoch § 439 Abs. 1 BGB wie vorgeschlagen[608] an die Richtlinie angepaßt wird, sollten auch die §§ 437 Nr. 2, 326 Abs. 5 nicht unverändert bleiben. Der gewünschte Interessenausgleich zwischen Verkäufer und Käufer durch das abgestufte Rechtsbehelfssystem setzt einen Gleichlauf zwischen den Grenzen des Nacherfüllungsanspruchs und den sekundären Rechten voraus. Diese sollten also bloß bei objektiver oder praktischer Unmöglichkeit (§ 275 Abs. 1 2. Alt. bzw. Abs. 2 BGB) zur Verfügung stehen.

Gesetzgebungstechnisch wäre dieses Ergebnis zu erreichen, indem die in § 437 Nr. 2 vollzogene „Andockung“[609] des Gewährleistungsrechts an das allgemeine

[604] Ebenso Lehr/Wendel, EWS 1999, 321, 325; Micklitz, (2002) *Journal of Consumer Policy* 379, 395-396.

[605] AA Tonner, VuR 2001, 87, 90; Tonner/Crellwitz/Echtermeyer, in: Micklitz/Pfeiffer (Hrsg.), Verbraucherschutz, S. 293, 324; krit. Dauner-Lieb, JZ 2001, 8, 13.

[606] Dazu oben S. 85.

[607] Dazu oben S. 85.

[608] Dazu oben S. 86.

[609] Lorenz, JZ 2001, 742, 742.

Leistungsstörungsrecht insoweit wieder aufgegeben wird. Denn im Rahmen des Rücktrittsrechts stellt § 326 Abs. 5 BGB eine sinnvolle und daher beizubehaltende Regelung dar. Der Übergang von der ersten zur zweiten Gewährleistungsstufe müßte in einer speziellen kaufrechtlichen Vorschrift geregelt werden.

bb) Leistungsverweigerung wegen Unverhältnismäßigkeit

Gemäß Art. 3 Abs. 5 Spiegelstrich 1 RL kann sich der Verbraucher vom Vertrag lösen bzw. mindern, wenn beide Arten der Nacherfüllung unmöglich sind. Unter dem Gesichtspunkt der Unverhältnismäßigkeit kommt der sofortige Rücktritt nur ausnahmsweise in Frage, wenn lediglich eine Nacherfüllungsalternative möglich, aber mit unverhältnismäßigen Kosten verbunden ist.[610] Solange beide Arten der Nacherfüllung möglich sind, kann der Verbraucher nicht auf die sekundären Gewährleistungsrechte zurückgreifen.

Von dieser Konzeption weichen die §§ 441 S. 1, 437 Nr. 2, 440 S. 1 1. Var. BGB ab. Denn sie gestatten Rücktritt und Minderung, wenn der Verkäufer beide Arten der Nacherfüllung gemäß § 439 Abs. 3 verweigert, also die Kosten-Nutzen-Analyse ergibt, daß sie unzumutbar sind[611]. Mithin stehen die sekundären Gewährleistungsrechte dem Käufer auch dann zur Verfügung, wenn beide Nacherfüllungsalternativen möglich sind.

Bei dieser Abweichung handelt es sich um einen weiteren Folgefehler, der aus dem Umstand resultiert, daß § 439 Abs. 3 S. 1 und S. 3 BGB dem Verkäufer richtlinienwidrig das Recht einräumen, nicht nur die ursprünglich gewählte, sondern auch die andere Nacherfüllungsart abzulehnen.[612] In bezug auf die Rechtsfolgen führt dies aber ebenso wie die §§ 437 Nr. 2, 326 Abs. 5 BGB zu einer Besserstellung des Verbrauchers und ist daher nicht zu beanstanden (Art. 8 Abs. 2 RL).

cc) Erfolglose Nachfristsetzung

Art. 3 Abs. 5 Spiegelstrich 2 RL wird durch die §§ 441 S. 1, 437 Nr. 2, 323 BGB umgesetzt. Danach kann der Käufer zurücktreten bzw. mindern, wenn er erfolglos eine angemessene Frist zur Nacherfüllung gesetzt hat (§ 323 Abs. 1). Das Erfordernis der Nachfristsetzung entfällt nur unter den Voraussetzungen des § 323 Abs. 2 BGB, also z.B. wenn der Verkäufer die Leistung ernsthaft und endgültig verweigert.

Hierin liegt ein nicht unerheblicher Unterschied zu Art. 3 Abs. 5 Spiegelstrich 2 RL, der zwar ebenfalls den Ablauf einer Nachfrist voraussetzt, dem Verbraucher aber nicht die Obliegenheit der Fristsetzung auferlegt.[613] Wegen dieser augenfäl-

---

[610] Dazu oben S. 95.
[611] Dazu oben S. 87.
[612] Dazu oben S. 88
[613] Dazu oben Fn. 590; Reich, NJW 1999, 2397, 2402; Micklitz, EuZW 1999, 485, 488; Faber, Jb.J.ZivRWiss. 1999, S. 85, 97; Ernst, ZRP 2001, 1, 9; Unberath, ZEuP 2005, 5, 28; aA Henssler/Westphalen/Westphalen, § 437, Rn. 10.

ligen Abweichung gehören die §§ 437 Nr. 2, 323 Abs. 1 BGB zu denjenigen Regelungen, die von den Kritikern der Schuldrechtsreform häufig als Beispiel herausgegriffen werden.[614]

Es ist allerdings nicht so, als ob die Gesetzesverfasser das Problem nicht gesehen hätten. In seiner ersten Fassung forderte § 323 ebenfalls die Setzung einer Frist zur Vertragserfüllung. Falls der Gläubiger es versäumt, die Leistungsaufforderung mit einer Nachfristsetzung zu verbinden, sollte sie aber gemäß § 323 Abs. 1 S. 2 DE fingiert werden.[615] Damit wäre der Käufer im Ergebnis vom Erfordernis der Fristsetzung befreit. Wie sich aus der Begründung des Diskussionsentwurfs ergibt, entsprang diese Lösung der Erkenntnis, daß die Richtlinie eine Regelung verbietet, wonach der Verbraucher seine Rechte verliert, weil er die Fristsetzung vergessen hat[616].

Schon in der Konsolidierten Fassung war diese Vorschrift nicht mehr enthalten. Dafür wies noch der Regierungsentwurf an versteckter Stelle (§ 326 Abs. 1 S. 3 RE) darauf hin, daß § 323 bei nicht vertragsgemäßer Leistung mit der Maßgabe Anwendung finde, daß die Fristsetzung entbehrlich sei. Auch diese Regelung hätte der Richtlinie entsprochen, doch auf Vorschlag des Bundesrates wurde sie gestrichen und durch den späteren § 326 Abs. 5 BGB ersetzt.[617] Danach scheint die Frage der Richtlinienkonformität von § 323 in Vergessenheit geraten zu sein.

Die derzeitige Regelung wird in der Literatur nahezu einhellig als richtlinienwidrig beurteilt.[618] Dabei bringt sie gegenüber Art. 3 Abs. 5 Spiegelstrich 2 RL den Vorteil der größeren Rechtssicherheit mit sich.[619] Da dem Gläubiger gemäß § 323 Abs. 1 BGB die Fristsetzung obliegt, stehen sowohl Anfang als auch Ende der Nachfrist eindeutig fest. Es kann lediglich darüber Streit geben, ob die gesetzte Frist angemessen ist.

Allerdings ist zweifelhaft, ob von einem Verbraucher erwartet werden kann, daß er auf den Gedanken kommt, nicht nur Nacherfüllung zu fordern, sondern auch eine Frist zu setzen.[620] Darüber hinaus stellt der Vorteil der Rechtssicherheit, ent-

---

[614] Ernst/Gsell, ZIP 2001, 1389, 1393, Fn. 37; Knütel, NJW 2001, 2519, 2519; Dauner-Lieb/Arnold/Dötsch/Kitz, Anmerkungen, S. 84; s.a. Hoffmann, ZRP 2001, 347, 349; Westermann, in: Grundmann/Medicus/Rolland (Hrsg.), Europäisches Kaufgewährleistungsrecht, S. 251, 267; Winkelmann, in: Schimmel/Buhlmann (Hrsg.), Frankfurter Handbuch, S. 525, Rn. 221.

[615] Dazu Gsell, JZ 2001, 65, 67 ff.

[616] Begründung des Diskussionsentwurfes, S. 323.

[617] Beschluß, BR Drs. 338/01, 48; s.a. Beschlußempfehlung des Rechtsausschusses, BT Drs. 14/7052, 183, 193.

[618] Dauner-Lieb/Arnold/Dötsch/Kitz, Anmerkungen, S. 84; Knütel, NJW 2001, 2519, 2519; Hoffmann, ZRP 2001, 347, 349; Lorenz, NJW 2005, 1889, 1894; vgl. Westermann, in: Grundmann/Medicus/Rolland (Hrsg.), Europäisches Kaufgewährleistungsrecht, S. 251, 267, aA nur Jud, Jb.J.ZivRWiss. 2001, S. 205, 215.

[619] Jud, Jb.J.ZivRWiss. 2001, S. 205, 215; Grundmann, in: Grundmann/Medicus/Rolland (Hrsg.), Kaufgewährleistungsrecht, S. 281, 305-306; ähnlich Andres, in: Schimmel/Buhlmann (Hrsg.), Frankfurter Handbuch, S. 441, Rn. 78.

[620] Ähnlich Grundmann, AcP 202 (2002), 40, 51.

gegen einer gelegentlich geäußerten Ansicht,[621] keine Abweichung zugunsten des Verbrauchers im Sinne des Art. 8 Abs. 2 RL dar. Denn durch die Auferlegung der Obliegenheit werden seine Rechte stärker als durch Art. 3 RL vorgesehen eingeschränkt. Laut EuGH[622] müssen Überlegungen zur Rechtssicherheit daher zurücktreten.
Also stehen die §§ 437 Nr. 2, 323 Abs. 1 BGB im Widerspruch zu Art. 3 Abs. 5 Spiegelstrich 2 RL. Da eine richtlinienkonforme Auslegung des § 323 Abs. 2 BGB nicht in Betracht kommt, wird der Gesetzgeber für Abhilfe sorgen müssen. Die Beseitigung dieses Umsetzungsmangels stellt aber kein großes Problem dar, weil bereits zwei richtlinienkonforme Lösungen gefunden worden waren. Der Gesetzgeber hat die Wahl, ob er eine Fiktion wie in § 323 Abs. 1 S. 2 DE einführt oder den Ausnahmekatalog des § 323 Abs. 2 BGB um eine Regelung für die vertragswidrige Lieferung erweitert.

dd) Fehlschlag und Unzumutbarkeit

Ein weiteres beliebtes Beispiel für Fehler bei der Richtlinienumsetzung[623] sind die §§ 441 S. 1, 437 Nr. 2, 440 S. 1 2., 3. Var. BGB. Diese billigen dem Käufer ein sofortiges Recht zu Rücktritt oder Minderung zu, wenn die Nacherfüllung fehlgeschlagen bzw. dem Käufer unzumutbar ist. Eine Regelung, wonach er bei einer erfolgreichen, aber mit Unannehmlichkeiten verbundenen Nacherfüllung zurücktreten kann, enthält § 440 S. 1 BGB nicht. Wie bereits dargelegt, erfordert Art. 3 Abs. 5 RL jedoch keine solche Regelung.[624] Sie wäre auch wenig sinnvoll, weil nach erfolgreicher Nacherfüllung kein Grund mehr vorhanden ist, den Vertrag zu lösen oder den Kaufpreis zu mindern. Ein Anlaß zur Änderung besteht daher nicht.

III. Großbritannien

1. Sale of Goods Act 1979

a) Reduzierung des Kaufpreises

Die Minderung, welche in den kontinentaleuropäischen Rechtsordnungen zu den traditionellen Käuferrechten gehört und daher auch im Wiener Übereinkommen vorgesehen ist (Art. 50 CISG),[625] ist als eigenständiger Rechtsbehelf in den

---

[621] Welser/Jud, Reform des Gewährleistungsrechts, S. 89; Jud, Jb.J.ZivRWiss. 2001, S. 205, 215.
[622] Vgl. EuGH, Rs. C-481/99, *Georg und Helga Heininger/Bayerische Hypo- und Vereinsbank AG*, Slg. 2001, I-9945, Rz. 47; dazu Pfeiffer, EWiR 2002, 261 mwN.
[623] Reinking, DAR 2001, 8, 10-11; Dauner-Lieb/Arnold/Dötsch/Kitz, Anmerkungen, S. 84; Ernst/Gsell, ZIP 2001, 1389, 1393, Fn. 37.
[624] Dazu oben S. 97.
[625] Dazu Bergstein/Miller, (1979) 27 *Am. J. Comp. L.* 255, 256-258.

Common law-Ländern unbekannt.[626] Deshalb enthielt der SoGA bislang kein Gegenstück zu Art. 3 Abs. 5 1. Alt. RL, was jedoch nicht bedeutet, daß dem britischen Recht der Gedanke der Kaufpreisreduzierung vollkommen fremd wäre.

aa) Manko

Gemäß s. 30(1) SoGA hat der Käufer im Falle einer Zuweniglieferung die Wahl, ob er die Leistungsannahme verweigert oder nicht. Wenn er sich für die Annahme entscheidet, muß er einen proportional geminderten Preis zahlen.[627] Also sah der SoGA schon vor den Sale and Supply of Goods Regulations einen Mechanismus zur Preisminderung vor, der sogar Art. 3 Abs. 5 RL überlegen ist. Denn gemäß s. 30(1) SoGA kann der Käufer die Rechtslage durch die Ausübung seines Wahlrechts gestalten, während die Richtlinie ihm nur einen Anspruch auf Minderung zugesteht. Allerdings ist s. 30(1) SoGA streng genommen nicht vergleichbar mit Art. 3 Abs. 5 RL, weil sie nur das Manko regelt. Art. 3 Abs. 5 RL findet bei einer Zuweniglieferung keine Anwendung, da es an einer Vertragswidrigkeit im Sinne der Richtlinie fehlt[628].

bb) Schadensersatz

Dementsprechend wird s. 30 SoGA im Schrifttum kaum erwähnt.[629] Stattdessen findet sich auffallend häufig die Behauptung, Art. 3 Abs. 5 1. Alt. RL löse keinen Änderungsbedarf aus, weil die Regeln des Schadensrechts zu denselben Ergebnissen führten.[630] Danach kann der Käufer bei jedem Vertragsbruch den Ersatz des adäquat kausalen Schadens verlangen.[631] Wenn der Verkäufer Ware liefert, deren Qualität nicht dem Vertrag entspricht, wird außerdem gemäß ss. 53(3) bzw. 53A(2) SoGA vermutet, daß ein Schaden in Höhe der Differenz zwischen dem Wert im geschuldeten und mangelhaften Zustand entstanden sei. Schließlich stellt s. 53(1)(a) SoGA für das englische Recht klar,[632] daß der Käufer mit seinem

---

[626] Vgl. *United Nations Conference on Contracts for the International Sale of Goods*, Doc. C(4), O.R. 236-433, 23rd meeting, para. 39, zitiert nach: Honnold (ed.), *Documentary History*, at p. 579; Bradgate, *Commercial Law*, para. 12.5; Gloag/Henderson, *Law of Scotland*, para. 16.35.

[627] Dazu oben S. 23.

[628] Dazu oben S. 21.

[629] Ausnahme: Watterson, (2001) *ERPL* 197, 213, n. 81.

[630] Beale/Howells, (1997) 12 *Journal of Contract Law* 21, 34; Shears/Zollers/Hurd, [2000] *JBL* 262, 273; ähnlich Twigg-Flesner/Bradgate, [2000] *Web JCLI*, 6.(b); Watterson, (2001) *ERPL* 197, 213; vgl. Atiyah, *Sale of Goods*, at p. 546, n. 59; Willett/Morgan-Taylor/Naidoo, [2004] *JBL* 94, 114; zweifelnd Bradgate, [1997] *Web JCLI*, text after n. 11; ders., *Commercial Law*, at p. 339; Oughton/Willett, (2002) *Journal of Consumer Policy* 299, 320; vgl. Bridge, (2003) 119 *L.Q.R.* 173, 175 (zum Unterschied zwischen Schadensersatz und *actio quanti minoris*).

[631] Vgl. ss. 53(2) [England] bzw. 53A(1) SoGA [Schottland].

[632] S. 53(1)(a) SoGA kodifiziert die Entscheidung *Mondel* v *Steel* (1841) 8 M & W 858, at pp. 870 *et seq. per* Parke B., in der eine Abkehr von der älteren Rechtsprechung vollzogen wurde, wonach die Prozeßaufrechnung mit einem Schadensersatzanspruch nicht in Betracht kam,

Schadensersatzanspruch gegen die Kaufpreisforderung aufrechnen dürfe. Auf diesem Wege kann er indirekt eine Reduzierung des Preises erreichen.
Ob damit bereits den Vorgaben der Richtlinie Genüge getan ist, scheint fraglich. Bedenken ergeben sich zunächst in bezug auf die Berechnungsmethode, weil die Aufrechnung mit dem Schadensersatzanspruch zu einer linearen Reduzierung führt.[633] Sieht man den Sinn der Minderung in der Vertragsanpassung an die geänderten Umstände,[634] liegt es näher, den geminderten Kaufpreis wie in §§ 472 Abs. 1 BGB a.F. bzw. 441 Abs. 3 S. 1 BGB proportional zu berechnen. Mit Hilfe dieser Methode läßt sich der Preis ermitteln, welcher unter dem Bewertungsmaßstab des Vertrags vereinbart worden wäre, wenn von Anfang an eine mangelhafte Sache Vertragsgegenstand gewesen wäre.[635]
Für eine Interpretation in diesem Sinne spricht scheinbar auch ein Vergleich mit dem UN-Kaufrecht, da Art. 50 CISG eine proportionale Herabsetzung vorsieht. Letztlich vermag dieses Argument aber nicht zu überzeugen. Denn obwohl das Wiener Übereinkommen als Vorbild gedient hat, sind die Unterschiede zwischen CISG und Richtlinie bei den Rechtsbehelfen des Käufers groß.
So verwendet Art. 3 RL für die Abstufung der Gewährleistungsrechte nicht den Nachfristmechanismus des UN-Kaufrechts.[636] Außerdem weicht Art. 3 Abs. 5 RL dadurch von Art. 50 CISG ab, daß er dem Verbraucher kein Gestaltungsrecht, sondern nur einen Anspruch auf Minderung einräumt[637]. Deshalb ist es unmöglich, die Berechnungsmethode des Art. 50 CISG in Art. 3 Abs. 5 RL sozusagen „hineinzuinterpretieren". Da sich die Richtlinie nicht festlegt, muß vielmehr davon ausgegangen werden, daß Art. 3 Abs. 5 RL sowohl die proportionale als auch lineare Berechnung zuläßt. Der Umstand, daß die Aufrechnung zu einer linearen Reduzierung führt, stellt die Richtlinienkonformität der Schadensersatzregelungen also nicht in Frage.
Allerdings hat Art. 3 Abs. 5 RL einen größeren Anwendungsbereich als die ss. 53(3), 53A(2) SoGA. Diese fordern eine Abweichung vom geschuldeten Qualitätsmaßstab, also einen Verstoß gegen s. 14 SoGA oder eine entsprechende Parteivereinbarung[638]. Außerdem stellen sie nur eine Vermutung hinsichtlich der Schadenshöhe auf, die der Verkäufer widerlegen kann. Der Anspruch auf Minderung dagegen setzt nicht einmal voraus, daß ein Schaden entstanden ist, weil er nicht dem Schadensausgleich, sondern der Vertragsanpassung dient.[639] Das verdeutlicht, wie grundlegend sich Art. 3 Abs. 5 RL und die Regelungen des Schadensrechts voneinander unterscheiden.

---

vgl. *Poulton* v *Lattimore* (1829) 9 B & C 259, at p. 264 *per* Bayley, J.; dazu Derham, *Set-off*, at pp. 124-125.

[633] Ähnlich Twigg-Flesner/Bradgate, [2000] *Web JCLI*, 6.(b).

[634] Vgl. Schlechtriem/Huber, Art. 50, Rn. 1; Schlechtriem, Jb.J.ZivRWiss. 2001, S. 9, 28.

[635] Soergel/Huber, § 472, Rn. 1.

[636] Dazu oben S. 95.

[637] Ebenso Schlechtriem, in: Schack (Hrsg.), GS Lüderitz, S. 675, 689.

[638] Dazu Sellar, *Sale of Goods*, para. 6.18.

[639] Ähnlich Piliounis, 12 *Pace International Law Review* (Spring 2000), 1, 6)a); aA wohl Tenreiro, [1997] 5 *CLJ* 56, 59.

b) Recht zur Vertragsbeendigung (right of rejection)

Bei einer wesentlichen Vertragsverletzung kann der Käufer nach ss. 11(3) bzw. 15B(1)(b) SoGA die Ware zurückweisen und den Vertrag beenden. Dies wird meist verkürzend als right of rejection bezeichnet[640]. Genau genommen handelt es sich dabei aber um zwei verschiedene Rechte, wie unter anderem s. 11(2) SoGA zeigt.[641] Diese räumt dem Käufer die Möglichkeit ein, trotz Zurückweisung am Vertrag festzuhalten, um dem Verkäufer eine zweite Chance zu geben. Mit anderen Worten führt die Annahmeverweigerung nicht zwangsläufig zur Vertragsauflösung.

aa) Voraussetzungen

(1) Englisches und schottisches Recht

Seit der Reform 1994 unterscheidet der SoGA zwischen den Voraussetzungen nach englischem und schottischem Recht. So setzt s.15B(1)(b) einen material breach of contract voraus, während s.11(3) SoGA auf den breach of condition abhebt. Hintergrund ist die im englischen Recht übliche Differenzierung zwischen Vereinbarungen unterschiedlichen Gewichts (conditions, warranties, intermediate terms)[642]. Das schottische Vertragsrecht stellt stattdessen auf die Schwere der Pflichtverletzung ab[643].

Dabei handelt es sich aber nur um einen terminologischen Unterschied, denn die Bewertungsmaßstäbe sind in beiden Rechtsordnungen gleich. Nach den Regeln des allgemeinen Vertragsrechts ist von einem breach of condition bzw. material breach auszugehen, wenn die betreffende Vereinbarung für die Parteien von wesentlicher Bedeutung ist[644] („the root of the contract“[645]). Ein bloßer breach of warranty bzw. non-material breach liegt dagegen bei einem Verstoß gegen eine nebensächliche Abrede vor.

Darüber hinaus stellt der SoGA sicher, daß dieselben Pflichtverletzungen bei Verbraucherverträgen[646] gleich beurteilt werden, indem er die implied terms gemäß ss. 13-15 als conditions qualifiziert bzw. Verstöße gegen sie als material

---

[640] Vgl. die Beiträge in House of Lords, *Consumer Guarantees*, paras 44-47.

[641] Bradgate, [1997] *Web JCLI*, text before n. 11; Twigg-Flesner/Bradgate, [2000] *Web JCLI*, 6.(a).

[642] Treitel, *Law of Contract*, at pp. 731 *et seq.*

[643] Atiyah, *Sale of Goods*, at pp. 88-89.

[644] *Bentsen* v *Taylor* [1893] 2 QB 274, at p. 279 *per* Lord Esher, M.R., at pp. 281-282 *per* Bowen, L.J., Kay, L.J. concurring at p. 284; *Compagnie Commerciale Sucres et Denrees* v *C. Czarnikow Ltd, The Naxos* [1991] 1 Lloyd's Rep. 29, at p. 37 *per* Lord Ackner [England]; *Wade* v *Waldon* 1909 SC 571, at p. 577 *per* Lord McLaren [Schottland].

[645] *Bettini* v *Gye* (1876) 1 QBD 183, at p. 188 *per* Blackburn, J.; *London Guarantee Co* v *Fearnley* (1880) 5 App Cas 911, at p. 918 *per* Lord Watson.

[646] Vgl. s. 15B(2) SoGA.

breach bewertet[647]. Wenn die Ware nicht den Vorgaben der ss. 13-15 SoGA entspricht, steht dem Verbraucher also automatisch das Recht zur Vertragsauflösung zu.

(2) Wesentliche Vertragsverletzung

Im Vergleich mit Art. 3 Abs. 5 RL ist festzustellen, daß die Regelungen zum right of rejection in bezug auf die Anspruchsvoraussetzungen weniger verbraucherfreundlich sind. Denn nach bisherigem Recht konnte sich der Käufer nur bei einer wesentlichen Vertragsverletzung vom Vertrag lösen. Dagegen setzt Art. 3 Abs. 5 RL eine bloße Vertragswidrigkeit im Sinne des Art. 2 voraus. Allerdings ist anzunehmen, daß sich diese Abweichung von der Richtlinie praktisch nur selten auswirkt, weil die ss. 13-15 SoGA eine Vielzahl denkbarer Vereinbarungen erfassen. Dadurch wird dem Verbraucher der Rücktritt erleichtert, weil nur der Verstoß gegen einen implied term nachzuweisen ist.

(3) Bagatellgrenze

Im übrigen sind die bisherigen Regelungen zur Vertragsbeendigung in zweifacher Hinsicht günstiger für den Verbraucher als Art. 3 Abs. 5 RL. Zum einen handelt es sich beim right of rejection gemäß ss. 11(3), 15B(1)(b) SoGA nicht um einen sekundären Rechtsbehelf. Vielmehr kann der Käufer sofort die Ware zurückweisen und mit der Vertragsauflösung drohen. Zum anderen unterliegt dieses Recht bei Verbraucherverträgen[648] keiner mit Art. 3 Abs. 6 RL vergleichbaren Bagatellgrenze.

Vor 1994 wurde zwar in Schottland diskutiert, ob der Käufer auch bei einer unerheblichen Pflichtverletzung (minor breach) berechtigt sein solle, den Vertrag zu beenden.[649] Diese Frage hat sich aber mit Einführung der s. 15B(2) SoGA erledigt, wonach jeder Verstoß gegen ss. 13-15 eine wesentliche Vertragsverletzung darstellt.[650] Außerdem weist s. 14(2B)(c) SoGA ausdrücklich darauf hin, daß die Ware frei von kleineren Mängeln sein müsse. Folglich gestattet der SoGA dem Verbraucher selbst bei unerheblichen Qualitätsabweichungen die Vertragsauflösung.

---

[647] Vgl. ss. 13(1A), 14(6), 15(3) [England] bzw. 15B(2) SoGA [Schottland].

[648] Vgl. s. 15A(1)(b) SoGA; dazu Watterson, (2001) *ERPL* 197, 215; Oughton/Willett, (2002) *Journal of Consumer Policy* 299, 323.

[649] *Millars of Falkirk Ltd* v *Turpie* 1976 SLT (Notes) 66, at pp. 68-69 *per* Lord President Emslie (*obiter dictum*); dazu Wotherspoon, Ch. 2 in Forte (ed.), *Scots Commercial Law*, at p. 44; vgl. auch die englische Entscheidung *Cehave NV* v *Bremer Handelsgesellschaft mbH, The Hansa Nord* [1976] 1 QB 44, at p. 61 *per* Lord Denning, M.R., die allerdings eine intermediate stipulation as to quality betrifft.

[650] Das übersieht anscheinend Rott, 2003 *CML Rev* 1107, 1126.

bb) Verlust des right of rejection

Die Kehrseite der Medaille besteht darin, daß das right of rejection gemäß ss. 11(3) bzw. 15B(1)(b) SoGA nur kurze Zeit besteht[651]. Durch die Annahme geht es verloren mit der Folge, daß der Käufer nur noch Schadensersatz verlangen kann (vgl. s. 11(4) SoGA).

Unter Annahme versteht der SoGA in diesem Zusammenhang die tatsächliche oder unwiderleglich vermutete Entscheidung des Käufers, die Ware nicht zurückzuweisen.[652] Gemäß s. 35 SoGA ist sie in drei verschiedenen Fällen zu bejahen. Der Käufer verzichtet auf sein Recht, indem er erklärt, daß er die Ware akzeptiere.[653] Zweitens wird die Annahme vermutet, wenn er sich wie ein Eigentümer verhält,[654] z.B. indem er die Ware weiterverkauft[655]. Drittens verliert der Käufer nach s. 35(4) SoGA sein right of rejection, wenn er die Sache über einen angemessenen Zeitraum behält, ohne den Willen zur Zurückweisung kundzutun.

Diese Regelung führt dazu, daß der Käufer unter Umständen sehr bald nach der Lieferung tätig werden muß, um seine Rechte zu wahren. Wann eine angemessene Zeit im Sinne der s. 35(4) SoGA vergangen ist, richtet sich nach den Umständen des Einzelfalls,[656] insbesondere der Art der Kaufsache. Dabei sind einerseits das Interesse an Rechtssicherheit und andererseits das Bedürfnis des Käufers nach hinreichender Gelegenheit zur Untersuchung abzuwägen.[657] Daher wird beispielsweise dem Käufer einer komplizierten Maschine, deren Untersuchung einigen Aufwand erfordert, mehr Zeit eingeräumt.[658] Um mit Richter Rougier zu sprechen: Was bei einem Fahrrad angemessen erscheint, würde bei einem atomgetriebenen U-Boot kaum genügen.[659]

Insgesamt zeigen die wenigen Entscheidungen zu s. 35(4) SoGA bzw. s. 35(1) a.F. eine Tendenz, den angemessenen Zeitraum sehr kurz zu bemessen.[660] In *Bernstein* v *Pamson Motors* wurde beispielsweise dem Käufer eines fabrikneuen Autos, das nach nur 140 gefahrenen Meilen liegenblieb, die Vertragsbeendigung versagt, weil er die Verkäufer erst drei Wochen nach der Lieferung informierte.[661] Das Recht zur Vertragsauflösung gemäß Art. 3 Abs. 5 2. Alt. RL ist zwar

---

[651] Vgl. House of Lords, *Consumer Guarantees*, para. 96.

[652] Goode, *Commercial Law*, at p. 367.

[653] S. 35(1)(a) SoGA.

[654] S. 35(1)(b) SoGA; dazu Goode, *Commercial Law*, at pp. 371 *et seq.*

[655] *Benaim & Co.* v *L.S. Debono* [1924] AC 514, at pp. 517, 520-521 *per* Lord Darling.

[656] S. 59 SoGA.

[657] *Bernstein* v *Pamson Motors Ltd* [1987] 2 All ER 220, at p. 230 *per* Rougier, J.; s.a. s. 35(5) SoGA; dazu Goode, *Commercial Law*, at p. 376.

[658] So Pill, L.J. in *Peakman (t/a MJP)* v *Express Circuits Ltd* (3 February 1998, unreported), wo es um eine defekte Mehrschicht-Platinen-Presse ging (Zurückweisung nach vier Wochen); vgl. dagegen *Charles Henshaw & Sons Ltd* v *Antlerport Ltd* [1995] CLC 1,312, at pp. 1,321-1,322 *per* Lord Penrose.

[659] *Bernstein* v *Pamson Motors Ltd* [1987] 2 All ER 220, at p. 230 *per* Rougier, J.

[660] Ebenso Dobson, [1987] *JBL* 44, 46; DTI, *Sale of Consumer Goods, 2nd Consultation Document*, at p. 18.

[661] [1987] 2 All ER 220, at pp. 229-231 *per* Rougier, J.; dazu krit. Dobson, [1987] *JBL* 44, 46; Reynolds, (2003) 119 *L.Q.R.* 544, 544-545; vgl. *Flynn* v *Scott* 1949 SC 442, at p. 446 *per* Lord

ebenfalls zeitlich begrenzt. Es geht aber keinesfalls nach wenigen Wochen, sondern erst mit der Verjährung des Anspruchs nach zwei Jahren (Art. 5 Abs. 1) verloren.[662] In dieser Hinsicht weicht das bislang geltende Recht erheblich von der Richtlinie ab.

2. *Sale and Supply of Goods Regulations*

a) Preisminderung

Obwohl vor der Umsetzung die Ansicht vorherrschte, Art. 3 Abs. 5 1. Alt. RL erfordere keine Änderungen,[663] hat sich der Gesetzgeber dazu entschlossen, den Anspruch auf Minderung nach s. 48C(1)(a) als besonderes Verbraucherrecht einzuführen. Entsprechend seinem Richtlinienvorbild handelt es sich dabei um einen sekundären Rechtsbehelf. Denn anders als beim Recht auf Nacherfüllung genügt es nicht, daß die Ware vertragswidrig ist. Darüber hinaus müssen die alternativen Voraussetzungen der s. 48C(2) SoGA erfüllt sein.

aa) Voraussetzungen

(1) Kein Anspruch auf Nacherfüllung

Gemäß s. 48C(1), (2)(a) kann der Käufer eine angemessene Preisreduzierung verlangen, wenn ihm weder ein Anspruch auf Mängelbeseitigung noch Ersatzlieferung zusteht. Diese Regelung weicht infolge der Verweisung auf s. 48B(3) SoGA und deren zusätzlichen Ausnahmetatbestand[664] von der Richtlinie ab. Aus Sicht des Verbrauchers wirkt sich die Abweichung jedoch günstig aus. Er kann nicht nur in den von Art. 3 Abs. 5 RL vorgesehenen Fällen eine Kaufpreisminderung verlangen, sondern auch wenn beide Arten der Nacherfüllung unverhältnismäßig im Sinne der s. 48B(3)(c) sind. Daher ist die Vorschrift gemäß Art. 8 Abs. 2 mit der Richtlinie zu vereinbaren.

(2) Verstoß gegen Nebenpflicht

Eine vor dem Hintergrund der deutschen Diskussion über Art. 3 Abs. 5 RL[665] interessante Regelung ist s. 48C(2)(b) SoGA. Danach setzt der Anspruch auf Minderung voraus, daß der Käufer die Instandsetzung bzw. Ersatzlieferung verlangt, aber der Verkäufer gegen seine Pflicht aus s. 48B(2)(a) SoGA verstößt. Sie besteht darin, innerhalb einer angemessenen Frist und ohne erhebliche Unannehmlichkeiten für den Käufer nachzuerfüllen. Also faßt der SoGA die Minderung als

---

Mackintosh (gebrauchter Lieferwagen, wenige Tage); *Charles Henshaw & Sons Ltd* v *Antlerport Ltd* [1995] CLC 1,312, at pp. 1,321-1,322 *per* Lord Penrose (Baumaterial, kurze Frist).

[662] Ähnlich Watterson, (2001) *ERPL* 197, 215.

[663] Dazu oben S. 103.

[664] Dazu oben S. 93.

[665] Dazu oben S. 97.

Sanktion für den Verstoß gegen eine Nebenpflicht auf. Fraglich ist, welche Bedeutung dies für die Interpretation der s. 48C(2)(b) SoGA hat.
Aus dem Umstand, daß die Vorschrift nicht auf die vertragswidrige Leistung, sondern die Nebenpflichtverletzung abstellt, läßt sich der Schluß ziehen, daß der Käufer auch dann eine Reduzierung verlangen kann, wenn der Verkäufer zwar erfolgreich, aber verspätet bzw. unter Verursachung erheblicher Unannehmlichkeiten nacherfüllt hat.
Gewisse Zweifel ergeben sich allerdings mit Blick auf den Wortlaut. Denn die Gegenüberstellung von Aufforderung und Pflichtverstoß suggeriert, daß der Verkäufer trotz Nacherfüllungsverlangens untätig geblieben ist. Das spräche für eine eher restriktive Interpretation der s. 48C(2)(b) SoGA. Dieser Ansatz macht aber nur in bezug auf die erste Alternative Sinn. Gegen die Pflicht, keine erheblichen Unannehmlichkeiten zu verursachen, kann der Verkäufer dagegen nur verstoßen, wenn er wenigstens einen Nacherfüllungsversuch unternimmt.
Systematisch konsequent und vorzugswürdig erscheint daher die weite Auslegung der s. 48C(2)(b) SoGA. Damit wird der Anspruch auf Minderung zwar funktional in die Nähe eines Schadensersatzanspruchs gerückt. Zu einem Richtlinienverstoß führt dies aber nicht, weil der Anwendungsbereich der Minderung zugunsten des Verbrauchers vergrößert wird.

bb) Ausgestaltung

Unter dem Gesichtspunkt der korrekten Richtlinienumsetzung besteht also kein Anlaß zur Kritik. Davon abgesehen ist es jedoch bedauerlich, daß das DTI sich im wesentlichen auf eine Übernahme der Richtlinienregelungen beschränkt hat. Die daraus resultierenden Vorschriften erfüllen zwar naturgemäß die Vorgaben der Richtlinie. Im Interesse der Verbraucher hätte aber die zweckmäßigere Lösung darin bestanden, entsprechend Art. 50 CISG ein Gestaltungsrecht anstelle eines bloßen Anspruchs auf Minderung einzuführen.
Darüber hinaus ist zu beanstanden, daß s. 48C(1)(a) SoGA keine Angaben dazu macht, wie der reduzierte Kaufpreis bestimmt werden soll.[666] Übereinstimmend mit der Richtlinie spricht die Regelung nur von einer angemessenen Minderung. Ob damit eine lineare Reduzierung wie beim Schadensersatz[667] gemeint ist oder der Vertrag angepaßt werden soll, bleibt offen. Dabei hätte es angesichts des grundsätzlichen Vorbildcharakters des UN-Kaufrechts nahe gelegen, sich bei der Einführung des neuen Rechtsbehelfs an Art. 50 CISG zu orientieren. Dies hätte auch den Vorteil der Systemkonformität mit sich gebracht, weil der SoGA in s. 30(1) bereits eine proportionale Preisreduzierung vorsieht[668]. Insgesamt bleibt daher nur festzustellen, daß s. 48C SoGA eine richtlinienkonforme Minimallösung darstellt.

---

[666] Ebenfalls krit. Anonymus, (2003) 25(2) *Buyer* 3, 3.
[667] Dazu oben S. 104.
[668] Dazu oben S. 103.

b) Vertragsauflösung (rescission)

aa) Zusätzliches Verbraucherrecht

Im Unterschied zur Minderung stand vermutlich nie außer Frage, daß die Vorschriften zum right of rejection nicht Art. 3 Abs. 5 RL entsprechen. Damit erklärt sich die Schaffung des Rechts zur Vertragsbeendigung gemäß s. 48C(1)(b) SoGA als zusätzliches Verbraucherrecht. Es unterliegt denselben Voraussetzungen wie der Anspruch auf Minderung und stellt somit einen sekundären Rechtsbehelf dar. Problematisch an s. 48C(1)(b) ist lediglich die Bezeichnung als „rescission of the contract". Damit wird das Recht zwar sprachlich vom right of rejection nach ss. 11(3) bzw. 15B(1)(b) SoGA unterschieden. Es wäre aber besser gewesen, nicht einfach die Formulierung der Richtlinie zu übernehmen, weil der Begriff der rescission bereits anderweitig belegt ist. Im allgemeinen Vertragsrecht bezeichnet er die Vertragsauflösung z.B. wegen Täuschung im Unterschied zur Beendigung bei Vertragsbruch.[669] Als Alternative hätte sich die neutrale Formulierung „cancellation of the contract" angeboten. Andererseits steht kaum zu befürchten, daß der Wortlaut der s. 48C SoGA zu Rechtsunsicherheit führen wird, da sich aus dem systematischen Zusammenhang eindeutig ergibt, daß es um die Beendigung wegen vertragswidriger Leistung geht.

bb) Verhältnis zum right of rejection

Deutliche Kritik verdient dagegen s. 48D SoGA. Diese Vorschrift regelt das Verhältnis der besonderen Verbraucherrechte zu den allgemeinen Rechtsbehelfen, insbesondere dem right of rejection.

Wie sich im Gegenschluß aus s. 48D(2)(a), (b) SoGA ergibt, steht dieses auch bei Verbraucherverträgen weiterhin zur Verfügung,[670] d.h. der Käufer kann die Ware zurückweisen und den Vertrag sofort beenden. Wenn er sich aber sozusagen für den Weg der Richtlinie entscheidet, indem er Nacherfüllung verlangt, muß er dem Verkäufer konsequenterweise Gelegenheit dazu bieten. Deshalb versieht s. 48D(1) das right of rejection für diesen Fall mit einer Schranke, wonach sich der Verbraucher nicht vor Ablauf einer angemessenen Frist vom Vertrag lösen darf. Dadurch wird das Recht zur Zurückweisung zu einem sekundären Rechtsbehelf wie die rescission gemäß s. 48C SoGA herabgestuft.

Diese Konstruktion bietet zwar den Vorteil der Wahlfreiheit. Ob sie, wie das DTI meint,[671] verbraucherfreundlicher ist, scheint aber zweifelhaft. In der Praxis dürfte das Nebeneinander der beiden Rechte zu keiner Verbesserung, sondern eher

---

[669] Zu den Einzelheiten *Johnson* v *Agnew* [1980] AC 367, at pp. 392-393 *per* Lord Wilberforce; 1 *Chitty on Contracts*, para. 6-104; Goode, *Commercial Law*, at p. 84.

[670] Im Ergebnis DTI, *Sale of Consumer Goods, 2nd Consultation Document*, at pp. 10-11; dazu Twigg-Flesner, (2002) 12 *CPRev* 88, text before n. 8; vgl. Sobich, RIW 2003, 740, 745; Hogg, 2004 *SLT* 277, 277.

[671] Vgl. DTI, *Sale of Consumer Goods, 1st Consultation Document*, at p. 7.

Verwirrung führen. Insofern ist der polemische Kommentar „another muddle in the making“[672] durchaus angebracht.

IV. Zwischenergebnis

In Art. 3 gibt die Richtlinie ein abgestuftes Gewährleistungssystem vor, wobei die klassischen Rechtsbehelfe der Wandelung und Minderung nur an zweiter Stelle stehen. Obwohl Art. 8 Abs. 2 RL eine andere Gestaltung zugelassen hätte, hat sich der deutsche Gesetzgeber sehr genau daran orientiert und somit einen Systemwechsel vollzogen. Diese Radikallösung wirkt weniger überraschend, wenn man sich vor Augen führt, daß sie eine Annäherung von Kauf- und Werkvertragsrecht bewirkt. Im übrigen hatte sich der Vorrang der Nacherfüllung vor der Reform bereits in der AGB-Praxis durchgesetzt.

In bezug auf die Richtlinienkonformität der neuen Regelungen ist kritisch anzumerken, daß das Schuldrechtsmodernisierungsgesetz, abgesehen von einigen kleineren Abweichungen, einen echten Umsetzungsfehler enthält. Denn im Unterschied zu §§ 441 S. 1, 437 Nr. 2, 323 Abs. 1 BGB legt die Richtlinie dem Verbraucher keine Obliegenheit auf, eine Nachfrist zu setzen.

In Großbritannien war die Ausgangslage vor Umsetzung des Art. 3 RL vollkommen anders als in Deutschland. Die vorhandenen Vorschriften zur Vertragsauflösung und des Schadensrechts wichen so weit von der Richtlinie ab, daß Änderungen unumgänglich waren. Dies wurde nicht zum Anlaß genommen, das Rechtsbehelfssystem des SoGA als solches zu reformieren. Stattdessen wurden die zusätzlichen Verbraucherrechte des Part 5A geschaffen.

Dieser lehnt sich weitgehend an die Richtlinie an und führt als neuen Rechtsbehelf den Anspruch auf Minderung ein. Die Regelung in s. 48C(1)(a) SoGA ist jedoch eher unbefriedigend, weil sie offenläßt, auf welche Weise der geminderte Kaufpreis ermittelt werden soll. Auch stellt das Nebeneinander von rejection (ss. 11(3), 15B(1)(b)) und rescission (s. 48C(1)(b) SoGA) keine überzeugende Lösung dar.

Zugegebenermaßen waren der SoGA und das Gewährleistungssystem des Art. 3 RL nur schwer aufeinander abzustimmen. Denn im britischen Kaufrecht steht die schnelle Abwicklung im Vordergrund,[673] wohingegen die Richtlinie die Vertragsauflösung zugunsten der Nacherfüllung zurückdrängt. Trotzdem hinterlassen die Sale and Supply of Goods Regulations keinen guten Eindruck, weil sich die Vorschriften zu den sekundären Rechtsbehelfen auf das absolute Minimum beschränken.

---

[672] So Thomas, (2002) Apr. *L.Ex.* 40; ebenfalls krit. Twigg-Flesner,, [2002] 11 *Nott.L.J.* 81, Part two, Q3; Hogg, 2004 *SLT* 277, 277-278.

[673] Dazu MacQueen, Vol. 4.4 *EJCL* (December 2000), B.3.

Schlußbetrachtung

§ 1 Zusammenfassung und Bewertung

A. Großbritannien

In bezug auf den Tatbestand der Sachmängelhaftung hat sich die Einschätzung durch das Schrifttum als zutreffend erwiesen. Die Umsetzung der Verbrauchsgüterkaufrichtlinie ins britische Kaufrecht löste keinen großen Änderungsbedarf aus. Im wesentlichen entsprach der Rechtszustand schon vor den Sale and Supply of Goods Regulations der Richtlinie. Es galt ein ungeschriebener Grundsatz der Vertragsmäßigkeit, der durch die implied terms gemäß ss. 15-15 SoGA ergänzt wurde. Dieses Regelungsmodell weist starke Ähnlichkeit mit Art. 2 RL auf und bot dem Verbraucher sogar ein höheres Schutzniveau, weil die implied terms unabdingbar sind.

Daher war es nur konsequent, die fragwürdige Vermutungskonstruktion des Art. 2 Abs. 2 RL nicht ins nationale Kaufrecht zu übernehmen. Vermutlich aus dem Grund, weil der SoGA bereits vergleichbare Regelungen enthielt, scheint sich das DTI jedoch keine Gedanken über Art. 2 Abs. 2 lit. a RL gemacht zu haben. Dessen unvollständige Umsetzung stellt zwar keinen Richtlinienverstoß dar. Sie vereitelt aber das Ziel, eine europaweite Angleichung der Vorschriften über den Verbrauchsgüterkauf herbeizuführen (Erwägungsgrund 6).

Schwerer wiegt der Umsetzungsmangel in s. 48F SoGA, die den Begriff der Vertragswidrigkeit von Art. 2 Abs. 1 RL abweichend definiert. Denn hierdurch werden die Richtlinienrechte der Verbraucher verkürzt. Deshalb sollte die Vorschrift neugefaßt und um einen Hinweis auf konkludente Vereinbarungen ergänzt werden. Zu loben ist dagegen die Umsetzung des Art. 2 Abs. 2 lit. d RL. Dieses Kriterium hat der Gesetzgeber geschickt mit dem implied term gemäß s. 14(2) SoGA kombiniert, indem er die Liste relevanter Aspekte verlängerte.

Wenn man die Vorschriften zum Haftungszeitpunkt und den Rechtsbehelfen des Verbrauchers betrachtet, zeigt sich allerdings, daß die Bedeutung der Richtlinie anfänglich unterschätzt wurde. Art. 3 RL und das bislang geltende Recht sind kaum kompatibel. Das dürfte einer der Gründe sein, weshalb sich die Richtlinienumsetzung im Vereinigten Königreich so verspätet hat.[674] Nachdem das Gesetzgebungsverfahren rechtzeitig angelaufen war,[675] wurde der Prozeß zwar durch die Parlamentswahlen[676] verlangsamt. Nach Auskunft des DTI war der Diskussionsentwurf bis Anfang 2002 „stuck in Whitehall".[677] Im Anschluß an die zweite Konsultation[678] benötigte das DTI aber weitere fünf Monate, bis die Regulations dem Parlament vorgelegt werden konnten.

---

[674] Ähnlich Twigg-Flesner, (2002) 12 *CPRev* 88, text after n. 4.

[675] DTI, *Sale of Consumer Goods, 1st Consultation Document*, veröffentlicht am 4.1.2001.

[676] Westminster Parliament, 7.6.2001.

[677] Telefonat mit David Hoggett, Consumer Affairs Directorate, DTI, am 4.2.2002.

[678] DTI, *Sale of Consumer Goods, 2nd Consultation Document*, veröffentlicht am 26.2.2002.

In diesem Zeitraum wurden noch zahlreiche Änderungen, unter anderem in bezug auf den Haftungszeitpunkt, vorgenommen. Die dabei gefundene Lösung ist richtlinienkonform und beseitigt die Rechtsunsicherheit hinsichtlich des maßgeblichen Zeitpunkts. Allerdings machte sie die Einführung von s. 20(4) SoGA erforderlich, wonach der Grundsatz *res perit domino* beim Verbraucherkauf nicht mehr gilt. Damit wird der Fragmentierung des britischen Kaufrechts weiter Vorschub geleistet.

Wenig gelungen sind die Regelungen über die Verbraucherrechte in Part 5A SoGA. Angesichts der komplizierten Richtlinienvorschriften kann dem Gesetzgeber kein Vorwurf gemacht werden, daß er Art. 3 RL nicht als Vorbild für eine allgemeine Neuregelung genommen hat. Es fragt sich aber, ob das Nebeneinander von allgemeinen und Verbraucherrechtsbehelfen praktisch sinnvoll ist. In Anbetracht der zahlreichen Sondervorschriften wäre zu überlegen, ob das Verbraucherkaufrecht nicht längerfristig separat geregelt werden sollte.[679]

Davon abgesehen drängt sich der Eindruck auf, daß die Richtlinienumsetzung nicht als Chance, sondern nur als europarechtlich zwingende Maßnahme begriffen wurde. Wie sonst erklärt sich, daß in s. 48C(1)(a) SoGA lediglich der Richtlinientext übernommen wurde, statt ein Minderungsrecht nach dem Vorbild des Art. 50 CISG einzuführen? Auch die zweite Neuheit, der gesetzliche Nacherfüllungsanspruch, wurde eher stiefmütterlich behandelt. Zum einen unterliegt er gemäß s. 48B(3)(c) SoGA einer richtlinienwidrigen Einschränkung, die gestrichen werden sollte. Zum anderen konterkariert s. 48E(2) SoGA die materiellrechtlichen Änderungen, indem er die Verurteilung zur „spezifischen Nacherfüllung" in das Ermessen des Gerichts stellt.

Insgesamt ist daher festzustellen, daß die Sale and Supply of Goods Regulations zwar relativ wenige Umsetzungsmängel enthalten. Durch dieses „Reförmchen" hat sich die Rechtsposition der englischen und schottischen Verbraucher aber nur unmerklich verbessert.[680] Obwohl die Richtlinie nur im kleinen Rahmen umgesetzt werden sollte, hätte Gelegenheit für einige zweckmäßige Änderungen bestanden. Diese Chance blieb ungenutzt.

Bei aller Kritik sollte jedoch nicht übersehen werden, daß die Regulations gesetzgebungstechnisch einen Fortschritt darstellen. Immerhin wurden die notwendigen Änderungen in den SoGA eingefügt und mit den vorhandenen Regelungen abgestimmt.[681] Bislang war es üblich, Richtlinien durch den Erlaß eines mehr oder weniger textidentischen Sondergesetzes umzusetzen.[682] Dies führte zu Abgrenzungsschwierigkeiten und Rechtsunsicherheit. Wegen des unkoordinierten Nebeneinanders von UCTA und Unfair Terms in Consumer Contracts Regula-

---

[679] Ebenso Bridge, (2003) 119 *L.Q.R.* 173, 174, 176 177; ähnlich Bradgate, *Commercial Law*, para. 12.5 (schon vor der Umsetzung); aA Gold, (2003) *NLJ* 225, 226.

[680] Ebenso Howells/Twigg-Flesner, in: Schermaier (Hrsg.), Verbraucherkauf in Europa, S. 303, 323; weniger krit. Singleton, (2003) 26(1) *ConsL Today* 8, 12.

[681] Krit. dagegen Thomas, (2003) Feb. *L.Ex.* 40, 40.

[682] Dazu detailliert Weatherill, in: Heusel (Hrsg.), Neues europäisches Vertragsrecht, S. 117.

tions 1994[683] beispielsweise war die Rechtslage kaum zu durchschauen.[684] Vor dem Hintergrund der bisherigen Praxis stellen die Sale and Supply of Regulations also ein geradezu vorbildhaftes Umsetzungsgesetz dar.

B. Deutschland

Was als erstes beim Vergleich der beiden Umsetzungsgesetze auffällt, ist die diametral entgegengesetzte Herangehensweise des deutschen Gesetzgebers. Im Grunde hätte es nur weniger Änderungen bedurft, um das BGB an die Verbrauchsgüterkaufrichtlinie anzupassen. Stattdessen wurde anläßlich der Umsetzung das gesamte Schuldrecht reformiert, wobei unter anderem Mängel des bisherigen Kaufrechts behoben werden sollten.

Demnach müßten die Stärken der neuen §§ 433 ff. BGB bei Änderungen liegen, die zur Beseitigung von Problemen und Streitigkeiten beitragen. Die Neudefinition des Sachmangels in § 434 Abs. 1 S. 1 BGB kann kaum dazu gezählt werden, weil sich der subjektive Fehlerbegriff bereits vor der Reform durchgesetzt hatte. Von größerer Bedeutung ist die Gleichstellung von Falschlieferung und Schlechtleistung in § 434 Abs. 3 BGB. Denn in bezug auf den Gattungskauf beseitigt sie ein Abgrenzungsproblem, das nach bisherigem Recht kaum zufriedenstellend gelöst werden konnte. Allerdings wird die Freude dadurch getrübt, daß die Vorschrift ein anderes Problem in das Bürgerliche Recht „importiert" hat, das bislang nur beim Handelskauf diskutiert wurde. Dabei geht es um die Frage, ob das Identitätsaliud, also die Falschlieferung beim Spezieskauf, den §§ 433 ff. BGB unterliegt oder das allgemeine Schuldrecht maßgebend ist.[685]

Auch die Integration des Gewährleistungsrechts in das sonstige Leistungsstörungsrecht erfüllt nicht ganz die in sie gesetzten Hoffnungen[686]. Die Sachmängelhaftung ist zwar kein „lästiger Fremdkörper" mehr, sondern ein Unterfall der allgemeinen Regeln.[687] Im Vergleich zum bisherigen Recht stellt dies aber nur einen Fortschritt dar, wenn die Integration nicht nur ästhetischen, sondern auch praktischen Wert hat. Zugegebenermaßen hat sich einiges vereinfacht. Die Vertragsauflösung ist nun auch im Kaufrecht als Rücktritt konstruiert mit der Folge, daß sich der Streit über die Rechtsnatur der Wandelung[688] erledigt hat[689]. Ein an-

---

[683] Dazu *Benjamin's Sale of Goods*, para. 14-016 mwN; dieses Statutory Instrument ist mittlerweile durch die Unfair Terms in Consumer Contracts Regulations 1999 ersetzt, die demnächst in den UCTA integriert werden sollen; dazu Oughton/Willett, (2002) *Journal of Consumer Policy* 299, 324 mwN.

[684] Dickie, [1997] *JBL* 167, 171-172; Weatherill, in: Heusel (Hrsg.), Neues europäisches Vertragsrecht, S. 117, 121; Howells/Twigg-Flesner, in: Schermaier (Hrsg.), Verbraucherkauf in Europa, S. 303, 305.

[685] Dazu Dauner-Lieb/Arnold, JuS 2002, 1175; Schimmel/Buhlmann, Fehlerquellen, S. 125-126; Canaris, in: Lorenz, Karlsruher Forum 2002, S. 5, 68-70; Musielak, NJW 2003, 89; Schulze, NJW 2003, 1022; Lorenz, JuS 2003, 36; Ebel, BuW 2004, 333, 336.

[686] Vgl. die Begründung des Regierungsentwurfs, BT Drs. 14/6040, 86-88, 94.

[687] Lorenz/Riehm, Schuldrecht, Rn. 465; Hoeren/Martinek/Malzer, Systematischer Kommentar, Teil 1, Rn. 395-397.

[688] Dazu Rust, Gewährleistung, S. 145-149; Palandt[61]/Heinrichs, § 465, Rn. 2-6 (jeweils mwN).

deres Standardproblem des Kaufrechts wurde jedoch nicht gelöst. Nach verbreiteter Ansicht muß auch im neuem Recht zwischen Mangel- und Mangelfolgeschäden[690] unterschieden werden.[691] Die Differenzierung wird zwar nicht mehr bei der Verjährung relevant, weil sich diese einheitlich nach § 438 BGB richtet. Aber sie ist von Bedeutung für die Anspruchsvoraussetzungen, da der Käufer nur bei Mangelfolgeschäden ohne Fristsetzung Schadensersatz verlangen kann (§ 280 Abs. 1 S. 1 BGB).

Selbst wenn man die Bewertung auf die Qualität der Richtlinienumsetzung beschränkt, fällt das Urteil eher negativ aus. Das Schuldrechtsmodernisierungsgesetz enthält einige Regelungen, die zwar nicht richtlinienwidrig, aber auch nicht besonders gelungen sind. Dazu gehört unter anderem die sinnlose Verweisung auf die persönliche Unmöglichkeit (§ 275 Abs. 3 BGB). Außerdem ist der deutsche Gesetzgeber, genau wie der britische, nicht der Empfehlung des Erwägungsgrundes 8 S. 3 gefolgt, was zur unvollständigen Umsetzung des Art. 2 Abs. 2 RL geführt hat. § 442 Abs. 1 BGB wiederum läßt sich richtlinienkonform auslegen, bringt aber die Änderung der Rechtslage nicht zum Ausdruck.

Deutliche Kritik verdient die Häufung von Umsetzungsmängeln bei den Grenzen des Nacherfüllungsanspruchs. In dieser Hinsicht übertrifft das Reformgesetz sogar die Sale and Supply of Goods Regulations. Die Nacherfüllung wird nicht nur zusätzlich durch das Unvermögen des Verkäufers ausgeschlossen (§ 275 Abs. 1 1. Alt. BGB), die Unverhältnismäßigkeitsprüfung gemäß § 439 Abs. 3 BGB stimmt auch nicht mit den Vorgaben der Richtlinie überein. Darüber hinaus ist dem Gesetzgeber bei der Abstufung der Gewährleistungsrechte ein vollkommen unnötiger Fehler unterlaufen. Daß die Richtlinie den Verbraucher nicht mit der Setzung einer Nachfrist belasten will (vgl. aber §§ 441 S. 1, 437 Nr. 2, 323 Abs. 1 BGB), war jedenfalls den Verfassern des Regierungsentwurfs noch bewußt.

Allerdings soll nicht verschwiegen werden, daß das Umsetzungsgesetz auch einige Vorzüge gegenüber der Richtlinie aufweist. Im Hinblick auf Art. 2 Abs. 2 RL ist zunächst festzustellen, daß die Vermutungskonstruktion als verfehlt erkannt wurde. Das BGB folgt deshalb im Regelungsansatz konsequent dem CISG statt der Richtlinie. Außerdem sieht § 434 Abs. 1 S. 2 Nr. 1 BGB ein zusätzliches Kriterium vor, das dogmatisch stimmig auf einer Ebene zwischen subjektivem Fehlerbegriff und subsidiären Voraussetzungen angesiedelt ist. § 434 Abs. 1 S. 1 BGB schließlich hält am überkommenen Gleichlauf von Haftungszeitpunkt und Gefahrübergang fest. Eine Regelung dieses Inhalts hätte auch die Richtlinie treffen sollen.

---

[689] Vgl. Wertenbruch, JZ 2002, 862, 862.

[690] Zur Haftung aus positiver Forderungsverletzung bei Mangelfolgeschäden oben Fn. 23.

[691] Huber, in: Huber/Faust, Schuldrechtsmodernisierung, Rn. 13/99 105 mwN; Andres, in: Schimmel/Buhlmann (Hrsg.), Frankfurter Handbuch, S. 441, Rn. 97 ff.; Hoeren/Martinek/Wolff, Systematischer Kommentar, § 437, Rn. 52-53; s.a. Begründung des Regierungsentwurfs, BT Drs. 14/6040, 224-225; aA AnwKom-BGB/Dauner-Lieb, § 280, Rn. 39-43; Gruber, ZGS 2003, 130, 132; Saenger, in: Schermaier (Hrsg.), Verbraucherkauf in Europa, S. 191, 196; dazu im Überblick Wagner, JZ 2002, 475.

Diese Pluspunkte können jedoch den insgesamt schlechten Eindruck nicht wettmachen. Wegen des geringen Änderungsbedarfs fällt besonders auf, wie viele Abweichungen und Umsetzungsmängel das neue Kaufrecht enthält. Wenn man sich weiterhin vor Augen führt, daß das BGB der Richtlinie in bezug auf die Rechtsbehelfe viel ähnlicher war als der SoGA, bleibt nur festzustellen, daß die Umsetzung in Großbritannien besser gelungen ist. Der Qualitätsunterschied ist zwar nicht sehr groß, weil auch die Sale and Supply of Goods Regulations in vielen Punkten zu kritisieren sind. Die §§ 433 ff. BGB werden aber außerdem den ehrgeizigen Zielen des Reformvorhabens nicht gerecht – zu kurz gesprungen.

§ 2 Ausblick

It will be the biggest change to consumer rights for twenty years? Jedenfalls nicht in Deutschland oder Großbritannien. Wie sich die Umsetzung der Verbrauchsgüterkaufrichtlinie auf das grenzüberschreitende Kaufverhalten der europäischen Verbraucher auswirkt, bleibt noch abzuwarten. Gemäß Art. 12 RL soll die Kommission bis 2006 die Entwicklung beobachten und dem Richtliniengeber Bericht erstatten. Allerdings scheint es zweifelhaft, ob die Richtlinie das Vertrauen der Verbraucher in den Binnenmarkt stärkt (vgl. Erwägungsgrund 5) und Anreiz für grenzüberschreitende Kaufgeschäfte bietet[692].

Im Grünbuch 1993 hatte die Kommission den Umstand, daß die unterschiedlichen mitgliedstaatlichen Regelungen es dem Käufer erschweren, seine Rechte zu erkennen und durchzusetzen, als wesentliches Hindernis identifiziert.[693] Dieser Mißstand sollte durch die Verbrauchsgüterkaufrichtlinie behoben und somit die Funktionsfähigkeit des Binnenmarktes verbessert werden.

Da sie auf dem Grundsatz der Mindestharmonisierung beruht, bewirkt die Richtlinie aber keine europaweite Vereinheitlichung des Verbraucherkaufrechts, sondern nur eine gewisse Konvergenz. Den Mitgliedstaaten verbleibt ein Spielraum, um abweichende Lösungen zu entwickeln. Daher steht zu befürchten, daß die Vertragsabwicklung bei mangelhafter Lieferung auch weiterhin Schwierigkeiten verursachen wird. Zu denken wäre beispielsweise an einen englischen Urlauber, der seine neuen Schuhe in den Laden zurückbringt und Erstattung des Kaufpreises verlangt, während der deutsche Verkäufer darauf besteht, sie reparieren zu lassen.

Solche Erfahrungen werden kaum dazu führen, daß sich die Zahl der grenzüberschreitenden Verbrauchergeschäfte erhöht. Um das Vertrauen in den Binnenmarkt zu stärken, müßte vermutlich das Kaufrecht durch eine Verordnung vereinheitlicht werden. In diese Richtung weist auch der Anfang 2003 veröffentlichte Aktionsplan „Ein kohärenteres europäisches Vertragsrecht“[694].

---

[692] Dazu KOM (1993) 509 endg., S. 12.

[693] KOM (1993) 509 endg., S. 11, 93.

[694] Mitteilung an das Europäische Parlament und den Rat, KOM (2003) 68 endg.; begrüßt vom europäischen Gesetzgeber, vgl. Ausschuß für Recht und Binnenmarkt, A5-0256/2003, S. 8; Sitzung vom 1.9.2003, ABl. Nr. C76E vom 25.3.2004, S. 38; Rat, Entschließung des Rates zum

Von der Maximallösung, der Schaffung eines Europäischen Zivilgesetzbuchs, hat die Kommission vorerst Abstand genommen.[695] Denn nach der ersten Mitteilung 2001[696] hatte diese Idee nur in der Rechtslehre großen Anklang gefunden[697] – was nicht weiter verwundert, wenn man bedenkt, wie viele Gruppen derzeit an Vereinheitlichungsprojekten arbeiten[698]. Exemplarisch sei die Lando-Kommission[699] genannt, die mittlerweile den dritten Band der Principles of European Contract Law veröffentlicht hat.[700] Die Regierungen der Mitgliedstaaten haben sich jedoch überwiegend gegen den Erlaß neuer umfassender Rechtsvorschriften auf EG-Ebene ausgesprochen. Stattdessen solle die Qualität des bestehenden Rechts verbessert und z.B. Regelungslücken beseitigt werden.[701]
Als Reaktion schlägt die Kommission vor, zunächst einen Referenzrahmen auszuarbeiten, der den Gemeinschaftsorganen Orientierung beim Entwurf neuer Rechtsakte bieten soll[702]. Darüber hinaus könnte der Referenzrahmen, der sich auch mit dem Kaufrecht befassen wird, als Grundlage für ein sogenanntes optionelles Instrument dienen. Gemeint ist eine Verordnung, die neben das nationale Vertragsrecht treten und unter anderem grenzüberschreitende Kaufverträge regeln soll.[703]
Die Konturen dieses Instruments sind noch unscharf, weil mehrere Modelle zur Diskussion stehen. Trotzdem läßt der Aktionsplan vermuten, daß sich das europäische Kaufrecht weit über die Verbrauchsgüterkaufrichtlinie hinaus fortentwikkeln könnte. Nicht ohne Grund wirft die Kommission die Frage nach dem Ver-

---

Thema „Ein kohärenteres europäisches Vertragsrecht", ABl. Nr. C 246/1 vom 14.10.2003; Mitteilung an das Europäische Parlament und den Rat, KOM (2004) 651 endg.

[695] So ausdrücklich Mitteilung an das Europäische Parlament und den Rat, KOM (2004) 651 endg., S. 9; skeptisch Kenny, (2005) 30 *ELRev*. 724, 725, 733.

[696] Mitteilung an das Europäische Parlament und den Rat, KOM (2001) 398 endg.; dazu Colombi Ciacchi, Jb.J.ZivRWiss. 2004, S. 151, 152.

[697] Dazu im Überblick Mitteilung an das Europäische Parlament und den Rat, KOM (2003) 68 endg., S. 48-49; Leible, EWS 2001, 471, 475, 478, 480-481; Schulte-Nölke, JZ 2001, 917, 920; Staudinger, VuR 2001, 353, 356, 359; Grundmann, RIW 2002, 329, 341; ders., NJW 2002, 393, 396; Lehne/Haak, in: Dauner-Lieb/Konzen/Schmidt (Hrsg.), Schuldrecht in der Praxis, S. 41, 54, 59; vgl. auch Kadner Graziano, ZEuP 2005, 523; skeptisch Wägenbaur, ZRP 2001, 533, 534.

[698] Lando-Kommission (Principles of European Contract Law), Akademie Europäischer Privatrechtswissenschaftler (Europäisches Vertragsgesetzbuch), Tilburg-Gruppe (European Principles of Tort Law), Working Group on European Trust Law, Common core-Projekt (torts/property), Study Group on a European Civil Code u.a.m.; dazu Leible, EWS 2001, 471, 472; Staudinger, VuR 2001, 353, 353; Riedl, Jb.J.ZivRWiss. 2004, S. 31, 34-39.

[699] Vgl. oben Fn. 357.

[700] Lando/Clive (eds), *Principles of European Contract Law, Part III.*

[701] Dazu im Überblick Mitteilung an das Europäische Parlament und den Rat, KOM (2003) 68 endg., S. 46-47, 44.

[702] Mitteilung an das Europäische Parlament und den Rat, KOM (2003) 68 endg., S. 19, Rn. 59; dazu Knöfel, ZGS 2004, 26, 28-29; Zypries, ZEuP 2004, 225, 227 ff.

[703] Mitteilung an das Europäische Parlament und den Rat, KOM (2003) 68 endg., S. 20, Rn. 63-64, S. 27, Rn. 92; dazu Basedow, ZEuP 2004, 1.

hältnis zwischen optionellem Instrument und CISG auf[704]. Wenn das gemeinschaftliche Kaufrecht weiterhin hauptsächlich dem Verbraucherschutz dienen sollte, würde sich diese Frage wegen des persönlichen Anwendungsbereichs nicht stellen (vgl. Art. 2 lit. a CISG). Konsequent zu Ende gedacht laufen die Vorschläge der Kommission auf die Entwicklung eines Kaufrechts für alle grenzüberschreitenden Warengeschäfte innerhalb der EG hinaus.

---

[704] Mitteilung an das Europäische Parlament und den Rat, KOM (2003) 68 endg., S. 28, Rn. 96.

Literaturverzeichnis

Ackermann, Thomas	Die Nacherfüllungspflicht des Stückverkäufers, JZ 2002, 378
Altmeppen, Holger	Die Entwicklung und die Aktivitäten der Initiative gegen die Schuldrechtsreform 2001, http://www.jura.uni-passau.de/fakultaet/ lehrstuehle/Altmeppen/1024x768/ Schuldrechtsreform/Schuldrechtsreform.htm (abgerufen am 21.3.2003)
Amtenbrink, Fabian/ Schneider, Claudia	Die europaweite Vereinheitlichung von Verbrauchsgüterkauf und –garantien, VuR 1996, 367
Amtenbrink, Fabian/ Schneider, Claudia	Europäische Vorgaben für ein neues Kaufrecht und deutsche Schuldrechtsreform, VuR 1999, 293
Anders, Holm	Die Pflichtverletzung im System des Leistungsstörungsrechts als Modell de lege ferenda, Eine systematische Darstellung, untersetzt durch alternative Vorschläge unter besonderer Berücksichtigung kaufrechtlicher Bestimmungen, Berlin 2001
Anders, Holm	Zur Reform des Kaufrechts, ZRP 2000, 293
Anonymus	Consumer Protection, Consumer Sales, (1996) 4 EuroLM 9
Anonymus	Consumer Protection, The Sale of Goods, (1999) 7 EuroLM 7
Anonymus	New consumer law in force, (2003) 26(3) ConsL Today 1
Anonymus	New Rights for Consumer Buyers, (2003) 25(2) Buyer 3

Arnold, Arnd	Die Rechtsfolgen der Selbstvornahme beim Kauf, MDR 2005, 661
Arnold, Stefan/ Unberath, Hannes	Die Umsetzung der Richtlinie über den Verbrauchsgüterkauf in England, ZEuP 2004, 366
Atiyah, Patrick S.	An introduction to the law of contract, 5. Aufl., Oxford 1995
Atiyah, Patrick S./ Adams, John N./ MacQueen, Hector	The Sale of Goods, 10. Aufl. London 2001
Aue, Joachim	Mängelgewährleistung im UN-Kaufrecht unter besonderer Berücksichtigung stillschweigender Zusicherungen, Frankfurt a.M. 1989
Augenhofer, Susanne	Bedeutung von Werbeaussagen – sowohl des Verkäufers als auch des Herstellers – für die Begründung von Gewährleistungsrechten, JBl. 2001, 82
Baldus, Christian	Binnenkonkurrenz kaufrechtlicher Sachmängelansprüche nach Europarecht, Zur Rolle des Richters bei der Koordinierung gesetzlicher Tatbestände, Baden-Baden 1999
Baldus, Christian/ Becker, Rainer	Haustürgeschäfte und richtlinienkonforme Auslegung, ZEuP 1997, 874
Ball, Wolfgang	Die Nacherfüllung beim Autokauf, NZV 2004, 217
Ball, Wolfgang	Neues Gewährleistungsrecht beim Kauf, ZGS 2002, 49
Ballerstedt, Kurt	Zur Lehre vom Gattungskauf, in: Dietz, Rolf/ Hueck, Alfred/ Reinhardt, Rudolf (Hrsg.), Festschrift für Hans Carl Nipperdey zum 60. Geburtstag, Berlin 1955, S. 261

Basedow, Jürgen — Die Reform des deutschen Kaufrechts, Rechtsvergleichendes Gutachten des Max-Planck-Instituts für ausländisches und internationales Privatrecht im Auftrag des Bundesministers der Justiz, Köln 1988

Basedow, Jürgen — Ein optionales Europäisches Vertragsgesetz – opt-in, opt-out, wozu überhaupt?, ZEuP 2004, 1

Baumbach, Adolf (Begr.)/ Hefermehl, Wolfgang — Wettbewerbsrecht, Gesetz gegen den unlauteren Wettbewerb, Zugabeverordnung, Rabattgesetz und Nebengesetze, 22. Aufl., München 2001

Beale, Hugh (Hrsg.) — Chitty on Contracts, Bd. 1, General Principles, London 1999

Beale, Hugh/ Howells, Geraint — EC Harmonisation of Consumer Sales Law – A Missed Opportunity?, (1997) 12 Journal of Contract Law 21

Behrens, Peter — Gemeinschaftsrecht und juristische Methodenlehre, EuZW 1994, 289

Berger, Christian — Der Beschaffenheitsbegriff des § 434 Abs. 1 BGB, JZ 2004, 276

Bergstein, Eric E./ Miller, Anthony J. — The Remedy of Reduction of Price, (1979) 27 Am. J. Comp. L. 255

Bernreuther, Friedrich — Sachmangelhaftung durch Werbung, WRP 2002, 368

Bianca, C.M./ Bonell, M.J. — Commentary on the International Sales Law, The 1980 Vienna Sales Convention, Milan 1987

Bickler, Rachel — Satisfaction Guaranteed – the New Directive on the Sale of Consumer Goods and Guarantees, (1999) 13 Corp Brief 5

Bird, Timothy C. — Directive 99/44/EC on certain aspects of the sale of consumer goods and associated guarantees: its impact on existing Irish sale of goods law, (2001) ERPL 279

Bitter, Georg/ Meidt, Eva	Nacherfüllungsrecht und Nacherfüllungspflicht des Verkäufers im neuen Schuldrecht, ZIP 2001, 2114
Bitter, Walter/ Bitter, Georg	Wandelungsmöglichkeit des professionellen Käufers und Nachlieferungsrecht des Verkäufers bei aliud-Lieferung, BB 1993, 2315
Black, Henry Campbell (Begr.)	Black's Law Dictionary, Definitions of the Terms and Phrases of American and English Jurisprudence, Ancient and Modern, Gekürzte 6. Aufl., St. Paul 1983
Boerner, Dietmar	Kaufrechtliche Sachmängelhaftung und Schuldrechtsreform, ZIP 2001, 2264
Bradgate, Robert	Commercial Law, 3. Aufl., London 2000
Bradgate, Robert	Consumer Guarantees: the EC's draft Directive, [1997] Web JCLI, http://webjcli.ncl.ac.uk/1997/issue1/bradgate. html (abgerufen am 10.6.2000)
Bradgate, Robert	Harmonisation of Legal Guarantees: A Common Law Perspective, [1995] 3 CLJ 94
Bradgate, Robert/ Savage, Nigel	Commercial Law, London 1991
Bradgate, Robert/ Twigg-Flesner, Christian	Blackstone's Guide to Consumer Sales and Associated Guarantees, Oxford 2003
Bradgate, Robert/ Twigg-Flesner, Christian	Expanding the Boundaries of Liability for Quality Defects, (2002) Journal of Consumer Policy 345
Brady, George T.	Consumer Protection in the European Community: Hope for the Consumer or Unfulfilled Promises?, 23 N C J Int'l L & Com Reg 155 (1997)
Brambring, Günter	Der Diskussionsentwurf eines Schuldrechtsmodernisierungsgesetzes, Ein Überblick für Notare, NotBZ 2001, 41

Brambring, Günter	Schuldrechtsreform und Grundstückskaufvertrag, DNotZ 2001, 590
Brechmann, Winfried	Die richtlinienkonforme Auslegung, Zugleich ein Beitrag zur Dogmatik der Richtlinie, München 1994
Brenner, Michael/ Huber, Peter M.	Europarecht und Europäisierung in den Jahren 2000/2001, DVBl. 2001, 1013
Bridge, Michael	Description, Reliance and the Sale of Goods, (1990) LMCLQ 455
Bridge, Michael	The International Sale of Goods, Law and Practice, Oxford 1999
Bridge, Michael	The Sale of Goods, Paperback Edition, Oxford 1998
Bridge, Michael	The Sale of Goods, Oxford 1997
Bridge, Michael	What is to be Done About Sale of Goods?, (2003) 119 L.Q.R. 173
Brittenden, Stuart	Commission Proposal (95)520 Final on Legal Guarantees: The Ramifications for UK Sale of Goods Law, (1998) 17 TrLaw 105
Brors, Christiane	Die Falschlieferung in der Schuldrechtsreform, JR 2002, 133
Brox, Hans/ Walker, Wolf-Dietrich	Besonderes Schuldrecht, 26. Aufl., München 2001
Brox, Hans/ Walker, Wolf-Dietrich	Besonderes Schuldrecht, 28. Aufl., München 2003
Brüggemeier, Gert	Das neue Kaufrecht des Bürgerlichen Gesetzbuches – Eine kritische Bestandsaufnahme, WM 2002, 1376

Brüggemeier, Gert/ Reich, Norbert	Europäisierung des BGB durch große Schuldrechtsreform?, Stellungnahme zum Entwurf eines Schuldrechtsmodernisierungsgesetzes, BB 2001, 213
Büdenbender, Ulrich	Das Kaufrecht nach dem Schuldrechtsreformgesetz (Teil I), DStR 2002, 312
Büdenbender, Ulrich	Der Nacherfüllungsanspruch des Käufers – Wahlschuld oder elektive Konkurrenz? Zugleich ein Beitrag zur Dogmatik beider Rechtsinstitute, AcP 205 (2005), 386
Büdenbender, Ulrich	Die Bedeutung der Verbrauchsgüterkaufrichtlinie für das deutsche Kaufrecht nach der Schuldrechtsreform, ZEuP 2004, 36
Búrca, Gráinne de	Giving Effect to European Community Directives, (1992) 55 MLR 215
Burch, Lara	Consumer protection – Regulating returns, (2003) Retail Week 14
Caemmerer, Ernst von	Falschlieferung, in: von Caemmerer, Ernst/ Hallstein, Walter u.a. (Hrsg.), Festschrift für Martin Wolff, Tübingen 1952, S. 3
Canaris, Claus-Wilhelm	Die Neuregelung des Leistungsstörungs- und des Kaufrechts – Grundstrukturen und Problemschwerpunkte -, in: Lorenz, Egon (Hrsg.), Karlsruher Forum 2002: Schuldrechtsmodernisierung, Karlsruhe 2003, S. 5
Canaris, Claus-Wilhelm	Die Reform des Rechts der Leistungsstörungen, JZ 2001, 499
Caspar, Martin	Die Zusendung unbestellter Waren nach § 241 a BGB, ZIP 2000, 1602
Coester-Waltjen, Dagmar	Die nichtvertragsgemäße Ware im Kaufrecht, Jura 1997, 637

Colombi Ciacchi, Aurelia — Der Aktionsplan der Europäischen Kommission für ein kohärenteres Vertragsrecht: Wo bleibt die Rückbindung an die Europäische Verfassung?, in: Tietze, Andrea/ McGuire, Mary-Rose u.a. (Hrsg.), Jahrbuch Junger Zivilrechtswissenschaftler 2004, Europäisches Privatrecht, Über die Verknüpfung von nationalem und Gemeinschaftsrecht, Stuttgart 2005, S. 151

Craig, Paul — Direct Effect, Indirect Effect and the Construction of National Legislation, (1997) 22 ELRev. 519

Cranston, Ross — The Green Paper on Guarantees, [1995] 3 CLJ 100

Dänzer-Vanotti, Wolfgang — Die richtlinienkonforme Auslegung deutschen Rechts hat keinen rechtlichen Vorrang, RIW 1991, 754

Dänzer-Vanotti, Wolfgang — Richtlinienkonforme Auslegung und Rechtsfortbildung, StVj 1991, 1

Däubler-Gmelin, Herta — Die Entscheidung für die so genannte Große Lösung bei der Schuldrechtsreform – Zum Entwurf eines Gesetzes zur Modernisierung des Schuldrechts, NJW 2001, 2281

Dauner-Lieb, Barbara — Das Schuldrechtsmodernisierungsgesetz in Wissenschaft und Praxis – Versuch einer Bestandsaufnahme, in: Dauner-Lieb, Barbara/ Konzen, Horst/ Schmidt, Karsten (Hrsg.), Das neue Schuldrecht in der Praxis, Akzente – Brennpunkte – Ausblick, Köln 2003, S. 3

Dauner-Lieb, Barbara — Die geplante Schuldrechtsmodernisierung – Durchbruch oder Schnellschuß?, JZ 2001, 8

Dauner-Lieb, Barbara — Schuldrechtsreform: Haftungsgefahren für Zwischenhändler nach neuem Recht?, DB 2001, 2535

Dauner-Lieb, Barbara/ Heidel, Thomas u.a. (Hrsg.)	Das Neue Schuldrecht, Ein Lehrbuch, Heidelberg 2002
Dauner-Lieb, Barbara/ Arnold, Arnd	Noch einmal: Die Falschlieferung beim Stückkauf, JuS 2002, 1175
Dauner-Lieb, Barbara/ Arnold, Arnd/ Dötsch, Wolfgang/ Kitz, Volker	Anmerkungen und Fragen zur konsolidierten Fassung des Diskussionsentwurfs eines Schuldrechtsmodernisierungsgesetzes, http://www.uni-koeln.de/jur-fak/lbrah/Publ_pdf/Schuldrechtsre form.pdf (abgerufen am 24.1.2002)
Dauner-Lieb, Barbara/ Dötsch, Wolfgang	Nochmals: Selbstvornahme im Kaufrecht?, ZGS 2003, 455
Dauner-Lieb, Barbara/ Dötsch, Wolfgang	Selbstvornahme im Kaufrecht?, ZGS 2003, 250
Dauner-Lieb, Barbara/ Heidel, Thomas u.a. (Hrsg.)	Anwaltkommentar, Schuldrecht, Erläuterungen der Neuregelungen zum Verjährungsrecht, Schuldrecht, Schadensersatzrecht und Mietrecht, Bonn 2002
Deards, Elspeth	The Proposed Guarantees Directive: Is It Fit for the Purpose?, (1998) Journal of Consumer Policy 99
Derham, Rory	Set-off, 2. Aufl., Oxford 1996
Dickie, John	A Step Closer to European Sale of Goods Law? – Commission Draft Directive on the Sale of Consumer Goods, [1997] JBL 167
Diederichsen, Uwe	Das Zusammentreffen von Ansprüchen aus Verschulden bei Vertragsschluß und Sachmängelgewährleistung, BB 1965, 401
Diedrich, Frank	Verbraucherschutz im neuen englischen Kaufrecht, VuR 1995, 399
Dobson, Paul	Defects in New Cars, [1987] JBL 44

Doralt, Peter (Hrsg.) — Das UNCITRAL-Kaufrecht im Vergleich zum österreichischen Recht, Referate und Diskussionen des Symposiums in Baden bei Wien, Wien 1985

Dörner, Heinrich/ Staudinger, Ansgar — Schuldrechtsmodernisierung, Systematische Einführung und synoptische Gesamtdarstellung, Baden-Baden 2002

Dötsch, Wolfgang — Anmerkung (AG Kempen, Urt. v. 18.8.2003), MDR 2004, 1407

Drexl, Josef — Die wirtschaftliche Selbstbestimmung des Verbrauchers, Eine Studie zum Privat- und Wirtschaftsrecht unter Berücksichtigung gemeinschaftsrechtlicher Bezüge, Tübingen 1998

Ebel, Herrmann — Was heißt eigentlich Minderung nach neuem Kaufrecht?, BuW 2004, 333

Ebert, Ina — Das Recht des Verkäufers zur zweiten Andienung und seine Risiken für den Käufer, NJW 2004, 1761

Ehmann, Horst/ Rust, Ulrich — Die Verbrauchsgüterkaufrichtlinie, Umsetzungsvorschläge unter Berücksichtigung des Reformentwurfs der deutschen Schuldrechtskommission, JZ 1999, 853

Ehmann, Horst/ Sutschet, Holger — Modernisiertes Schuldrecht, Lehrbuch der Grundsätze des neuen Rechts und seiner Besonderheiten, München 2002

Ehmann, Horst/ Sutschet, Holger — Schadensersatz wegen kaufrechtlicher Schlechtleistungen – Verschuldens- und/oder Garantiehaftung?, JZ 2004, 62

Ehricke, Ulrich — Die richtlinienkonforme und die gemeinschaftskonforme Auslegung nationalen Rechts, Ein Beitrag zu ihren Grundlagen und zu ihrer Bedeutung für die Verwirklichung eines „europäischen Privatrechts“, RabelsZ 59 (1995), 598

Enderlein, Fritz/ Maskow, Dietrich — International Sales Law, United Nations Convention for the International Sale of Goods, New York 1992

Enneccerus, Ludwig/ Lehmann, Heinrich — Recht der Schuldverhältnisse, Ein Lehrbuch, 14. Aufl., Tübingen 1954

Erman, Walter — Zu den Rechten des Stückkäufers aus Mängeln der Sache, JZ 1960, 41

Erman, Walter (Begr.)/ Westermann, Harm Peter (Hrsg.) — Bürgerliches Gesetzbuch, Handkommentar mit AGBG, EGBGB, ErbbauVO, HausratsVO, HausTWG, ProdHaftG, SachenRBerG, Schuld RAnpG, VerbrKrG, Bd. I, 10. Aufl., Köln 2000

Ernst, Wolfgang — Die Schuldrechtsreform 2001/2002, Zum Diskussionsentwurf des Schuldrechtsmodernisierungsgesetzes, ZRP 2001, 1

Ernst, Wolfgang/ Gsell, Beate — Kaufrechtsrichtlinie und BGB, ZIP 2000, 1410

Ernst, Wolfgang/ Gsell, Beate — Kritisches zum Stand der Schuldrechtsmodernisierung, Beispiele fragwürdiger Richtlinienumsetzung, ZIP 2001, 1389

Ervine, W. C. H. — Case and Comment (*Thain* v *Anniesland Trade Centre*), 1998 JR 379

Ervine, W. C. H. — Satisfactory Quality: What Does it Mean, [2004] JBL 684

Ervine, W.C.H. — The Sale and Supply of Goods to Consumers Regulations 2002, 2003 SLT (News) 67

Esser, Josef/ Weyers, Hans-Leo — Schuldrecht, Bd. II, Besonderer Teil, Teilbd. 1, Verträge, 8. Aufl., Heidelberg 1998

European Consumer Law Group — Opinion on the Proposal for a Directive on the Sale of Consumer Goods and Associated Guarantees, (1998) Journal of Consumer Policy 91

Everling, Ulrich — Zur Auslegung des durch EG-Richtlinien angeglichenen nationalen Rechts, ZGR 1992, 376

Faber, Wolfgang — Aliud- und Minderlieferung im Konzept der „Vertragsmäßigkeit“ der EG-Richtlinie zum Verbrauchsgüterkauf, in: Ackermann, Thomas/ Arnold, Arnd u.a. (Hrsg.), Jahrbuch Junger Zivilrechtswissenschaftler 1999, Tradition und Fortschritt im Recht, Stuttgart 2000, S. 85

Faber, Wolfgang — Zur Richtlinie bezüglich Verbrauchsgüterkauf und Garantien für Verbrauchsgüter, JBl. 1999, 413

Fabricius, Fritz — Schlechtlieferung und Falschlieferung beim Kauf, JuS 1964, 46

Fest, Timo — Kein Anspruch des Verkäufers auf Nutzungsersatz bei Nachlieferung?, NJW 2005, 2959

Finkenauer, Thomas — „Garantiehaftung“ des Verkäufers für Sachmängel?, WM 2003, 665

Flessner, Axel — Richtlinie und Reform – Die Einpassung der Kaufgewährleistungs-Richtlinie ins deutsche Recht, in: Grundmann, Stefan/ Medicus, Dieter/ Rolland, Walter (Hrsg.), Europäisches Kaufgewährleistungsrecht, Reform und Internationalisierung des deutschen Kaufrechts, Köln 2000, S. 233

Flume, Werner — Allgemeiner Teil des Bürgerlichen Rechts, Bd. 2, Das Rechtsgeschäft, 4. Aufl., Berlin 1992

Franzen, Martin — „Heininger“ und die Folgen: ein Lehrstück zum Gemeinschaftsprivatrecht, JZ 2003, 321

Franzen, Martin — Privatrechtsangleichung durch die Europäische Gemeinschaft, Berlin 1999

Freund, Bernhard/ Stölting, Carsten — „Gebrauchtwagenfälle“ im neuen Schuldrecht – Auswirkungen des Rücktrittsfolgenrechts auf das Bereicherungsfolgenrecht, ZGS 2002, 182

Frisch, Markus	Die richtlinienkonforme Auslegung nationalen Rechts, Münster 2000
Gärtner, Anette	Britain and the CISG: The Case for Ratification - A Comparative Analysis with Special Reference to German Law, (2000-2001) Review of the Convention on Contracts for the International Sale of Goods (CISG), 59
Gass, Peter	Die Schuldrechtsüberarbeitung nach der politischen Entscheidung zum Inhalt der Richtlinie über den Verbrauchsgüterkauf, in: Diederichsen, Uwe/ Fischer, Gerfried u.a. (Hrsg.), Festschrift für Walter Rolland, Köln 1999, S. 129
Gaul, Björn	Schuldrechtsmodernisierung und Unternehmenskauf, ZHR 166 (2002), 35
Gebauer, Martin	Grundfragen der Europäisierung des Privatrechts, Eine Untersuchung nationaler Ansätze unter Berücksichtigung des italienischen und deutschen Rechts, Heidelberg 1998
Gebauer, Martin/ Wiedmann, Thomas (Hrsg.)	Zivilrecht unter europäischem Einfluß, Die richtlinienkonforme Auslegung des BGB und anderer Gesetze – Erläuterung der wichtigsten EG-Verordnungen, Stuttgart 2005
Gellermann, Martin	Beeinflussung des bundesdeutschen Rechts durch Richtlinien der EG, Dargestellt am Beispiel des europäischen Umweltrechts, Köln 1994
Georges, Gesa	Kaufrecht und Garantie, in: Paschke, Marian/ Iliopoulos, Constantin (Hrsg.), Europäisches Privatrecht, Ein Studienbuch zum Privatrecht der Europäischen Gemeinschaft, Hamburg 1998, S. 227
Gloag, W.M./ Henderson, R. Candlish	The Law of Scotland, 10. Aufl., Edinburgh 1995
Gold, Stephen	Civil Way, (2003) NLJ 225
Goode, Roy	Commercial Law, 2. Aufl., London 1995

Grigoleit, Christoph/ Riehm, Thomas	Grenzen der Gleichstellung von Zuwenig-Leistung und Sachmangel, ZGS 2002, 115
Grigoleit, Hans Christoph/ Herresthal, Carsten	Die Beschaffenheitsvereinbarung und ihre Typisierungen in § 434 I BGB, JZ 2003, 233
Grigoleit, Hans Christoph/ Herresthal, Carsten	Grundlagen der Sachmängelhaftung im Kaufrecht, JZ 2003, 118
Gruber, Urs Peter	Das drohende Ende der Stückschuld, JZ 2005, 707
Gruber, Urs Peter	Der Anspruch auf Ersatz von Nutzungs- und Betriebsausfall bei Lieferung einer mangelhaften Sache, ZGS 2003, 130
Gruber, Urs Peter	Die Nacherfüllung als zentraler Rechtsbehelf im neuen deutschen Kaufrecht – eine methodische und vergleichende Betrachtung zur Auslegung, in: Helms, Tobias/ Neumann, Daniela u.a. (Hrsg.), Jahrbuch Junger Zivilrechtswissenschaftler 2001, Stuttgart 2002, S. 187
Gruber, Urs Peter	Montagefehler und fehlerhafte Montageanleitung im neuen Kaufrecht, VuR 2002, 120
Grundmann, Stefan	Consumer Law, Commercial Law, Private Law: How can the Sales Directive and the Sales Convention be so Similar?, [2003] EBLR 237
Grundmann, Stefan	Die Auslegung angeglichenen Kapitalmarktrechts – insbesondere der Sanktionsregeln, in: Schulze, Reiner (Hrsg.), Auslegung europäischen Privatrechts und angeglichenen Rechts, Baden-Baden 1999, S. 63
Grundmann, Stefan	Europäisches Schuldvertragsrecht, Das europäische Recht der Unternehmensgeschäfte (nebst Text und Materialien zur Rechtsangleichung), Berlin 1999
Grundmann, Stefan	Europäisches Vertragsrecht – Quo vadis?, JZ 2005, 860

Grundmann, Stefan	European sales law – reform and adoption of international models in German sales law, (2001) ERPL 239
Grundmann, Stefan	Generalreferat: Internationalisierung und Reform des deutschen Kaufrechts, in: Grundmann, Stefan/ Medicus, Dieter/ Rolland, Walter (Hrsg.), Europäisches Kaufgewährleistungsrecht, Reform und Internationalisierung des deutschen Kaufrechts, Köln 2000, S. 281
Grundmann, Stefan	Harmonisierung, Europäischer Kodex, Europäisches System der Vertragsrechte – Die Perspektiven der Kommissionsmitteilung zum Europäischen Vertragsrecht, NJW 2002, 393
Grundmann, Stefan	Internationales Privatrecht als Verfassungsordnung, RIW 2002, 329
Grundmann, Stefan	Richtlinienkonforme Auslegung im Bereich des Privatrechts – insbesondere: der Kanon der nationalen Auslegungsmethoden als Grenze?, ZEuP 1996, 399
Grundmann, Stefan	Verbraucherrecht, Unternehmensrecht, Privatrecht – warum sind sich UN-Kaufrecht und EU-Kaufrechts-Richtlinie so ähnlich?, AcP 202 (2002), 40
Grundmann, Stefan/ Bianca, Cesare Massimo (Hrsg.)	EU-Kaufrechtsrichtlinie, Kommentar, Köln 2002
Gsell, Beate	Kaufrechtsrichtlinie und Schuldrechtsmodernisierung, JZ 2001, 65
Gsell, Beate	Nutzungsentschädigung bei kaufrechtlicher Nacherfüllung?, NJW 2003, 1969
Gsell, Beate	Rechtlosigkeit des Käufers bei voreiliger Selbstvornahme der Mängelbeseitigung?, ZIP 2005, 922

Guest, Anthony G. (Hrsg.)	Benjamin's Sale of Goods, 5. Aufl., London 1997
Haas, Lothar	Entwurf eines Schuldrechtsmodernisierungsgesetzes: Kauf- und Werkvertragsrecht, BB 2001, 1313
Haas, Lothar/ Medicus, Dieter/ Rolland, Walter u.a. (Hrsg.)	Das neue Schuldrecht, München 2002
Hahn, Thomas	Die Eigentumsübertragung von beweglichen Sachen beim Kauf im englischen und deutschen Recht, Frankfurt a.M. 1998
Hänlein, Andreas	Die Richtlinie zu bestimmten Aspekten des Verbrauchsgüterkaufs und der Garantien für Verbrauchsgüter, DB 1999, 1641
Harris, D.A.	Specific Performance – A Regular Remedy for Consumers, (2003) 119 L.Q.R. 541
Hassemer, Michael	Kaufverträge nach der Schuldrechtsreform – Vertragsgestaltung gegenüber Verbrauchern und im Handelsgeschäft, ZGS 2002, 95
Hassemer, Michael	Zwingendes europäisches Privatrecht, Zivilrecht ohne Vertragsfreiheit?, in: Tietze, Andrea/ McGuire, Mary-Rose u.a. (Hrsg.), Jahrbuch Junger Zivilrechtswissenschaftler 2004, Europäisches Privatrecht, Über die Verknüpfung von nationalem und Gemeinschaftsrecht, Stuttgart 2005, S. 121
Häublein, Martin	Der Beschaffenheitsbegriff und seine Bedeutung für das Verhältnis der Haftung aus culpa in contrahendo zum Kaufrecht, NJW 2003, 388
Haustein, Almut	Reformbedürftigkeit des Gewährleistungsrechts, Unter Beachtung der Richtlinie über den Verbrauchsgüterkauf und –garantien und den Vorschlägen der Schuldrechtsreform, Aachen 2002

Heck, Philipp — Grundriß des Schuldrechts, Tübingen 1929

Hedley, Steve — Fitness for the buyer's peculiar purpose, [1996] 4 Web JCLI, http://webjcli.ncl.ac.uk/1996/issue2/hedley4. html (abgerufen am 10.4.2002)

Hedley, Steve — Quality of Goods, Information, and the Death of Contract, [2001] JBL 114

Heilmann, Jan — Mängelgewährleistung im UN-Kaufrecht: Voraussetzungen und Rechtsfolgen im Vergleich zum deutschen internen Kaufrecht und zu den Haager Einheitlichen Kaufgesetzen, Berlin 1994

Heinemann, Andreas/ Pickartz, Thomas — Die Nacherfüllung beim Stückkauf, ZGS 2003, 149

Heinrich, Martin — Die Abwehr des Anspruchs des Käufers auf Nacherfüllung, ZGS 2003, 253

Henssler, Martin/ Westphalen, Friedrich Graf von (Hrsg.) — Praxis der Schuldrechtsreform, Recklinghausen 2001

Herber, Rolf/ Czerwenka, Beate — Internationales Kaufrecht, Kommentar zu dem Übereinkommen der Vereinten Nationen vom 11. April 1980 über Verträge über den internationalen Wareneinkauf, München 1991

Herberger, Klaus — Rechtsnatur, Aufgabe und Funktion der Sachmängelhaftung nach dem Bürgerlichen Gesetzbuch, Berlin 1974

Herlinghaus, Andreas — Bedeutung und Reichweite der richtlinienkonformen Auslegung, Bonn 1997

Herresthal, Carsten/ Riehm, Thomas — Die eigenmächtige Selbstvornahme im allgemeinen und besonderen Leistungsstörungsrecht, NJW 2005, 1457

Heß, Burkhard — Anmerkung (EuGH, Rs. C-91/92), JZ 1995, 150

Hoeren, Thomas/ Martinek, Michael	Systematischer Kommentar zum Kaufrecht, Recklinghausen 2002
Höffe, Sybille	Die Verbrauchsgüterkaufrichtlinie 1999/44/EG und ihre Auswirkungen auf den Schadensersatz beim Kauf, Frankfurt a.M. 2001
Hoffmann, Bernd von	Gewährleistungsansprüche im UN-Kaufrecht – verglichen mit dem EKG und BGB, in: Schlechtriem, Peter (Hrsg.), Einheitliches Kaufrecht und nationales Obligationenrecht, Baden-Baden 1987, S. 293
Hoffmann, Jan	Verbrauchsgüterkaufrichtlinie und Schuldrechtsmodernisierungsgesetz, ZRP 2001, 347
Hogg, Martin	Scottish law and the European Consumer Sales Directive, (2001) ERPL 337
Hogg, Martin	The Consumer's Right to Rescind under the Sale of Goods Act: A Tale of Two Remedies, 2004 SLT 277
Holmes, Ashley	Consumer Guarantees, (1998) 8 CPRev 45
Hondius, Ewoud	Kaufen ohne Risiko: Der europäische Richtlinienentwurf zum Verbraucherkauf und zur Verbrauchergarantie, ZEuP 1997, 130
Hondius, Ewoud/ Jeloschek, Christoph	Towards a European Sales Law – Legal Challenges posed by the Directive on the Sale of Consumer Goods and Associated Guarantees, (2001) ERPL 157
Honnold, John O.	Uniform Law for International Sales under the 1980 United Nations Convention, 3. Aufl., Den Haag 1999
Honsell, Heinrich	Die EU-Richtlinie über den Verbrauchsgüterkauf und ihre Umsetzung ins BGB, JZ 2001, 278

Howells, Geraint	The Implementation of EC Consumer Sales Directive in the United Kingdom, in: Grundmann, Stefan/ Medicus, Dieter/ Rolland, Walter (Hrsg.), Europäisches Kaufgewährleistungsrecht, Reform und Internationalisierung des deutschen Kaufrechts, Köln 2000, S. 161
Howells, Geraint/ Twigg-Flesner, Christian	Much ado about nothing? The Implementation of Directive 99/44/EC into English Law, in: Schermaier, Martin Josef (Hrsg.), Verbraucherkauf in Europa, München 2003, S. 303
Howells, Geraint/ Weatherill, Stephen	Consumer Protection Law, Dartmouth 1995
Howells, Geraint/ Wilhelmsson, Thomas	EC Consumer Law, Ashgate 1997
Huber, Peter	Das Nacherfüllungsrecht im neuen Kaufrecht, NJW 2002, 1004
Huber, Peter	Irrtumsanfechtung und Sachmängelhaftung, Eine Studie zur Konkurrenzfrage vor dem Hintergrund der internationalen Vereinheitlichung des Vertragsrecht, Tübingen 2001
Huber, Peter	Kaufrecht – Made in Europe! Die EG-Richtlinie über den Verbrauchsgüterkauf und ihre Folgen für das deutsche Gewährleistungsrecht, in: Gottwald, Peter/ Jayme, Erik/ Schwab, Dieter (Hrsg.), Festschrift für Dieter Henrich, Bielefeld 2000, S. 297
Huber, Peter/ Faust, Florian	Schuldrechtsmodernisierung, Einführung in das neue Recht, München 2002
Huber, Ulrich	Der UNCITRAL-Entwurf eines Übereinkommens über internationale Warenkaufverträge, RabelsZ 43 (1979), 413

Huber, Ulrich	Leistungsstörungen, Empfiehlt sich die Einführung eines Leistungsstörungsrechts nach dem Vorbild des Einheitlichen Kaufgesetzes? Welche Änderungen im Gesetzestext und welche praktischen Auswirkungen im Schuldrecht würden sich dabei ergeben?, in: Bundesminister der Justiz (Hrsg.), Gutachten und Vorschläge zur Überarbeitung des Schuldrechts, Bd. I, Köln 1981, S. 647
Huber, Ulrich	Zur Dogmatik der Vertragsverletzungen nach einheitlichem Kaufrecht und deutschem Schuldrecht, in: Ficker, Hans-Claudius/ König, Detlef u.a. (Hrsg.), Festschrift für Ernst von Caemmerer zum 70. Geburtstag, Tübingen 1978, S. 837
Huber, Ulrich	Zur Haftung des Verkäufers wegen positiver Vertragsverletzung, AcP 177 (1977), 281
Hübner, Ulrich	Der Verbrauchsgüterkauf: ein weiterer Schritt in Richtung Europäisierung des Privatrechts, EuZW 1999, 481
Hucke, Anja	Die Auswirkungen der Europäischen Verbrauchsgüterkauf-Richtlinie auf das deutsche Schuldrecht, IStR 2000, 277
Jakobs, Matthias	Die kaufrechtliche Nacherfüllung, in: Dauner-Lieb, Barbara/ Konzen, Horst/ Schmidt, Karsten (Hrsg.), Das neue Schuldrecht in der Praxis, Akzente – Brennpunkte – Ausblick, Köln 2003, S. 371
Jansen, Nils	Gewährleistung trotz Annahmeverzug und Untergangs der Kaufsache?, ZIP 2002, 877
Jarass, Hans D.	Grundfragen der innerstaatlichen Bedeutung des EG-Rechts, Die Vorgaben der Europäischen Gemeinschaft für die nationale Rechtsanwendung und die nationale Rechtsetzung nach Maastricht, Köln 1994

Jarass, Hans D.	Richtlinienkonforme bzw. EG-rechtskonforme Auslegung nationalen Rechts, EuR 1991, 211
Jorden, Simone	Verbrauchergarantien, Die EG-Richtlinie über den Verbrauchsgüterkauf und ihre Umsetzung in das deutsche Zivilrecht, München 2001
Jorden, Simone/ Lehmann, Michael	Verbrauchsgüterkauf und Schuldrechtsmodernisierung, Zur geplanten Umsetzung der Richtlinien 1999/44/EG im Rahmen eines Gesetzes zur Modernisierung des Schuldrechts, JZ 2001, 952
Jud, Brigitta	Der Richtlinienentwurf der EU über den Verbrauchsgüterkauf und das österreichische Recht, ÖJZ 1997, 441
Jud, Brigitta	Die Rangordnung der Gewährleistungsbehelfe, Verbrauchsgüterkaufrichtlinie, österreichisches, deutsches und UN-Kaufrecht im Vergleich, in: Helms, Tobias/ Neumann, Daniela u.a. (Hrsg.), Jahrbuch Junger Zivilrechtswissenschaftler 2001, Stuttgart 2002, S. 205
Junker, Abbo	Vom Bürgerlichen zum kleinbürgerlichen Gesetzbuch – Der Richtlinienvorschlag über den Verbrauchsgüterkauf, DZWir 1997, 271
Kadner Graziano, Thomas	Die Zukunft der Zivilrechtskodifikation in Europa – Harmonisierung der alten Gesetzbücher oder Schaffung eines neuen? – Überlegungen anläßlich des 200. Jahrestags des französischen Code civil, ZEuP 2005, 523
Kainer, Friedemann	Die Verbrauchsgütergewährleistungsrichtlinie und ihre Umsetzung in das deutsche Recht, AnwBl 2001, 380
Kandler, Mandy	Kauf und Nacherfüllung, Bielefeld 2004
Karollus, Martin	UN-Kaufrecht, Eine systematische Darstellung für Studium und Praxis, Wien 1991

Katzenstein, Matthias	Kostenersatz bei eigenmächtiger Selbstvornahme der Mängelbeseitigung nach § 326 Abs. 2 Satz 2 BGB?, ZGS 2003, 144
Keil, Tilo	Anmerkung (BGH, VIII ZR 100/04), EWiR 2005, 497
Kendall, Vivienne	EC Consumer Law, London 1994
Kenny, Mel	The 2004 Communication on European Contract Law: Those Magnificent Men in Their Unifying Machines, (2005) 30 ELRev. 724
Kesseler, Christian	Der Kauf gebrauchter Waren nach dem Diskussionsentwurf eines Schuldrechtsmodernisierungsgesetzes, ZRP 2001, 70
Kircher, Wolfgang	Die Voraussetzungen der Sachmängelhaftung beim Warenkauf, Eine vergleichende Darstellung des deutschen und des englischen Rechts unter Berücksichtigung des UN-Kaufrechts und aktueller Reformbestrebungen, Tübingen 1998
Kircher, Wolfgang	Zum Vorschlag für eine Richtlinie über den Verbrauchsgüterkauf und –garantien, ZRP 1997, 290
Klauer, Irene	Die Europäisierung des Privatrechts, Der EuGH als Zivilrichter, Baden-Baden 1998
Klein, Eckart	Objektive Wirkungen von Richtlinien, in: Due, Ole/ Lutter, Marcus/ Schwarze, Jürgen (Hrsg.), Festschrift für Ulrich Everling, Bd. I, Baden-Baden 1995, S. 641
Knöfel, Susanne	Bewegung im Vertragsrecht in Europa? – Der Aktionsplan der Europäischen Kommission für ein „kohärenteres europäisches Vertragsrecht“, ZGS 2004, 26
Knöpfle, Robert	Aliud-Lieferung beim Gattungskauf - Nichterfüllungs- oder Gewährleistungsrecht?, NJW 1989, 871

Knöpfle, Robert	Zum Verhältnis zwischen Gewährleistungsansprüchen und Ansprüchen aus culpa in contrahendo oder positiver Vertragsverletzung, NJW 1990, 2497
Knöpfle, Robert	Zur Problematik des subjektiven Fehlerbegriffs im Kaufrecht, JZ 1978, 122
Knütel, Rolf	Zur Schuldrechtsreform, NJW 2001, 2519
Köhler, Helmut	Das Rücktrittsrecht nach § 13 a UWG, JZ 1989, 262
Kohler, Jürgen	Nutzungsvergütung in den Fällen der §§ 439 Abs. 4 und § 635 Abs. 4 BGB?, ZGS 2004, 48
Kohler-Gering, Eleonora	Europarecht und nationales Recht – Auslegung und Rechtsfortbildung, JA 1998, 807
Körber, Torsten	Europäisierung des Privatrechts durch Direktwirkung des Gemeinschaftsrechts?, EuZW 2001, 353
Krebs, Peter	Die große Schuldrechtsreform, DB Beilage 14/2000
Kromer, Ulrich	Der Begriff der Lieferung im Haager einheitlichen Kaufrecht, Pfaffenweiler 1987
Kruisinga, Sonja A.	What do consumer and commercial sales law have in common? A comparison of the EC Directive on consumer sales law and the UN Convention on contracts for the international sale of goods, (2000) ERPL 177
Krummel, Thomas/ D'Sa Rose M.	Sale of Consumer Goods and Associated Guarantees: A Minimalist Approach to Harmonised European Union Consumer Protection, (2001) ELRev. 312
Lamprecht, Philipp	Selbstvornahme des Gläubigers und Vorrang der Erfüllung nach neuem Schuldrecht, ZGS 2005, 266

Lando, Ole/ Beale, Hugh (Hrsg.)	Principles of European Contract Law, Parts I and II, Combined and Revised, The Hague 2000
Lando, Ole/ Clive, Eric (Hrsg.)	Principles of European Contract Law, Part III, The Hague 2003
Langenfeld, Gerrit (Hrsg.)	Münchener Vertragshandbuch, Bd. 4, Bürgerliches Recht, 1. Hlbbd., München 1998
Larenz, Karl	Lehrbuch des Schuldrechts, 2. Bd., Besonderer Teil, 1. Halbbd., 13. Aufl., München 1986
Larenz, Karl	Methodenlehre der Rechtswissenschaft, 6. Aufl., Berlin 1991
Laws, Jutta	Strukturen des Kauf-, Werkvertrags- und Werklieferungsvertragsrechts nach der Schuldrechtsreform, MDR 2002, 320
Lawson, Richard	Commercial reporter, (2001) S.J. 136
Lawson, Richard	New goods for old, (2003) S.J. 200
Lehmann, Michael	Die Haftung für Werbeangaben nach neuem Schuldrecht, DB 2002, 1090
Lehmann, Michael	Informationsverantwortung und Gewährleistung für Werbeangaben beim Verbrauchsgüterkauf, JZ 2000, 280
Lehmann, Michael/ Dürrschmidt, Armin	Haftung für irreführende Werbung über Garantien – Zum Vorschlag einer Richtlinie des Europäischen Parlaments und des Rates über den Verbrauchsgüterkauf und –garantien 18.6.1996, GRUR 1997, 549
Lehne, Klaus-Heiner/ Haak, Andreas Max	Quo Vadis Europäisches Schuldrecht?, in: Dauner-Lieb, Barbara/ Konzen, Horst/ Schmidt, Karsten (Hrsg.), Das neue Schuldrecht in der Praxis, Akzente Brennpunkte – Ausblick, Köln 2003, S. 41

Lehr, Wolfgang/ Wendel, Heiko	Die EU-Richtlinie über Verbrauchsgüterkauf und –garantien, EWS 1999, 321
Leible, Stefan	Die Mitteilung der Kommission zum Europäischen Vertragsrecht – Startschuß für ein Europäisches Vertragsgesetzbuch?, EWS 2001, 471
Lettl, Tobias	Die Falschlieferung durch den Verkäufer nach der Schuldrechtsreform, JuS 2002, 866
Linnertz, Jörg	Modernisierung des Schuldrechts: Kaufrecht, AnwBl 2001, 400
Looschelders, Dirk	Beschaffenheitsvereinbarung, Zusicherung, Garantie, Gewährleistungsausschluß, in: Dauner-Lieb, Barbara/ Konzen, Horst/ Schmidt, Karsten (Hrsg.), Das neue Schuldrecht in der Praxis, Akzente – Brennpunkte – Ausblick, Köln 2003, S. 395
Lorenz, Stephan	Aliud, peius und indebitum im neuen Kaufrecht, JuS 2003, 36
Lorenz, Stephan	Anmerkung (AG Daun, Urt. v. 15.1.2003), ZGS 2003, 399
Lorenz, Stephan	Gattungsschuld, Konkretisierung und Gefahrtragung beim Verbrauchsgüterkauf nach neuem Schuldrecht, ZGS 2003, 421
Lorenz, Stephan	Im BGB viel Neues: Die Umsetzung der Fernabsatzrichtlinie, JuS 2000, 833
Lorenz, Stephan	Leistungsgefahr, Gegenleistungsgefahr und Erfüllungsort beim Verbrauchsgüterkauf – BGH, NJW 2003, 3341, JuS 2004, 105
Lorenz, Stephan	Rücktritt, Minderung und Schadensersatz wegen Sachmängeln im neuen Kaufrecht: Was hat der Verkäufer zu vertreten?, NJW 2002, 2497

Lorenz, Stephan	Schadensersatz wegen Pflichtverletzung – ein Beispiel für die Überhastung der Kritik an der Schuldrechtsreform, JZ 2001, 742
Lorenz, Stephan	Schuldrechtsreform 2002: Problemschwerpunkte drei Jahre danach, NJW 2005, 1889
Lorenz, Stephan	Selbstvornahme der Mängelbeseitigung im Kaufrecht, NJW 2003, 1417
Lorenz, Stephan	Voreilige Selbstvornahme der Nacherfüllung im Kaufrecht: Der BGH hat gesprochen und nichts ist geklärt, NJW 2005, 1321
Lorenz, Stephan/ Riehm, Thomas	Lehrbuch zum neuen Schuldrecht, München 2002
Lütkenhaus, Altfried M.	Unfair Contract Terms Act 1977 und AGB-Gesetz 1976, Rechtsregeln zu Allgemeinen Geschäftsbedingungen in Großbritannien und der Bundesrepublik Deutschland im Vergleich, Frankfurt a.M. 1987
Lutter, Marcus	Die Auslegung angeglichenen Rechts, JZ 1991, 593
MacQueen, Hector L.	Scots Law and the Road to the New Ius Commune, Vol. 4.4 EJCL (December 2000), http://www.ejcl.org/ejcl/44/art44-1.html (abgerufen am 14.12.2002)
MacQueen, Hector L.	The Sale and Supply of Goods Act 1994, March 1995, Scottish Law Gazette 5
MacQueen, Hector L./ Macgregor, Laura J.	Specific Implement, Interdict and Contractual Performance, (1999) ELR 239
MacQueen, Hector L./ Thomson, J.	Contract Law in Scotland, Edinburgh 2000

Magnus, Ulrich — Der Stand der internationalen Überlegungen: Die Verbrauchsgüterkauf-Richtlinie und das UN-Kaufrecht, in: Grundmann, Stefan/ Medicus, Dieter/ Rolland, Walter (Hrsg.), Europäisches Kaufgewährleistungsrecht, Reform und Internationalisierung des deutschen Kaufrechts, Köln 2000, S. 79

Martinek, Michael — Unsystematische Überregulierung und kontraintentionale Effekte im Europäischen Verbraucherschutzrecht oder: Weniger wäre mehr, in: Grundmann, Stefan (Hrsg.), Systembildung und Systemlücken in Kerngebieten des Europäischen Privatrechts, Gesellschafts-, Arbeits- und Schuldvertragsrecht, Tübingen 2000, S. 511

Matthiesen, Holger/ Lindner, Beatrix — EG-Richtlinie über den Verbrauchsgüterkauf – Anlaß für eine Reform des deutschen Schuldrechts, NJ 1999, 617

McBryde, William W. — Remedies for Breach of Contract, (1996) ELR 43

Medicus, Dieter — Das Schuldrechtsmodernisierungsgesetz – behutsame Weiterentwicklung oder Systemwechsel?, in: Dauner-Lieb, Barbara/ Konzen, Horst/ Schmidt, Karsten (Hrsg.), Das neue Schuldrecht in der Praxis, Akzente – Brennpunkte – Ausblick, Köln 2003, S. 61

Medicus, Dieter — Ein neues Kaufrecht für Verbraucher?, ZIP 1996, 1925

Medicus, Dieter — Schuldrecht II, Besonderer Teil, Ein Studienbuch, 11. Aufl., München 2003

Medicus, Dieter — Verbraucherrecht und Verbrauchsgüterkauf in einem kodifikatorischen System – Bürgerrecht, Handelsrecht und Sonderprivatrecht, in: Grundmann, Stefan/ Medicus, Dieter/ Rolland, Walter (Hrsg.), Europäisches Kaufgewährleistungsrecht, Reform und Internationalisierung des deutschen Kaufrechts, Köln 2000, S. 219

Menke, Burkhart	Haftung für reklamemäßige Garantieerklärungen im deutschen Recht? –Zu einem Vorschlag im Grünbuch über Verbrauchsgütergarantien und Kundendienst-, VuR 1994, 223
Micklitz, Hans-W.	Die Verbrauchsgüterkauf-Richtlinie, EuZW 1999, 485
Micklitz, Hans-W.	Ein einheitliches Kaufrecht für Verbraucher in der EG?, EuZW 1997, 229
Micklitz, Hans-W.	The New German Sales Law: Changing Patterns in the Regulation of Product Quality, (2002) Journal of Consumer Policy 379
Mitchell, Paul	The Development of Quality Obligations in the Sale of Goods, (2001) 117 L.Q.R. 645
Möllers, Thomas M.J.	Die Rolle des Rechts im Rahmen der europäischen Integration, Zur Notwendigkeit einer europäischen Gesetzgebungs- und Methodenlehre, Tübingen 1999
Möllers, Thomas M.J.	Doppelte Rechtsfortbildung contra legem?, Zur Umgestaltung des Bürgerlichen Gesetzbuches durch den EuGH und nationale Gerichte, EuR 1998, 20
Motsch, Richard	Die Modernisierung des Schuldrechts, NJ 2002, 1
Müller, Markus	Die Umgehung des Rechts des Verbrauchsgüterkaufs im Gebrauchtwagenhandel, NJW 2003, 1975
Murdoch, J. R.	Sale by Sample – A Distinction Without A Difference?, (1981) 44 MLR 388
Musielak, Hans-Joachim	Die Falschlieferung beim Stückkauf nach dem neuen Schuldrecht, NJW 2003, 89

Musielak, Hans-Joachim	Grundkurs BGB, Eine Darstellung zur Vermittlung von Grundlagenwissen im bürgerlichen Recht mit Fällen und Fragen zur Lern- und Verständniskontrolle sowie Übungsklausuren, 7. Aufl., München 2002
Nettesheim, Martin	Auslegung und Fortbildung nationalen Rechts im Lichte des Gemeinschaftsrechts, AöR 119 (1994), 261
Neumayer, Karl	Offene Fragen zur Anwendung des Abkommens der Vereinten Nationen über den internationalen Warenkauf, RIW 1994, 99
Neumayer, Karl H./ Ming, Catherine	Convention de Vienne sur les contrats de vente internationale de marchandises, Commentaire, Lausanne 1993
Nietzer, Wolf Michael/ Stein Antonia	Richtlinie zum Verbrauchsgüterkauf – Auswirkungen in Deutschland und Frankreich, Vergleich zum UN-Kaufrecht, ZvglRWiss 99 (2000), 41
Oetker, Hartmut/ Maultzsch, Felix	Vertragliche Schuldverhältnisse, Berlin 2002
Olzen, Dirk/ Wank, Rolf	Die Schuldrechtsreform, Eine Einführung, Köln 2002
Oughton, David/ Willett, Chris	Quality Regulation in European Private Law, (2002) Journal of Consumer Policy 299
Palandt, Otto (Begr.)	Bürgerliches Gesetzbuch, 61. Aufl., München 2002
Palandt, Otto (Begr.)	Bürgerliches Gesetzbuch, 63. Aufl., München 2004
Palandt, Otto (Begr.)	Gesetz zur Modernisierung des Schuldrechts, Ergänzungsband zu Palandt, BGB 61. Aufl., München 2002

Parisi, Francesco	The Harmonization of Legal Warranties in European Law: an Economic Analysis, (2004) 52 Am. J. Comp. L. 403
Peifer, Karl-Nikolaus	Die Haftung des Verkäufers für Werbeangaben, JR 2001, 265
Petersen, Jens	Die Nacherfüllung, Jura 2002, 461
Petrikic, Radivoje	Das Nacherfüllungsrecht im UN-Kaufrecht, Grundprobleme der Leistungsstörungen, Wien 1999
Pfeiffer, Thomas	Anmerkung (EuGH, Rs. C-481/99), EWiR 2002, 261
Pfeiffer, Thomas	Systemdenken im neue Leistungsstörungs- und Gewährleistungsrecht, ZGS 2002, 23
Pfeiffer, Thomas	Unkorrektheiten bei der Umsetzung der Verbrauchsgüterkaufrichtlinie in das deutsche Recht, Teil 1: Sachmangelbegriff – Hierarchie statt Kumulation der Mangelkriterien, ZGS 2002, 94
Pfeiffer, Thomas	Unkorrektheiten bei der Umsetzung der Verbrauchsgüterkaufrichtlinie in das deutsche Recht, Teil 2: Sachmangelbegriff – Ausklammerung der Zuviellieferung, ZGS 2002, 138
Pfeiffer, Thomas	Unkorrektheiten bei der Umsetzung der Verbrauchsgüterkaufrichtlinie in das deutsche Recht, Teil 3: Unzumutbarkeit beider Arten der Nacherfüllung?, ZGS 2002, 217
Pfeiffer, Thomas	Unkorrektheiten bei der Umsetzung der Verbrauchsgüterkaufrichtlinie in das deutsche Recht, Teil 4: Rücktritt und Minderung bei erfolgreicher Nacherfüllung, ZGS 2002, 390

Piliounis, Peter A. — The Remedies of Specific Performance, Price Reduction and Additional Time (Nachfrist) under the CISG: Are these worthwhile changes or additions to English Sales Law?, 12 Pace International Law Review (Spring 2000), 1

Piltz, Burghard — Internationales Kaufrecht, Das UN-Kaufrecht (Wiener Übereinkommen von 1980) in praxisorientierter Darstellung, München 1993

Prechal, Sacha — Directives in European Community Law, A Study of Directives and Their Enforcement in National Courts, Oxford 1995

Prieß, Monika — Der Begriff des Sachmangels im deutschen und im englischen Kaufrecht, Reformbedarf aufgrund der Verbrauchsgüterkauf-Richtlinie 1999/44/EG, Frankfurt a.M. 2001

Rabel, Ernst — Das Recht des Warenkaufs, Eine rechtsvergleichende Darstellung, 2. Band, Tübingen 1958

Rebmann, Kurt/ Säcker, Franz Jürgen (Hrsg.) — Münchener Kommentar zum Bürgerlichen Gesetzbuch, Bd. 3, Schuldrecht, Besonderer Teil I, §§ 433-606, Finanzierungsleasing, VerbrKrG, HausTWG, Erbschafts- u. Schenkungssteuergesetz, MHG, HeizkostenV, 3. Aufl., München 1995

Reich, Norbert — Bürgerrechte in der Europäischen Union, Subjektive Rechte von Unionsbürgern und Drittstaatsangehörigen unter besonderer Berücksichtigung der Rechtslage nach der Rechtsprechung des EuGH und dem Vertrag von Amsterdam, Baden-Baden 1999

Reich, Norbert — Die Umsetzung der Richtlinie 1999/44/EG in das deutsche Recht, NJW 1999, 2397

Reich, Norbert — Verbraucherrechte als – unverzichtbare – subjektive Rechte passiver Marktbürger, in: Grundmann, Stefan (Hrsg.), Systembildung und Systemlücken in Kerngebieten des Europäischen Privatrechts, Gesellschafts-, Arbeits- und Schuldvertragsrecht, Tübingen 2000, S. 481

Reichsgerichtsrätekommentar — Das Bürgerliche Gesetzbuch mit besonderer Berücksichtigung der Rechtsprechung des Reichsgerichts und des Bundesgerichtshofs, Kommentar herausgegeben von den Mitgliedern des Bundesgerichtshofs, Bd. II, 2. Teil §§ 414-610 (Anhang nach § 455: Abzahlungsgesetz), 12. Aufl., Berlin, New York 1978

Reindl, Andreas P. — Consumer Contracts and European Community Law, 75 Wash U L Q 627 (1997)

Reinicke, Dietrich/ Tiedtke, Klaus — Kaufrecht, 6. Aufl., Neuwied 1997

Reinking, Kurt — Auswirkungen des Schuldrechtsmodernisierungsgesetzes auf den Neu- und Gebrauchtwagenkauf, DAR 2001, 8

Reinking, Kurt — Die Geltendmachung von Sachmängelrechten und ihre Auswirkung auf die Verjährung, ZGS 2002, 140

Reinking, Kurt — Die Haftung des Autoverkäufers für Sach- und Rechtsmängel nach neuem Recht, DAR 2002, 15

Repgen, Tilman — Diskussionsbeitrag zum Vortrag von Harm Peter Westermann, JZ 2000, 542

Repgen, Tilman — Kein Abschied von der Privatautonomie, Die Funktion zwingenden Rechts in der Verbrauchsgüterkaufrichtlinie, Paderborn 2001

Reynolds, F.M.B. — Loss of the Right to Reject, (2003) 119 L.Q.R. 544

Riedl, Kristina	Vom Unsinn wissenschaftlicher Kodifikationsprojekte, in: Tietze, Andrea/ McGuire, Mary-Rose u.a. (Hrsg.), Jahrbuch Junger Zivilrechtswissenschaftler 2004, Europäisches Privatrecht, Über die Verknüpfung von nationalem und Gemeinschaftsrecht, Stuttgart 2005, S. 31
Rieger, Gregor	Die Richtlinie zu bestimmten Aspekten des Verbrauchsgüterkaufs und der Garantien für Verbrauchsgüter vor dem Hintergrund des geltenden Rechts, VuR 1999, 287
Riesenhuber, Karl	Party Autonomy and Information in the Sales Directive, in: Grundmann, Stefan/ Kerber, Wolfgang/ Weatherill, Stephen, Party Autonomy and the Role of Information in the Internal Market, Berlin 2001, S. 348
Ring, Gerhard	Änderungen im Kaufrecht infolge der Schuldrechtsreform, BuW 2002, 646
Ring, Gerhard	Perspektiven eines europäischen Verbraucherkaufrechts, BuW 1997, 263
Ring, Gerhard	Umsetzung der Verbrauchsgüterkaufrichtlinie in den Regelungen über den Verbrauchsgüterkauf, BuW 2002, 776
Rodriguez Iglesias, Gil Carlos/ Riechenberg, Kurt	Zur richtlinienkonformen Auslegung des nationalen Rechts (Ein Ersatz für die fehlende horizontale Wirkung?), in: Due, Ole/ Lutter, Marcus/ Schwarze, Jürgen (Hrsg.), Festschrift für Ulrich Everling, Bd. II, Baden-Baden 1995, S. 1213
Rohe, Matthias	Binnenmarkt oder Interessenverband?, Zum Verhältnis vom Binnenmarktziel und Subsidiaritätsprinzip nach dem Maastricht-Vertrag, RabelsZ 61 (1997), 1
Rolland, Walter	Schuldrechtsreform – Allgemeiner Teil, NJW 1992, 2377

Roloff, Stefanie	Die Umsetzung der Verbrauchsgüterkaufrichtlinie in das deutsche Recht, Eine Alternative zur Schuldrechtsreform, NotBZ 2001 Beilage Schuldrechtsreform, 30
Roth, Herbert	Standzeit von Kraftfahrzeugen als Sachmangel, NJW 2004, 330
Roth, Wulf-Henning	Der nationale Transformationsakt: Vom Punktuellen zum Systematischen, in: Grundmann, Stefan/ Medicus, Dieter/ Rolland, Walter (Hrsg.), Europäisches Kaufgewährleistungsrecht, Reform und Internationalisierung des deutschen Kaufrechts, Köln 2000, S. 113
Roth, Wulf-Henning	Die Schuldrechtsmodernisierung im Kontext des Europarechts, in: Ernst, Wolfgang/ Zimmermann, Reinhard (Hrsg.), Zivilrechtswissenschaft und Schuldrechtsreform, Tübingen 2001, S. 226
Roth, Wulf-Henning	Europäischer Verbraucherschutz und BGB, JZ 2001, 475
Rott, Peter	Minimum Harmonization for the Completion of the Internal Market? The Example of Consumer Sales Law, 2003 CML Rev 1107
Rust, Ulrich	Das kaufrechtliche Gewährleistungsrecht, Eine kritische Untersuchung der Reformvorschläge der Schuldrechtsreform, Berlin 1997
Sachsen Gessaphe, Karl August von	Der Rückgriff des Letztverkäufers – neues europäisches und deutsches Kaufrecht, RIW 2001, 721
Saenger, Ingo	Die Umsetzung der Richtlinie über Verbraucherkäufe in Deutschland, in: Schermaier, Martin Josef (Hrsg.), Verbraucherkauf in Europa, München 2003, S. 191
Schäfer, Peter/ Pfeiffer, Karin	Die EG-Richtlinie über den Verbrauchsgüterkauf, ZIP 1999, 1829

Schellhammer, Kurt — Das neue Kaufrecht – Die Sachmängelrechte des Käufers, MDR 2002, 301

Schellhammer, Kurt — Das neue Kaufrecht – Rechtsmängelhaftung, Rechtskauf und Verbrauchsgüterkauf, MDR 2002, 485

Schellhammer, Kurt — Die Haftung des Verkäufers für Sach- und Rechtsmängel – Neue Struktur und neuer Mangelbegriff, MDR 2002, 241

Schermaier, Martin Josef — Einführung, in: Schermaier, Martin Josef (Hrsg.), Reform des Gewährleistungsrechts und europäische Rechtsangleichung, Studentische Beiträge zur Rechtsvergleichung und Rechtspolitik, Frankfurt a.M. 1998, S. 9

Schermaier, Martin Josef — Rechtsangleichung und Rechtswissenschaft im kaufrechtlichen Sachmängelrecht, in: Schermaier, Martin Josef (Hrsg.), Verbraucherkauf in Europa, München 2003, S. 3

Schiller, Sabine — Europäische Union: Die Richtlinie über Verbrauchsgüterkauf und –garantien, PHi 1999, 118

Schimmel, Roland/ Buhlmann, Dirk — Fehlerquellen im Umgang mit dem Neuen Schuldrecht, Rechtsgeschäfte, Verjährung, Leistungsstörungen, Kaufrecht, AGB, Neuwied 2002

Schimmel, Roland/ Buhlmann, Dirk (Hrsg.) — Frankfurter Handbuch zum neuen Schuldrecht, Neuwied 2002

Schinkels, Boris — Zum Vorrang der nach dem Vertrag vorausgesetzten Verwendung (§ 434 Abs. 1 Satz 2 Nr. 1 BGB) vor damit unvereinbaren Beschaffenheitsangaben – „Ausschlacht-“ und „Bastlerfahrzeuge“ nur auf besonderen Verbraucherwunsch, ZGS 2004, 226

Schlechtriem, Peter — 10 Jahre CISG – Der Einfluß des UN-Kaufrechts auf die Entwicklung des deutschen und des internationalen Schuldrechts, IHR 2001, 12

Schlechtriem, Peter — Das geplante Gewährleistungsrecht im Licht der europäischen Richtlinie zum Verbrauchsgüterkauf, in: Ernst, Wolfgang/ Zimmermann, Reinhard (Hrsg.), Zivilrechtswissenschaft und Schuldrechtsreform, Tübingen 2001, S. 205

Schlechtriem, Peter — Die Pflichten des Verkäufers und die Folgen ihrer Verletzung, insbesondere bezüglich der Beschaffenheit der Ware, in: Bucher, Eugen (Hrsg.), Wiener Kaufrecht, Der schweizerische Außenhandel unter dem UN-Übereinkommen über den internationalen Warenkauf, Bern 1991, S. 103

Schlechtriem, Peter — Einheitliches UN-Kaufrecht, Das Übereinkommen der Vereinten Nationen über internationale Warenkaufverträge, Tübingen 1981

Schlechtriem, Peter — Entwicklung des deutschen Schuldrechts und europäische Rechtsangleichung, in: Helms, Tobias/ Neumann, Daniela u.a. (Hrsg.), Jahrbuch Junger Zivilrechtswissenschaftler 2001, Stuttgart 2002, S. 9

Schlechtriem, Peter — International Einheitliches Kaufrecht und neues Schuldrecht, in: Dauner-Lieb, Barbara/ Konzen, Horst/ Schmidt, Karsten (Hrsg.), Das neue Schuldrecht in der Praxis, Akzente – Brennpunkte – Ausblick, Köln 2003, S. 71

Schlechtriem, Peter — Internationales UN-Kaufrecht, Ein Studien- und Erläuterungsbuch zum Übereinkommen der Vereinten Nationen über den internationalen Warenkauf (CISG), Tübingen 1996

Schlechtriem, Peter — Kaufrechtsangleichung in Europa, Licht und Schatten in der Verbrauchsgüterkaufrichtlinie, in: Schack, Haimo (Hrsg.), Gedächtnisschrift für Alexander Lüderitz, München 2000, S. 675

Schlechtriem, Peter — Schuldrecht, Besonderer Teil, 6. Aufl., Tübingen 2003

Schlechtriem, Peter	The German Act to Modernize the Law of Obligations in the Context of Common Principles and Structures of the Law of Obligations in Europe, (2002) Oxford U Comparative L Forum 2, http://ouclf.iuscomp.org/articles/schlechtriem2.htm (abgerufen am 16.6.2002)
Schlechtriem, Peter	Verbraucherkaufverträge – ein neuer Richtlinienentwurf, JZ 1997, 441
Schlechtriem, Peter (Hrsg.)	Kommentar zum Einheitlichen UN-Kaufrecht, Das Übereinkommen der Vereinten Nationen über Verträge über den internationalen Warenkauf –CISG, 3. Aufl., München 2000
Schlegelberger, Franz (Begr.)/ Geßler, Ernst (Hrsg.)	Schlegelberger, Handelsgesetzbuch, Bd. V, §§ 373-382, 5. Aufl., München 1982
Schmidt, Karsten	Handelsrecht, 5. Aufl., Köln 1999
Schmidt-Räntsch, Jürgen	Das neue Schuldrecht, Anwendung und Auswirkungen in der Praxis, Köln 2002
Schmidt-Räntsch, Jürgen	Gedanken zur Umsetzung der kommenden Kaufrechtsrichtlinie, ZEuP 1999, 294
Schmidt-Räntsch, Jürgen	Zum Stand der Kaufrechtsrichtlinie, ZIP 1998, 849
Schmidt-Räntsch, Jürgen/ Maifeld, Jan/ Meier-Göring, Anne/ Röcken, Matthias	Das neue Schuldrecht, Einführung, Texte, Materialien, BGB, EGBGB, UKlaG, BGB-InfoV, Köln 2002
Schnorbus, York	Die richtlinienkonforme Rechtsfortbildung im nationalen Privatrecht, Eine Untersuchung zur europarechtlich bedingten Lücke im Gesetz, AcP 201 (2001), 860
Schnyder, Anton K./ Straub, Ralf Michael	Das EG-Grünbuch über Verbrauchsgütergarantien und Kundendienst – Erster Schritt zu einem einheitlichen EG-Kaufrecht?, ZEuP 1996, 8

Schollmeyer, Friedrich	Erfüllungspflicht und Gewährleistung für Fehler beim Kauf, JherJb 49, 93
Schön, Wolfgang	Die Auslegung europäischen Steuerrechts, Das harmonisierte Steuerrecht zwischen nationalem Zivilrecht und europäischem Gemeinschaftsrecht, Köln 1993
Schön, Wolfgang	Gemeinschaftskonforme Auslegung und Fortbildung des nationalen Steuerrechts – unter Einschluß des Vorlageverfahrens nach Art. 177 EGV, in: Lehner, Moris (Hrsg.), Steuerrecht im europäischen Binnenmarkt: Einfluß des EG-Rechts auf die nationalen Steuerrechtsordnungen, Köln 1996, S. 167
Schroeder, Hans-Patrick	Die richtlinienkonforme Anwendung des deutschen Kaufrechts nach der Schuldrechtsreform, ZfRV 2004, 10
Schubel, Christian	Schuldrechtsmodernisierung 2001/2002 – Das neue Kaufrecht, JuS 2002, 313
Schubel, Christian	Schuldrechtsreform: Perspektivenwechsel im Bürgerlichen Recht und AGB-Kontrolle für den Handelskauf, JZ 2001, 1113
Schubel, Christian/ Koch, Thomas	Die Nacherfüllung als Haftungsfalle: Das deutsche Kaufrecht auf dem Weg zum Garantiesystem?, DB 2004, 119
Schulte-Nölke, Hans	Anforderungen an haftungseinschränkende Beschaffenheitsvereinbarungen beim Verbrauchsgüterkauf, ZGS 2003, 184
Schulte-Nölke, Hans	Ein Vertragsgesetzbuch für Europa?, JZ 2001, 917
Schulte-Nölke, Hans	Vertragsfreiheit und Informationszwang nach der Schuldrechtsreform, ZGS 2002, 72
Schultz, Dietrich	Aliud und Gewährschaftsrechts, NJW 1980, 2172

Schulz, Florian	Der Ersatzlieferungs- und Nachbesserungsanspruch des Käufers im internen deutschen Recht, im UCC und im CISG, Eine rechtsvergleichende Untersuchung unter Berücksichtigung der Schuldrechtskommission, der EG-Richtlinie 1999/44/EG und des Diskussionsentwurfs eines Schuldrechtsmodernisierungsgesetzes, Frankfurt a.M. 2002
Schulze, Götz	Falschlieferung beim Spezieskauf – Unzulänglichkeit des Gesetzes?, NJW 2003, 1022
Schürholz, Martina	Die Nacherfüllung im neuen Kaufrecht, Baden-Baden 2005
Schurr, Francesco A.	Die neue Richtlinie 99/44/EG über den Verbrauchsgüterkauf und ihre Umsetzung – Chancen und Gefahren für das deutsche Kaufrecht, ZfRV 1999, 222
Schwab, Martin	Das neue Schuldrecht im Überblick, JuS 2002, 1
Schwab, Martin/ Witt, Carl-Heinz (Hrsg.)	Einführung in das neue Schuldrecht, München 2002
Schwartze, Andreas	Die Europäisierung des Privatrechts am Beispiels des Kaufrechts, in: Martiny, Dieter/ Witzleb, Normann (Hrsg.), Auf dem Wege zu einem Europäischen Zivilgesetzbuch, Berlin 1999, S. 33
Schwartze, Andreas	Die zukünftige Sachmängelgewährleistung in Europa – Die Verbrauchsgüterkauf-Richtlinie vor ihrer Umsetzung, ZEuP 2000, 544
Schwartze, Andreas	Europäische Sachmängelgewährleistung beim Warenkauf, Optionale Rechtsangleichung auf der Grundlage eines funktionalen Rechtsvergleichs, Tübingen 2000

Schwartze, Andreas — Sachprobleme für die Umsetzung aus Genese, Inhalt und Dogmatik der Richtlinie über Verbraucherkäufe, in: Schermaier, Martin Josef (Hrsg.), Verbraucherkauf in Europa, München 2003, S. 127

Sellar, David — Sale of Goods, Edinburgh 1995

Shears, Peter/ Zollers, Frances E./ Hurd, Sandra N. — It will be the biggest change to consumer rights for 20 years!, [2000] JBL 262

Singer, Reinhard — Sonderprivatrecht für Kaufleute?, Zu den Rechtsfolgen der Schlecht- und Falschlieferung im Bürgerlichen Recht und Handelsrecht, ZIP 1992, 1058

Singleton, Susan — Consumer goods – new consumer guarantees law, (2002) 25(1) ConsL Today 9

Singleton, Susan — Manufacturers' guarantees and liability for statements – the new regime, (2003) 26(3) ConsL Today 9

Singleton, Susan — New Regulations on sale and supply of goods to consumers, (2003) 26(1) ConsL Today 8

Singleton, Susan — Recent consultations – consumer credit and implementation of Consumer Guarantees Directive, The Draft Sale and Supply of Goods to Consumers Regulations 2002, (2002) 25(4) ConsL Today 9

Singleton, Susan — The Consumer Sales Directive 1999/44, (1999) 18 TrLaw 126

Singleton, Susan — The Consumer Sales Directive 1999/44, (1999) 22(9) ConsL Today 9

Smith, Thomas/ Black, Robert (Hrsg.) — The Laws of Scotland, Stair Memorial Encyclopedia, Vol. 15, Edinburgh 1996

Sobich, Philip	Neues Kaufrecht im Vereinigten Königreich, RIW 2003, 740
Soergel, Hans Theodor (Begr.)	Bd. 13, Schuldrechtliche Nebengesetze 2, Übereinkommen der Vereinten Nationen über Verträge über den internationalen Warenkauf (CISG), 13. Aufl., Stuttgart 2000
Soergel, Hans Theodor (Begr.)	Bürgerliches Gesetzbuch mit Einführungsgesetz und Nebengesetzen, Bd. 3, Schuldrecht II (§§ 433-515), AGB-Gesetz, AbzG, EAG, EKG, UN-KaufAbk, 12. Aufl., Stuttgart 1991
Spickhoff, Andreas	Der Nacherfüllungsanspruch des Käufers: Dogmatische Einordnung und Rechtsnatur, JZ 2003, 589
Stadie, Volker/ Nietzer, Wolf M.	CISG- Das UN-Kaufrecht in der Anwaltspraxis, MDR 2002, 428
Staudenmayer, Dirk	Die EG-Richtlinie über den Verbrauchsgüterkauf, NJW 1999, 2393
Staudenmayer, Dirk	EG-Richtlinie 1999/44/EG zur Vereinheitlichung des Kaufgewährleistungsrechts, in: Grundmann, Stefan/ Medicus, Dieter/ Rolland, Walter (Hrsg.), Europäisches Kaufgewährleistungsrecht, Reform und Internationalisierung des deutschen Kaufrechts, Köln 2000, S. 27
Staudenmayer, Dirk	The Directive on the Sale of Consumer Goods and Associated Guarantees – a Milestone in the European Consumer and Private Law, (2000) ERPL 547
Staudinger, Ansgar	Die Mitteilung des Kommission zum Europäischen Vertragsrecht, VuR 2001, 353
Staudinger, Julius von (Begr.)	Kommentar zum Bürgerlichen Gesetzbuch mit Einführungsgesetz und Nebengesetzen, Erg.-Bd., Wiener Kaufrecht, CISG, 14. Bearbeitung, Berlin 1999

Staudinger, Julius von (Begr.)	Zweites Buch, Recht der Schuldverhältnisse, §§ 433-534, 13. Bearbeitung, Berlin 1995
Steindorff, Ernst	EG-Richtlinien und Illusionen, in: Due, Ole/ Lutter, Marcus/ Schwarze, Jürgen (Hrsg.), Festschrift für Ulrich Everling, Bd. II, Baden-Baden 1995, S. 1455
Steindorff, Ernst	EG-Vertrag und Privatrecht, Baden-Baden 1996
Steiner, Philip	Der Entwurf der Richtlinie des Europäischen Parlaments und des Rates über Verbrauchsgüterkauf und –garantien und das geltende österreichische Recht, in: Schermaier, Martin Josef (Hrsg.), Reform des Gewährleistungsrechts und europäische Rechtsangleichung, Studentische Beiträge zur Rechtsvergleichung und Rechtspolitik, Frankfurt a.M. 1998, S. 243
Stölting, Carsten	Zulässigkeit negativer Beschaffenheitsvereinbarungen in Verbrauchsgüterkaufverträgen, ZGS 2004, 96
Su, Yingxia	Die vertragsmäßige Beschaffenheit der Ware im UNCITRAL-Kaufrecht im Vergleich zum deutschen und chinesischen Recht, Münster 1996
Taylor, Martin Morgan/ Naidoo, André	The Draft Regulations to Adopt the Directive on Certain Aspects of the Sale of Consumer Goods and Associated Guarantees- Problems of the Time of Conformity for the Quality Obligation, [2002] 3 WebJCLI, http://webjcli.ncl.ac.uk/ 2002/issue3/taylor3. html (abgerufen am 2.11.2002)
Teichmann, Arndt	Kauf- und Werkvertragsrecht in der Schuldrechtsreform, ZfBR 2002, 13
Tenreiro, Mário	La proposition de directive sur la vente et les garantis des biens de consommation, REDC 1996, 187

Tenreiro, Mário | Product Liability and Consumer Guarantees in the European Union, A brief comparison between an old Directive and a new proposal, [1997] 5 CLJ 56

Thode, Reinhold | EG-Richtlinie zu bestimmten Aspekten des Verbrauchsgüterkaufs und der Garantien für Verbrauchsgüter, Ihre Auswirkungen auf das deutsche Werkvertragsrecht, ZfBR 2000, 363

Thomas, Bill | Another muddle in the Making, (2002) Apr. L.Ex. 40

Thomas, Bill | Question of Law – One Muddle Removed, (2003) Feb. L.Ex. 40

Thomas, Bill | Sale of Goods - Changes in the Law, (1998) Jul. L.Ex. 22

Thomas, W.H. | Consumer Law, (1998) 6 CLW, Focus

Tiedtke, Klaus/ Schmitt, Marco | Ersatzlieferung beim Stückkauf, JuS 2005, 583

Timewell, Michael | New consumer rights due soon, (2002) N.L.J. 796

Tonner, Klaus | Ansprüche des Käufers bei Selbstvornahme der Mängelbeseitigung, VuR 2005, 207

Tonner, Klaus | Die kaufrechtlichen Vorschriften im Diskussionsentwurf eines Schuldrechtsmodernisierungsgesetzes, VuR 2001, 87

Tonner, Klaus | Verbrauchsgüterkauf-Richtlinie und Europäisierung des Zivilrechts, BB 1999, 1769

Tonner, Klaus/ Crellwitz, Kristin/ Echtermeyer, Sandra | Kauf- und Werkvertragsrecht im Regierungsentwurf eines Schuldrechtsmodernisierungsgesetzes, in: Micklitz, Hans-W./ Pfeiffer, Thomas/ Tonner, Klaus/ Willigmann, Armin (Hrsg.), Schuldrechtsreform und Verbraucherschutz, Baden-Baden 2001, S. 293

Treitel, Guenter — An Outline of the Law of Contract, 4. Aufl., London 1989

Treitel, Guenter — The Law of Contract, 10. Aufl., London 1999

Tröger, Tobias — Zum Systemdenken im europäischen Schuldvertragsrecht – Probleme der Rechtsangleichung durch Richtlinien am Beispiel der Verbrauchsgüterkauf-Richtlinie, ZEuP 2003, 525

Twigg-Flesner, Christian — Consumer Product Guarantees and Insurance Law, [1999] JBL 279

Twigg-Flesner, Christian — Consumer Product Guarantees, Aldershot 2003

Twigg-Flesner, Christian — EC Law and Manufacturers' Guarantees – Formal Irrationality or Mere Carelessness?, (2001) European Current Law Year Book xxxix

Twigg-Flesner, Christian — English Sales Law After the Implementation of Directive 99/44/EC on Consumer Sales – Back to the Drawing Board?, GPR 2003-04, 12

Twigg-Flesner, Christian — New rules for guarantees: for better or worse?, (2000) 10 CPRev 100

Twigg-Flesner, Christian — New strings on the bow: Consumer guarantees, (2002) 12 CPRev 88

Twigg-Flesner, Christian — Response to the Second Consultation on the Consumer Guarantees Directive, [2002] 11 Nott.L.J. 81

Twigg-Flesner, Christian — The E.C. Directive on Certain Aspects of the Sale of Consumer Goods and Associated Guarantees, [1999] 7 CLJ 177

Twigg-Flesner, Christian — The EC Consumer Sales Directive: A Lot Still To Do, [2001] Canterbury Law Review 113

Twigg-Flesner, Christian/ Bradgate, Robert | The E.C. Directive On Certain Aspects of the Sale of Consumer Goods and Associated Guarantees – All Talk and No Do?, [2000] Web JCLI, http://webjcli.ncl.ac.uk/2000/issue2/ flesner2. html (abgerufen am 15.6.2000)

Unberath, Hannes | Die richtlinienkonforme Auslegung am Beispiel der Kaufrechtsrichtlinie, ZEuP 2005, 4

Voit, Wolfgang | Die Änderungen des allgemeinen Teils des Schuldrechts durch das Schuldrechtsmodernisierungsgesetz und ihre Auswirkungen auf das Werkvertragsrecht, BauR Sonderheft 1a/2002, 145

Vorsmann, Martin | Gesetzliche Mängelhaftung gemäß der Europäischen Richtlinie über den Verbrauchsgüterkauf und Bürgerliches Gewährleistungsrecht, Diss., Bonn 2001

Vorwerk, Volker | Kaufrecht und Werklieferungsvertrag, BauR Sonderheft 1a/2002, 165

Wägenbaur, Rolf | EU-Kommission erwägt die Ausarbeitung eines europäischen Vertragsrechts, ZRP 2001, 533

Wagner, Gerhard | Mangel- und Mangelfolgeschäden im neuen Schuldrecht?, JZ 2002, 475

Walker, David M. | The Law of Contracts and related obligations in Scotland, 3. Aufl., Edinburgh 1995

Walker, David M. | The Scottish Legal System, An Introduction to the Study of Scots law, 6. Aufl., Edinburgh 1992

Walley, Anne | The Directive on Certain Aspects of the Sale of Consumer Goods and Associated Guarantees - Implications for Irish Consumer Sales Law, (2000) 18 ILT 23

Watterson, Stephen | Consumer Sales Directive 1999/44/EC – The impact on English law, (2001) ERPL 197

Weatherill, Stephen	Consumer Guarantees and the Development of the Internal Market, in: Lonbay, Julian (Hrsg.), Enhancing the Legal Position of the European Consumer, Birmingham 1996, S. 58
Weatherill, Stephen	The Implementation and Repercussions of Consumer Protection Directives in Domestic Law, Country Report: United Kingdom, in: Heusel, Wolfgang (Hrsg.), Neues europäisches Vertragsrecht und Verbraucherschutz, Regelungskonzepte der Europäischen Union und ihre Auswirkungen auf die nationalen Zivilrechtsordnungen, Köln 1999, S. 117
Weiler, Frank	Haftung für Werbeangaben nach neuem Kaufrecht, WM 2002, 1784
Weisner, Arnd	Die EG-Kaufrechtsgewährleistungsrichtlinie, JuS 2001, 759
Welser, Rudolf	Der Vorschlag einer EU-Richtlinie über den Verbrauchsgüterkauf, in: Mayer, Heinz/ Schlabrendorff, Fabian von u.a. (Hrsg.), Festschrift für Karl Hempel, Wien 1997, S. 323
Welser, Rudolf/ Jud, Brigitta	Die neue Gewährleistung, Kurzkommentar zu sämtlichen gewährleistungsrechtlichen Bestimmungen des ABGB und des KSchG, Wien 2001
Welser, Rudolf/ Jud, Brigitta	Zur Reform des Gewährleistungsrechts, Die Europäische Richtlinie über den Verbrauchsgüterkauf und ihre Bedeutung für ein neues Gewährleistungsrecht, Gutachten, Wien 2002
Wertenbruch, Johannes	Die eingeschränkte Bindung des Käufers an Rücktritt und Minderung, JZ 2002, 862
Wertenbruch, Johannes	Gewährleistung beim Kauf von Kunstgegenständen nach neuem Schuldrecht, NJW 2004, 1977
Westermann, Harm Peter	Das neue Kaufrecht einschließlich des Verbrauchsgüterkaufs, JZ 2001, 530

Westermann, Harm Peter — Das neue Kaufrecht, NJW 2002, 241

Westermann, Harm Peter — Die Schuldrechtsreform, in: Heß, Burkhard (Hrsg.), Wandel der Rechtsordnung, Ringvorlesung der Juristischen Fakultät der Universität Tübingen im WS 2001/2002, Tübingen 2003, S. 185

Westermann, Harm Peter — Kaufrecht im Wandel, in: Schulze, Reiner/ Schulte-Nölke, Hans (Hrsg.), Die Schuldrechtsreform vor dem Hintergrund des Gemeinschaftsrechts, Tübingen 2001, S. 109

Westermann, Harm Peter — Vorschlag für eine Einpassung der Kaufgewährleistungs-Richtlinie ins deutsche Recht, in: Grundmann, Stefan/ Medicus, Dieter/ Rolland, Walter (Hrsg.), Europäisches Kaufgewährleistungsrecht, Reform und Internationalisierung des deutschen Kaufrechts, Köln 2000, S. 251

Westermann, Harm Peter (Hrsg.) — Das Schuldrecht 2002, Systematische Darstellung der Schuldrechtsreform, Stuttgart 2002, S. 105

Westphalen, Friedrich Graf von — Die Neuregelungen des Entwurfs eines Schuldrechtsmodernisierungsgesetzes für das Kauf- und Werkvertragsrecht, DB 2001, 799

Westphalen, Friedrich Graf von — Kettengarantie und kein Ende?, ZGS 2002, 19

Westphalen, Friedrich Graf von (Hrsg.) — Handbuch des Kaufvertragsrechts in den EG-Staaten, einschließlich Österreich, Schweiz und UN-Kaufrecht, Köln 1992

Wieser, Eberhard — Eine Revolution des Schuldrechts, NJW 2001, 121

Wieser, Eberhard — Leistungsstörungen bei der Nacherfüllung des Kaufvertrags, JR 2002, 269

Wilhelm, Georg — Entwurf einer Richtlinie über den Verbrauchsgüterkauf und Garantien für Verbrauchsgüter, ecolex 1996, 825

Willett, Chris/ Morgan-Taylor, Martin/ Naidoo, Andre	The Sale and Supply of Goods to Consumers Regulations, [2004] JBL 94
Williams, Jane/ Hamilton, Jenny	The Impact in the UK of the EU Directive on the Sale of Goods and Associated Guarantees: Part 1, [2001] ICCLR 31
Williams, Jane/ Hamilton, Jenny	The Impact in the UK of the EU Directive on the Sale of Goods and Associated Guarantees: Part 2, [2001] ICCLR 318
Wilmowsky, Peter von	Pflichtverletzungen im Schuldverhältnis, Die Anspruchs- und Rechtsgrundlagen des neuen Schuldrechts, JuS 2002, Beilage zu Heft 1
Wolf, Sabine	Reform des Kaufrechts durch EG-Richtlinie – ein Vorteil für die Wirtschaft? Die möglichen Auswirkungen einer Richtlinie über den Verbrauchsgüterkauf und –garantien auf das deutsche Kaufrecht und die Wirtschaft, RIW 1997, 899
Woolf, Marie	Shoppers win Europe-wide right to refunds, The Observer 19.4.1998, S. 2
Wotherspoon, Keith R.	Sale and Supply of Goods, in: Forte, A.D.M. (Hrsg.), Scots Commercial Law, Edinburgh 1997, S. 26
Zerres, Thomas	Das neue Sachmängelrecht beim Kauf, VuR 2002, 3
Zerres, Thomas	Der Begriff des Sachmangels im neuen Kaufrecht, JA 2002, 713
Zerres, Thomas	Recht auf Nacherfüllung im deutschen und englischen Kaufrecht, RIW 2003, 746
Zerres, Thomas	Stand des europäischen Verbrauchervertragsrechts, JA 2002, 166

Ziegler, Benno/ Rieder, Markus S.	Vertragsgestaltung und Vertragsanpassung nach dem Schuldrechtsmodernisierungsgesetz, ZIP 2001, 1789
Ziegler, Ulrich	Leistungsstörungsrecht nach dem UN-Kaufrecht, Baden-Baden 1995
Zimmer, Daniel	Das geplante Kaufrecht, in: Ernst, Wolfgang/ Zimmermann, Reinhard (Hrsg.), Zivilrechtswissenschaft und Schuldrechtsreform, Tübingen 2001, S. 191
Zimmer, Daniel/ Eckhold, Thomas	Das neue Mängelgewährleistungsrecht beim Kauf, Jura 2002, 145
Zimmermann, Reinhard	Schuldrechtsmodernisierung?, JZ 2001, 171
Zimmermann, Reinhard/ Hellwege, Phillip	Belohnungsversprechen: „pollicitatio", „promise" oder „offer"? Schottisches Recht vor dem Hintergrund der europäischen Entwicklungen, ZfRV 1998, 133
Zöckler, Markus C.	Probleme der richtlinienkonformen Auslegung des nationalen Zivilrechts, in: Breidenbach, Stephan/ Grundmann, Stefan u.a. (Hrsg.), Jahrbuch Junger Zivilrechtswissenschaftler 1992, Rechtsfortbildung jenseits klassischer Methodik, Privatautonomie zwischen Status und Kontrakt, Privatrecht und Europa, Stuttgart 1993, S. 141
Zollers, Frances E./ Hurd, Sandra/ Shears, Peter	Consumer Protection in the European Union: An Analysis of the Directive on the Sale of Consumer Goods and Associated Guarantees, 20 U Pa J Int'l Econ L 97 (1999)
Zuleeg, Manfred	Die gemeinschaftskonforme Auslegung und Fortbildung mitgliedstaatlichen Rechts, in: Schulze, Reiner (Hrsg.), Auslegung europäischen Privatrechts und angeglichenen Rechts, Baden-Baden 1999, S. 163

Zweigert, Konrad/ Kötz, Hein — Einführung in die Rechtsvergleichung auf dem Gebiete des Privatrechts, 3. Aufl., Tübingen 1996

Zypries, Brigitte — Der „Aktionsplan für ein kohärenteres europäisches Vertragsrecht“ der Kommission – oder: Was ist zu tun im Europäischen Vertragsrecht?, ZEuP 2004, 225

Rechtsprechungsverzeichnis

A B Kemp Ltd v *Tolland*	[1956] 2 Lloyd's Rep 681
Albright & Wilson UK Ltd v *Biachem Ltd*	unreported, 12 April, 2000
Anders Utkilens Rederi A/S v *O/Y Lovisa Stevedoring Co A/B, The Golfstraum*	[1985] 2 All ER 669
Arcos Ltd v *E A Ronaason & Son*	[1933] AC 470
Ashington Piggeries Ltd v *Christopher Hill Ltd*	[1972] AC 441
B S Brown & Son Ltd v *Craiks Ltd*	[1970] 1 All ER 823
Benaim & Co. v *L.S. Debono*	[1924] AC 514
Bentsen v *Taylor*	[1893] 2 QB 274
Bernstein v *Pamson Motors Ltd*	[1987] 2 All ER 220
Bettini v *Gye*	(1876) 1 QBD 183
Cammell Laird and Co Ltd v *Manganese Bronze Brass Co Ltd*	[1934] AC 402
Carlill v *Carbolic Smoke Ball Company*	[1893] 1 QB 256
Carmichael v *Carmichael's Executrix*	1920 SC (HL) 195

Cehave NV v *Bremer Handelsgesellschaft mbH, The Hansa Nord*	[1976] 1 QB 44
Charles Henshaw & Sons Ltd v *Antlerport Ltd*	[1995] CLC 1,312
Compagnie Commerciale Sucres et Denrees v *C Czarnikow Ltd, The Naxos*	[1991] 1 Lloyd's Rep. 29
Co-operative Insurance Company v *Argyll Stores (Holdings) Ltd*	[1998] AC 1
Cordova Land Co Ltd v *Victor Bros Inc*	[1966] 1 WLR 793
Crowther v *Shannon Motor Co*	[1975] 1 WLR 30
Davidson v *Macpherson*	(1889) 30 SLR 2
Dick Bentley Productions Ltd v *Harols Smith (Motors) Ltd*	[1965] 1 WLR 623
Dublin City Distillery Ltd v *Doherty*	[1914] AC 823
East Asiatic Co Inc v Canada Rice Mills Ltd	(1939) 3 DLR 695
Engineering Plastics Ltd v *J Mercer & Sons Ltd*	[1985] NZLR 72
Euro Pools Plc v *Clydeside Steele Fabri-cations Ltd*	2003 SLT 441
Flynn v *Scott*	1949 SC 442
Ginner v *King*	(1890) 7 TLR 140
Grant v *Australian Knitting Mills Ltd*	[1936] AC 85
Griffiths v *Peter Conway Ltd*	[1939] 1 All ER 685
Harlingdon & Leinster Enterprises Ltd v *Christopher Hull Fine Art Ltd*	[1991] 1 QB 564
Heilbut, Symons & Co v *Buckleton*	[1913] AC 30

Henry Kendall & Sons v *William Lillico & Sons Ltd*	[1969] 2 AC 31
Highland and Universal Properties Ltd v *Safeway Properties Ltd*	2000 SC 297
Hilton v *Tucker*	(1888) Ch D 669
Howard Marine and Dredging Co Ltd v *A Ogden & Sons (Excavations) Ltd*	[1978] 1 QB 574
Johnson v *Agnew*	[1980] AC 367
Joseph Travers & Son v *Longel Ltd*	(1947) 64 TLR 150
Lambert v *Lewis*	[1978] 1 Lloyd's Rep. 610 (QB)
Lambert v *Lewis*	[1980] 1 All ER 978 (CA)
Leggett v *Taylor*	(1965) 50 DLR (2d) 516
London Guarantee Co v *Fearnley*	(1880) 5 App Cas 911
Manchester Liners Ltd v *Rea Ltd*	[1922] 2 AC 74
Millars of Falkirk Ltd v *Turpie*	1976 SLT (Notes) 66
Mondel v *Steel*	(1841) 8 M & W 858
Oscar Chess Ltd v *Williams*	[1957] 1 WLR 370
Peakman (t/a MJP) v *Express Circuits Ltd*	unreported, 3 February, 1998
Poulton v *Lattimore*	(1829) 9 B & C 259
R & B Customs Brokers Ltd v *United Dominions Trust Ltd*	[1988] 1 WLR 321
Re Faulkners Ltd	(1917) 38 DLR 84
Re Moore & Co and Landauer & Co	[1921] 2 KB 519

Reardon Smith Line Ltd v *Yngvar Hansen-Tangen*	[1976] 1 WLR 989
Retail Parks Investments Ltd v *The Royal Bank of Scotland plc (No. 2)*	1996 SLT 669
Ruxley Electronics and Construction Ltd v *Forsyth*	[1995] WLR 118
Shanklin Pier Ltd v *Detel Products Ltd*	[1951] 2 KB 854
Shields v *Honeywill & Stein Ltd*	[1953] 1 Lloyd's Rep 357
Slater v *Finning Ltd*	1996 SCLR 863
Stewart v *Kennedy*	(1890) 17 R (HL) 1
T & J Knowles & Foster	[1918] 1 KB 608
Taylor v *Combined Buyers Ltd*	[1924] NZLR 627
Thain v *Anniesland Trade Centre*	1997 SLT (Sh Ct) 102
Tito v *Waddell (No. 2)*	[1977] 1 Ch 106
Varley v *Whipp*	[1901] 1 QB 513
Wade v *Waldon*	1909 SC 571
Wells (Merstham) Ltd v *Buckland Sand and Silica Ltd*	[1965] 2 QB 170
Wrightson v *Macarthur*	[1921] 2 KB 807

Gesetzgebungsmaterialien

Deutschland

Bundesminister der Justiz	Abschlußbericht der Kommission zur Überarbeitung des Schuldrechts, Köln 1992
Bundesminister der Justiz	Diskussionsentwurf eines Schuldrechtmodernisierungsgesetzes (4.8.2000), http://www.bmj.bund.de/ggv/eschurmo.pdf (abgerufen am 16.10.2000)
Bundesminister der Justiz	Entwurf eines Gesetzes zur Modernisierung des Schuldrechts (9.5.2001), textgleich mit dem Gesetzesentwurf der Fraktionen der SPD und Bündnis 90/Die Grünen (14.5.2001), BT Drs. 14/6040
Bundesminister der Justiz	Konsolidierte Fassung des Diskussionsentwurfes eines Schuldrechtsmodernisierungsgesetzes (6.3.2001), http:// www.lrz-muenchen.de/ ~Lorenz/schumod/index.htm (abgerufen am 24.1.2002)
Bundesrat	Beschluß, Entwurf eines Gesetzes zur Modernisierung des Schuldrechts, BR Drs. 338/01
Bundesrat	Beschluß, Vorschlag für eine Richtlinie des Europäischen Parlaments und des Rates über den Verbrauchsgüterkauf und Garantieen für Verbrauchsgüter, BR Drs. 696/96
Bundesrat	Stellungnahme des Bundesrates, Entwurf eines Gesetzes zur Modernisierung des Schuldrechts, BT Drs. 14/6857, Anlage 2
Bundesregierung	Denkschrift zum Übereinkommen, BT Drs. 11/3076, 38
Fraktionen der CDU/ CSU und FDP	Entwurf eines Gesetzes zur Änderung wirtschafts- und verbraucherrechtlicher Vorschriften, BT Drs. 10/4741
Rechtsausschuß	Beschlußempfehlung und Bericht (9.10.2001), BT Drs. 14/7052

Großbritannien

Department of Trade and Industry	EC Directive 1999/44/EC on Certain Aspects of the Sale of Consumer Goods and Associated Guarantees, First Consultation Document, London 2001
Department of Trade and Industry	Sale of Consumer Goods Directive, Second Consultation Document, London 2002
Department of Trade and Industry	The Sale and Supply of Goods to Consumers Regulations, A Brief Introduction – Full Version, http://www.dti.gov.uk/ccp/topics1/guide/saleslong.pdf (abgerufen am 22.1.2003)
House of Lords	Select Committee on the European Communities, Session 1996-97, 10th Report, Consumer Guarantees, With Evidence, HL Paper 57, London 1997
Law Commission/ Scottish Law Commission	Sale and Supply of Goods, LAW COM. No. 169, SCOT. LAW COM. No. 104, London/Edinburgh 1987
Office of Fair Trading	Consumer Guarantees, A Discussion Paper, London 1984
Scottish Law Commission	Discussion Paper No 109, Remedies for Breach of Contract, Edinburgh 1999

Europäische Gemeinschaften

Ausschuß für Recht und Binnenmarkt	Bericht über die Mitteilung der Kommission an das Europäische Parlament und den Rat über ein Kohärenteres europäisches Vertragsrecht: ein Aktionsplan (KOM(2003)68 – 2003/2093(INI)), A5-0256/2003
Ausschuß für Umweltfragen, Volksgesundheit und Verbraucherschutz	Bericht über den Vorschlag für eine Richtlinie des Europäischen Parlaments und des Rates über den Verbrauchsgüterkauf und –garantien vom 26. Januar 1998, A4-0029/98

Europäisches Parlament	Beschluß über den Gemeinsamen Standpunkt des Rates im Hinblick auf den Erlaß der Richtlinie des Europäischen Parlaments und des Rates zu bestimmten Aspekten des Verbrauchsgüterkaufs und der Garantien für Verbrauchsgüter, ABl. Nr. C 98/226 vom 9.4.1999
Europäisches Parlament	Legislative Entschließung mit der Stellungsnahme des Europäischen Parlaments zu dem Vorschlag für eine Richtlinie des Europäischen Parlaments und des Rates über den Verbrauchsgüterkauf und –garantien, ABl. Nr. C 104/30 vom 6.4.1998
Europäisches Parlament	Sitzung vom 1. September 2003, ABl. Nr. C 76E vom 25.3.2004
Kommission der Europäischen Gemeinschaften	Geänderter Vorschlag für eine Richtlinie des Europäischen Parlaments und des Rates über den Verbrauchsgüterkauf und –garantien, ABl. Nr. C 148/12 vom 14.5.1998
Kommission der Europäischen Gemeinschaften	Geänderter Vorschlag für eine Richtlinie des Europäischen Parlaments und des Rates über den Verbrauchsgüterkauf und –garantien, KOM (1998) 217 endg.
Kommission der Europäischen Gemeinschaften	Grünbuch über Verbrauchsgütergarantien und Kundendienst, KOM (1993) 509 endg.
Kommission der Europäischen Gemeinschaften	Mitteilung der Kommission an das Europäische Parlament und den Rat, Zum Europäischen Vertragsrecht, KOM (2001) 398 endg.
Kommission der Europäischen Gemeinschaften	Mitteilung der Kommission an das Europäische Parlament und den Rat, Ein kohärenteres europäisches Vertragsrecht, Ein Aktionsplan, KOM (2003) 68 endg.
Kommission der Europäischen Gemeinschaften	Mitteilung der Kommission an das Europäische Parlament und den Rat, Europäisches Vertragsrecht und Überarbeitung des gemeinschaftlichen Besitzstandes – weiteres Vorgehen, KOM (2004) 651 endg.

Kommission der Europäischen Gemeinschaften	Mitteilung der Kommission an das Europäische Parlament, Gemeinsamer Standpunkt des Rates zum Vorschlag für eine Richtlinie des Europäischen Parlaments und des Rates über den Verbrauchsgüterkauf und –garantien, SEK (1998) 1553 endg.
Kommission der Europäischen Gemeinschaften	Presseerklärung vom 6. Januar 2003, IP/03/3, http://europa.eu.int/rapid/start/cgi/guesten.ksh?p_action.gettxt=gt&doc=IP/03/3|0|RAPID&lg=DE&display= (abgerufen am 17.3.2003)
Kommission der Europäischen Gemeinschaften	Stellungnahme der Kommission zu der Abänderung des Europäischen Parlaments des gemeinsamen Standpunkts des Rates betreffend den Vorschlag für eine Richtlinie des Europäischen Parlaments und des Rates über den Verbrauchsgüterkauf und Garantieen für Verbrauchsgüter, KOM (1999) 16 endg.
Kommission der Europäischen Gemeinschaften	Vorschlag für eine Richtlinie des Europäischen Parlaments und des Rates über den Verbrauchsgüterkauf und –garantien, KOM (1995) 520 endg.
Kommission der Europäischen Gemeinschaften	Vorschlag für eine Richtlinie des Europäischen Parlaments und des Rates über den Verbrauchsgüterkauf und –garantien, ABl. Nr. C 307/8 vom 16.10.1996
Rat der Europäischen Union	Entschließung des Rates zum Thema „Ein kohärenteres europäisches Vertragsrecht", ABl. Nr. C 246/1 vom 14.10.2003
Rat der Europäischen Union	Gemeinsamer Standpunkt (EG) Nr. 51/98 vom Rat festgelegt im Hinblick auf den Erlaß der Richtlinie des Europäischen Parlaments und des Rates zu bestimmten Aspekten des Verbrauchsgüterkaufs und der Garantien für Verbrauchsgüter, ABl. Nr. C 333/46 vom 30.10.1998
Rat der Europäischen Union	Presseerklärung vom 17. Mai 1999, C/99/149, 8280/99 (Presse 149), http://europa.eu.int/prelex/detail_dossier_real.cfm?CL=de&DosId=11633 (abgerufen am 16.7.2001)

Vermittlungsausschuß Presseerklärung vom18. März 1999, C/99/77, 6777/99 (Presse 77), http://europa.eu.int/prelex/detail_dossier_real.cfm?CL=de&DosId=11633 (abgerufen am 16.7.2001)

Vereinte Nationen

Honnold, John O. (Hrsg.) Documentary history of the uniform law for international sales: the studies, deliberations and decisions that led to the 1980 United Nations Convention with introductions and explanations, Deventer 1989

Secretariat Commentary on the Draft Convention on Contracts for the International Sale of Goods, prepared by the Secretariat (Secretariat Commentary), http://www.jura.uni-freiburg.de/ipr1/cisg/commentary.htm (abgerufen am 2.2.2001)

Studien zum deutschen und europäischen Gesellschafts- und Wirtschaftsrecht

Herausgegeben von Ulrich Ehricke

Band 1 Detlef Laub: Die Nachgründung nach § 52 AktG als kapitalerhaltende Norm. Auswirkungen auf den Tatbestand und seine Anwendung nach dem Umwandlungsgesetz (UmwG). 2004.

Band 2 Michael Silvio Kusche: Die aktienrechtliche Zulässigkeit der Durchführung einer Due Diligence anlässlich eines Unternehmenskaufes. Mit Due Diligence-Checkliste für die Zielgesellschaft. 2005.

Band 3 Thomas Stephan Oldemanns: Vorratsgründung und Mantelverwendung – Alternativmöglichkeiten zum gesetzlichen Gründungsverfahren? 2005.

Band 4 Gunnar Isenberg: Die Geschäftsordnung für die Organe der Aktiengesellschaft. 2005.

Band 5 Anette Gärtner: Die Umsetzung der Verbrauchsgüterkaufrichtlinie in Deutschland und Großbritannien. 2006.

www.peterlang.de

Kolibri 360 GmbH
Ferdinand-Jühlke-Straße 7
99095 Erfurt, Deutschland
produktsicherheit@kolibri360.de

Druck:
CPI Druckdienstleistungen GmbH
im Auftrag der
Kolibri 360 GmbH
Ferdinand-Jühlke-Str. 7
99095 Erfurt